教育部哲学社会科学研究重大课题攻关项目成果

横琴粤澳深度合作区建设的公法问题研究

康骁　朱最新　著

·广州·

版权所有　翻印必究

图书在版编目（CIP）数据

横琴粤澳深度合作区建设的公法问题研究/康骁，朱最新著. —广州：中山大学出版社，2023.2
ISBN 978-7-306-07711-0

Ⅰ. ①横⋯　Ⅱ. ①康⋯　②朱⋯　Ⅲ. ①法治—研究—中国　Ⅳ. ①D920.4

中国国家版本馆 CIP 数据核字（2023）第030992号

HENGQIN YUE-AO SHENDU HEZUO QU JIANSHE DE GONGFA WENTI YANJIU

出 版 人：王天琪
策划编辑：王旭红
责任编辑：王旭红
封面设计：林绵华
责任校对：靳晓虹
责任技编：靳晓虹
出版发行：中山大学出版社
电　　话：编辑部 020-84110283，84113349，84111997，84110779，84110776
　　　　　发行部 020-84111998，84111981，84111160
地　　址：广州市新港西路135号
邮　　编：510275　传　真：020-84036565
网　　址：http://www.zsup.com.cn　E-mail：zdcbs@mail.sysu.edu.cn
印 刷 者：佛山市浩文彩色印刷有限公司
规　　格：787mm×1092mm　1/16　16.5 印张　296 千字
版次印次：2023年2月第1版　2023年2月第1次印刷
定　　价：58.00元

如发现本书因印装质量影响阅读，请与出版社发行部联系调换

教育部哲学社会科学研究重大课题攻关项目"粤港澳大湾区法律建设研究"（20JZD019）阶段性成果

目 录

引 言 ··· 1
第一章 横琴开发的历史与意义 ······························· 3
  第一节 横琴的开发历史 ·· 3
    一、横琴经济发展及粤澳合作开发的由来 ············· 4
    二、横琴治理体制的演变 ···································· 8
  第二节 开发横琴的意义 ······································· 14
    一、带动珠海发展 ··· 14
    二、扩展澳门发展空间 ······································· 15
    三、积累粤港澳合作发展经验 ····························· 16
    四、探索"一国两制"和对外开放的新方式 ··········· 17
第二章 《横琴粤澳深度合作区建设总体方案》的公法分析 ····· 19
  第一节 组织建设及其公法问题 ····························· 19
    一、组织建设的任务内容 ··································· 19
    二、组织建设面临的公法问题 ····························· 20
  第二节 税收优惠政策及其公法问题 ······················· 22
    一、税收优惠政策的内容 ··································· 22
    二、税收优惠政策的合法性及细化问题 ················ 23
  第三节 出入境管理及其公法问题 ·························· 24
    一、出入境管理的任务内容 ································ 25
    二、管辖权争议及规则调整问题 ························· 25
  第四节 市场准入及其公法问题 ····························· 26
    一、市场准入的任务内容 ··································· 26

二、市场准入的公法问题 …………………………………… 27
　第五节　其他任务及其公法问题 ………………………………… 28
　　一、其他任务内容 …………………………………………… 28
　　二、规则调整问题 …………………………………………… 29

第三章　横琴合作区治理体制法理解析及制度完善 ……………… 31
　第一节　横琴合作区治理体制现状分析 ………………………… 31
　　一、行政管理体制的二元化 ………………………………… 31
　　二、其他国家机构设置的变化 ……………………………… 37
　第二节　行政管理体制合法性解释及完善 ……………………… 40
　　一、行政管理体制合法性解释 ……………………………… 40
　　二、行政管理权的配置 ……………………………………… 44
　　三、横琴合作区执行委员会及其工作机构的"三定"
　　　　规定 ……………………………………………………… 57
　　四、关于"放权"问题 ……………………………………… 65
　第三节　其他国家机构设立的合法性及制度完善 ……………… 70
　　一、珠海市人大常委会横琴办设立的合法性 ……………… 70
　　二、横琴人民法院设立的合法性 …………………………… 72
　　三、横琴合作区公职人员的监督问题 ……………………… 80
　第四节　社会组织参与社会治理的制度构建 …………………… 84
　　一、横琴合作区需要社会组织参与社会治理 ……………… 85
　　二、培育横琴本地社会组织 ………………………………… 86
　　三、鼓励澳门社会组织参与治理 …………………………… 88

第四章　横琴合作区公法规则衔接模式构建 ……………………… 89
　第一节　粤港澳大湾区规则衔接的现实分析及优化 …………… 90
　　一、粤港澳大湾区规则衔接的现实路径 …………………… 90
　　二、粤港澳大湾区规则衔接困境的原因分析 ……………… 95
　　三、粤港澳大湾区规则衔接的路径优化 …………………… 101
　　四、粤港澳大湾区规则衔接路径的保障机制 ……………… 105
　第二节　内地区域协同立法及其决定性因素 …………………… 111
　　一、区域协同立法沟通协调机制及其效果 ………………… 112
　　二、区域协同立法的决定性因素 …………………………… 125

第三节　横琴合作区公法规则衔接模式……………………… 126
　　　　一、粤港澳大湾区规则衔接路径对横琴的启示………… 127
　　　　二、内地区域协同立法对横琴的启示…………………… 128
　　　　三、横琴合作区的公法规则衔接方式…………………… 128

第五章　横琴合作区公法规则优化生成………………………………… 132
　　第一节　税收优惠政策的细化…………………………………… 132
　　　　一、企业所得税区域优惠政策的合法性问题…………… 132
　　　　二、转授细则制定权的合法性问题……………………… 136
　　　　三、税收优惠政策细则的主要内容……………………… 141
　　第二节　通关规则的调整………………………………………… 149
　　　　一、内地与澳门的出入境法制…………………………… 150
　　　　二、管辖权争议问题……………………………………… 150
　　　　三、构建国际高端人才进出横琴的规则………………… 152
　　　　四、构建新型智能化口岸的通行规则…………………… 154
　　　　五、完善会展人员通行规则……………………………… 157
　　　　六、完善车辆通行规则…………………………………… 158
　　第三节　市场准入规则的调整…………………………………… 160
　　　　一、为"市场准入承诺即入制"制定实施办法………… 160
　　　　二、放宽市场准入………………………………………… 166
　　　　三、专门针对澳门市场主体的准入措施………………… 174
　　第四节　非高等教育制度对接所需的规则……………………… 183
　　　　一、澳门非高等教育制度向横琴合作区延伸…………… 184
　　　　二、横琴合作区内地学校向澳门居民子女开放………… 187
　　第五节　其他建设任务所需的规则……………………………… 196
　　　　一、调整药品、食品和保健品的产地规则……………… 196
　　　　二、完善澳门药品、特殊食品和医疗器械的引入规则
　　　　　………………………………………………………… 198
　　　　三、完善促进国际互联网数据跨境流动规则…………… 199

第六章　"横琴粤澳深度合作区条例"的制定………………………… 202
　　第一节　"横琴合作区条例"的制定机关……………………… 202
　　　　一、"横琴合作区条例"无须为澳门和国务院部门创设

　　　　职责 …………………………………………………… 203
　　二、"横琴合作区条例"的内容无涉法律和行政法规的
　　　　专属事项 ………………………………………………… 205
　　三、"横琴合作区条例"尚未达到应由国家立法的重要
　　　　程度 ……………………………………………………… 207
　　四、广东省人大制定"横琴合作区条例"的合法性与
　　　　优势 ……………………………………………………… 209
　第二节　"横琴合作区条例"的结构与主要内容 …………… 210
　　一、"横琴合作区条例"的结构 ………………………… 210
　　二、"横琴合作区条例"的主要内容 …………………… 212

附录一　横琴粤澳深度合作区条例（专家建议稿）………… 222
附录二　已下放的权力清单 ………………………………… 230

参考文献 ……………………………………………………… 245

引　言

习近平总书记强调，建设横琴新区的初心是为澳门产业多元发展创造条件。新形势下做好横琴粤澳深度合作区开发开放，是深入实施《粤港澳大湾区发展规划纲要》的重点举措，是丰富"一国两制"实践的重大部署，是为澳门长远发展注入的重要动力，有利于推动澳门长期繁荣稳定和融入国家发展大局。① 为全面贯彻落实习近平总书记关于粤澳合作开发横琴的重要指示精神，支持横琴粤澳深度合作区发展，2021年9月中共中央、国务院印发了《横琴粤澳深度合作区建设总体方案》，从"发展促进澳门经济适度多元的新产业""建设便利澳门居民生活就业的新家园""构建与澳门一体化高水平开放的新体系""健全粤澳共商共建共管共享的新体制"四个方面推动横琴与澳门一体化发展。所谓横琴与澳门一体化（简称"琴澳一体化"）发展并不是要消除横琴与澳门之间的社会差异，更不是要在横琴与澳门实行完全一样的法律制度，而是指在"一国两制"的基础上，由内地和澳门通过单方调整规则或双方协同调整规则的方式，在横琴与澳门之间建立更加密切的联系，从而让人员、资金和货物等各类资源要素在横琴与澳门之间更自由、更高效地流通，促进澳门产业的多元发展。

在全面依法治国的时代背景下，贯彻落实《横琴粤澳深度合作区建设总体方案》，推动琴澳一体化发展，须通过规则而为之，尤其是要通过法律规则而为之。目前学界的注意力主要集中在私法上，尤

---

① 参见《横琴粤澳深度合作区建设总体方案》。

其是民商事规则衔接。甚至有研究者认为，规则衔接在横琴粤澳深度合作区就是指在内地民商事规则与澳门民商事规则之间进行选择。[①]《最高人民法院关于支持和保障横琴粤澳深度合作区建设的意见》提出"推动规则衔接"，其主要内容是"完善域外法查明机制"。实际上，横琴粤澳深度合作区建设不仅面临着私法问题，还面临着一些公法问题。

横琴粤澳深度合作区建设所面临的一系列公法问题，包括行政管理体制调整，税收优惠政策的细化，人员、货物、资金和数据的跨境流通，市场准入的放宽在内的建设任务给公法带来了挑战。回应公法面临的问题或挑战，一方面是要重新解释个别公法规则，例如，企业所得税区域优惠政策的合法性可以在法解释学的层面获得解决；另一方面是要创制新的公法规则[②]，例如，市场准入的放宽须通过创制新的规则解决。为研究如何通过公法变革促进横琴粤澳深度合作区建设，实现琴澳一体化发展，本书以《横琴粤澳深度合作区建设总体方案》为中心，研究全面贯彻落实该方案所面临的公法问题，以及公法该如何变革以助力前述方案的贯彻落实。

[①] 参见伍俐斌《横琴粤澳深度合作区法律规则衔接问题初探》，载《2012年全球湾区发展国际学术会议论文集》，第155页。

[②] 本书所称的公法规则是一个广义的概念，不仅包括法律法规规章中的公法规则，还包括规范性文件甚至个别党内法规中的相关规则。

第一章　横琴开发的历史与意义

横琴岛是珠海市诸海岛中最大的一个岛屿，位于珠海市南部，珠江口西侧。横琴岛北接珠海保税区，南靠国际航线大西水道，西接磨刀门水道，东与澳门路桥相通，相距不足200米，距香港41海里[①]。横琴岛面积106.46平方千米，相当于3个澳门，常住人口5.3万人，2021年全年国内生产总值（GDP）为454.63亿元。横琴1987年建乡，后改为镇。在行政区划系统中，横琴至今仍是珠海市香洲区的一个镇。珠海市于1992年在横琴镇设立横琴经济开发区。横琴经济开发区在2009年被横琴新区取代，2021年又被横琴粤澳深度合作区（以下简称"横琴合作区"）取代。横琴一直都是"一国两制"的交汇点，现在又成了粤港澳大湾区建设的新高地。

第一节　横琴的开发历史

长期以来，横琴的开发主体都是各级政府。因此，横琴的开发过程不仅是横琴社会经济的发展过程，还是横琴治理体制的演变过程。本节主要介绍横琴自开发之初到《横琴粤澳深度合作区建设总体方案》出台前夕的开发历史。

---

① 1海里=1.852千米。

一、横琴经济发展及粤澳合作开发的由来

中华人民共和国成立前,葡萄牙曾多次企图占领横琴,但因遭遇中国人民的抵抗未能成功。① 中华人民共和国成立后,横琴处于拒腐防变前沿,由于缺乏一个有利于发展的安全环境,因而未能得到有效的开发。在改革开放前,横琴最重要的一次发展是在1968年至1975年间。其间,人们在大小横琴岛之间进行填海造田,新造出14平方千米的土地,吸引了部分人在此定居,以渔为生。② 1980年6月,时任广东省省长的习仲勋受澳门总督的邀请访问澳门,珠海与澳门之间的冰川期结束,两地的民间往来开始增多。20世纪80年代后期,澳门工商业界讨论能否将一部分产业迁移到珠海。他们希望珠海方面允许澳门主导开发横琴,经营来料加工业务。于是,一些澳门的玩具厂、制衣厂等中小企业进驻横琴。但因企业规模小,周边配套企业少,进驻企业难以在横琴扎根,很快便撤离。③ 总之,改革开放初期,横琴的社会经济只曾有过一丝涟漪。

1987年,横琴单独建乡。全乡面积约47平方千米,人口为2406人,有华侨和港澳同胞800人;在经济方面,横琴乡以种植水稻和水果、养殖为主,全乡耕地3470亩(其中,水稻1100亩、水果390亩),鱼塘880亩,另有蚝田2400亩;在交通方面,各自然村之间由简易公路连接,水路每天有三班客货船从横琴开往湾仔。④ 1992年邓小平南方谈话以后,横琴迎来了在其历史上第一次具有实质意义的开发。受邓小平南方谈话的鼓励,广东省在1992年批复设立横琴经济开发区,并将其明确为广东扩大对外开放的四个重点开发区之一。澳

---

① 珠海市政协文史资料委员会编:《珠海文史资料精选》,广东人民出版社2017年版,第65页。

② 孙玮:《城市传播地理媒介、时空重组与社会生活》,载《中国传播学评论》第7辑,复旦大学出版社2017年版,第59页。

③ 曾平标:《初心:粤港澳合作中的横琴故事》,花城出版社2020年版,第10–11页。

④ 《广东省珠海市地名志》编纂委员会:《广东省珠海市地名志》,广东科技出版社1989年版,第17页。

门当局立即通过民间渠道表示,希望横琴经济开发区管委会能划出地块,交由澳门方面开发。然而,横琴经济开发区第一任党委书记以"澳门尚未回归"为由拒绝了澳门的请求。① 但珠海市和横琴经济开发区还是希望借助澳门的力量开发横琴。珠海借鉴深圳的"沙头角"模式,试图将横琴打造成珠海的"沙头角",即打造成一个专营境外舶来品的集贸市场。因澳门繁荣程度不如香港,无法为横琴经济开发区提供名目繁多的商品,"沙头角"模式失败。珠海市和横琴经济开发区又将希望投向土地,决定在横琴填海造地。许多工程公司和工人纷纷进驻横琴,岛上一派繁荣景象。这次开发使得横琴岛的面积扩大到86平方千米。1995年填海造地完成后,工程公司和工人陆续撤离,横琴岛的发展再次停滞。②

澳门回归后,珠海、澳门合作开发横琴岛被提上议事日程。2000年9月12日,珠海和澳门两地高层首次就开发横琴岛举行会谈,双方同意在互惠、互补、互利的大原则下开展合作。③ 由于合作开发横琴岛涉及边防、海关,而相应的事权在中央政府,因此珠海、澳门在合作开发横琴岛方面并没有取得实质成果。时任澳门特别行政区行政长官何厚铧两次向珠海方面提出"整体租赁"横琴岛的请求,均未获同意。珠海将经中央政府批准的位于珠海市拱北联检大楼与澳门关闸之间的一块国有土地的使用权出租给澳门特别行政区政府建设新边检大楼及配套设施。珠海市政府与澳门签订了协议,约定:租期为50年,年租金为每平方米10元人民币。④ 2003年10月,商务部与澳门特别行政区经济财政司签订了《内地与澳门关于建立更紧密经贸关系的安排》。同年11月,广东省提出"泛珠三角区域合作"⑤。

---

① 曾平标:《初心:粤港澳合作中的横琴故事》,花城出版社2020年版,第12页。
② 杨黎光:《横琴:对一个新三十年改革样本的五年观察与分析》,广东人民出版社2016年版,第52-53页。
③ 谭元亨、朱文彬、卢荫和:《横琴中心沟围垦史》,中山大学出版社2018年版,第223页。
④ 参见《澳门特区政府租用珠海国有土地建设新边检大楼》,见中国新闻网(https://www.chinanews.com.cn/2002-07-23/26/205292.html),访问日期:2022年7月16日。
⑤ 泛珠三角区域包括广东、广西、海南、云南、贵州、四川、湖南、江西、福建9个省区和香港、澳门两个特别行政区,简称"9+2"。

2004年，福建、江西、湖南、广东、广西、海南、四川、贵州、云南等九省区和香港、澳门两个特别行政区的政府领导人共同签署了《泛珠三角区域合作框架协议》。在前述两份协议的双重作用下，广东方面在2004年12月30日提出将横琴建设为"泛珠三角横琴经济合作区"，希望与澳门合作开发横琴。这是内地方面首次提出粤澳共同开发横琴。2005年9月，国务院总理温家宝视察横琴时提出要谋定而后动，因此，粤澳合作开发横琴的提议并未立即落实，而是由广东方面组织编制《横琴总体发展规划》。2008年12月，国务院通过了《珠江三角洲地区改革发展规划纲要（2008—2020）》，提出规划建设珠海横琴新区，"作为加强与港澳服务业、高新技术产业等方面合作的载体"。粤澳在横琴进行合作开发建设在国家层面终于获得了认可。2009年，中央政治局常委、国家副主席习近平视察访问澳门时宣布：中央政府已决定同意开发横琴岛。同年，国务院批复同意《横琴总体发展规划》。一方面，横琴新区成立，并被纳入珠海经济特区范围；另一方面，国家重视珠海与澳门合作开发横琴，"澳门"一词在《横琴总体发展规划》中出现45次。

横琴的社会经济自《横琴总体发展规划》出台后进入了快速发展的历史时期：（1）人口快速增加，并吸引了不少澳门居民。2008年末，横琴岛内人口7585人，其中常住人口4203人[①]；2010年，横琴新区常住人口11727人；截至2020年11月1日零时，横琴新区常住人口为53040人。从2010年到2020年，横琴常住人口的年平均增长率高达16.29%。[②] 要特别说明的是，尽管横琴新区的常住人口增长迅速，但横琴新区的常住人口远没有达到饱和状态。《横琴总体发展规划》预设2015年的人口为12万，2020年的人口为28万，而2020年第七次全国人口普查显示，横琴人口仅为5.3万，距离预设目标相差23万。此外，横琴还大力吸引澳门居民。截至2020年9月

---

① 国务院发展研究中心信息中心编写组：《中国经济关键词·2009》，中国发展出版社2010年版，第214页。

② 参见横琴新区第七次全国人口普查领导小组办公室《横琴新区第七次全国人口普查主要数据解读》，见珠海市横琴新区政府门户网站（http://www.hengqin.gov.cn/zhshqx-qzfmhwz/news/zwgk/tzgg/content/post_2876056.html），访问日期：2021年12月11日。

13日，在横琴办理居住证的澳门居民已超过4000人①，占横琴常住居民的比重为7.5%。（2）经济快速增长。2009年横琴新区GDP大约为2.85亿元；2020年横琴新区GDP为468.07亿元（含保税区61.08亿元），是2009年的164倍。在固定资产投资方面，2009年横琴新区固定资产投资为19.08亿元；2020年横琴新区固定资产投资完成367.66亿元，是2009年的19倍多。截至2019年，横琴在10年内累计完成固定资产投资2700亿元。② 在金融方面，2009年横琴新区仅有一家农信社；2021年6月末，横琴新区及周边部分区域有金融类企业共5559家，注册资本人民币11130.80亿元，金融业增加值79.93亿元，占地区生产总值的29.01%，同比增长4.5%；金融业税收收入56.95亿元，占横琴总体税收收入的29.94%。③ 在商事主体方面，截至2020年12月，横琴实有各类商事主体54207户，是2009年的100多倍（见表1-1）。在财政收入方面，横琴新区2009年实现一般公共预算收入0.36亿元；2020年实现一般公共预算收入95.05亿元，是2009年的264倍。④ 在社会消费品零售总额方面，1999年横琴的社会消费品零售总额仅为701万元；⑤ 2019年社会消费品零售总额为231523万元，是1999年的330多倍。⑥

---

① 参见《澳门居民超四千人在横琴办居住证》，见中央人民政府驻澳门特别行政区联络办公室官网（http://www.zlb.gov.cn/2020-09/14/c_1210799775.htm），访问日期：2021年12月11日。

② 参见《横琴开发十年完成固定资产投资逾2700亿元》，见中国新闻网（https://www.chinanews.com.cn/cj/2019/11-11/9004486.shtml），访问日期：2022年3月8日。

③ 参见珠海市横琴新区政府门户网站（http://www.hengqin.gov.cn/zhshqxqzfmhwz/news/ywdt/hqbb/content/post_2962882.html），访问日期：2022年3月8日。

④ 参见横琴新区管委会《横琴新区2009年主要经济指标完成情况》，见广东数据库网页（https://gdxk.southcn.com/zh/tjsj/content/post_374813.html），访问日期：2022年3月8日；横琴新区管委会《横琴新区2020年主要经济指标完成情况》，参见（https://gdxk.southcn.com/zh/tjsj/content/post_376484.html），访问日期：2022年7月16日。

⑤ 珠海市统计局：《珠海统计年鉴·2000》，中国统计出版社2000年版，第236页。

⑥ 珠海市统计局：《珠海统计年鉴·2020》，中国统计出版社2020年版，第383页。

表1-1 横琴新区2020年12月实有商事主体情况

主体类型	数量/户	注册资本/亿元
各类商事主体	54207	29452.35
企业	52643	29450.81
内资企业	46807	26254.39
外资企业	5836	3196.41
港资企业	1818	1753.46
澳资企业	3579	1224.17
个体工商户	1562	1.547
农村合作社	2	0.023

资料来源：《横琴新区2020年商事主体发展分析报告》，见珠海市横琴新区政府门户网站（http://www.hengqin.gov.cn/hqxqgsj/xxgkml/zwdt/content/post_2725250.html），刊载时间：2021年1月4日。

总之，在2009年以前，横琴的社会经济发展始终不温不火；2009年后，横琴社会经济才飞速发展。横琴社会经济发展的一条重要经验是，其社会经济发展离不开粤澳合作，更离不开中央政府的支持。

二、横琴治理体制的演变

横琴原隶属珠海市香洲区湾仔镇。香洲区于1987年在横琴设乡，设乡政府和乡人民代表大会（以下简称"人大"）；1989年横琴乡改为横琴镇，设镇政府和镇人大。直到今天，在行政区划系统中，横琴仍作为一个镇存在，由新家园、荷塘、小横琴、莲花四个社区组成。1992年以来，为适应开发的需要，横琴的治理体制在不断地发生变化。

因横琴镇一级的权限无法满足其经济开发的需要，在1992年设立横琴经济开发区时，珠海市政府根据广东省的批复组建了副处级的横琴经济开发区管委会，作为其派出机构，对横琴进行开发。换言之，珠海市政府开始直接管理横琴。横琴在当时实行区（横琴经济开发区）、镇（横琴镇）合署办公的制度，即横琴经济开发区管委会既在横琴镇的范围内行使区（县）一级政府的行政权，又行使横琴镇政府的各项权力。2003年，珠海市委市政府将横琴镇的社区管理和社会事务又重新移交给香洲区，横琴经济开发区管委会只负责经济建设以及相关的管理工作，由此形成了珠海市政府与香洲区政府共管横琴的局面。2008年，珠海市委市政府再次调整横琴经济开发区的管理体制：珠海市在横琴镇设立正处级的派出机构，即横琴经济开发区管委会；管委会与横琴镇合一，统一领导、统一管理横琴镇辖区内的经济和社会事务，行使市一级经济管理权和行政审批权（见表1-2）。① 至此，横琴在行政管理方面彻底脱离了香洲区。总之，横琴经济开发区时期（1992—2008年）的治理体制存在如下特点：横琴的部分行政工作和人大工作开始脱离香洲区，部分行政工作和司法工作仍隶属于香洲区。

在《珠江三角洲地区改革发展规划纲要（2008—2020）》的框架下，国务院于2009年8月批复同意《横琴总体发展规划》。该规划为横琴设计了一套新的治理体制：珠海市在横琴设立管委会，作为其派出机构和横琴的行政管理机关。2009年8月，珠海市政府撤销横琴经济开发区管委会，组建正处级横琴新区管委会。② 横琴新设珠海市公安局横琴分局、珠海市国土资源局横琴分局、珠海市规划局横琴分局、珠海市城市管理局横琴新区执法大队，这三个分局和一个执法大队由横琴新区管委会和珠海市相关部门双重管理，但以横琴新区为主。③ 这些机构的设立使得横琴的行政管理体制进一步脱离了香洲区（见表1-3）。2009年11月，经中央机构编制委员会办公室同意，广东省批复同意设立珠海横琴新区管委会，作为广东省政府的派出机构但委托给珠海市政府管理，规格为副厅级。④ 行政级别的提升致使香

---

① 参见《珠海市人民政府办公室关于印发〈珠海市横琴经济开发区管理委员会（横琴镇）职能配置内设机构和人员编制方案〉的通知》，2009年1月19日。
② 参见《珠海市人民政府关于撤销横琴经济开发区管理委员会的通知》（珠府〔2009〕106号），2009年8月6日。
③ 参见《珠海市人民政府办公室关于印发〈珠海市横琴新区管理委员会主要职责内设机构和人员编制规定〉的通知》（珠府办〔2009〕42号），2009年8月6日。
④ 参见《珠海市人民政府办公室关于印发〈珠海市横琴新区管理委员会主要职责内设机构和人员编制规定〉的通知》（珠府办〔2009〕57号），2009年12月11日。

洲区不宜再管辖横琴新区的行政工作。至此，横琴在行政管理方面彻底脱离了香洲区。

表1-2 横琴经济开发区的治理体制（2008年）

类别	机构名称
横琴经济开发区管委会	办公室（与横琴镇党政办公室、人大办公室合署）
	组织与人力资源局（挂纪检委牌子）
	经济发展区（与横琴镇经济建设办公室合署）
	社会发展局（与横琴镇社会事务办公室、计划生育办公室合署）
	建设局（挂安全生产监督管理局、市政园林局、建设工程安全监督站牌子，与横琴镇建设管理办公室合署）
	武装部（挂社会治安综合治理办公室和维护稳定办公室牌子，与横琴镇社会治安综合治理和维护稳定办公室、武装部合署）
	财政局
	行政服务中心
	珠海市人大常委会横琴经济开发区工作办公室（作为珠海市人大常委会派出机构，受市人大常委会和横琴经济开发区党委双重领导）
	横琴镇司法所

表1-3 横琴新区的治理体制（2009年）

类别	机构名称
横琴新区管委会	办公室
	党群工作部
	统筹发展委员会
	公共建设局（珠海市国土局横琴分局、珠海市规划局横琴分局挂靠公共建设局）
	产业发展局

第一章 横琴开发的历史与意义

续表1-3

类别	机构名称
横琴新区管委会	社会事业局
	财金事务局
	行政服务促进局
	警务和综合管理局（管理珠海市城市管理局横琴新区执法大队，与珠海市公安局横琴分局合署办公）
	加挂珠海市人大常委会横琴新区工作办公室、中国共产党珠海市横琴新区纪律检查委员会牌子
	珠海市国土局横琴分局、珠海市规划局横琴分局、珠海市公安局横琴分局、珠海市城市管理局横琴新区执法大队，它们由横琴新区管委会和珠海市有关部门双重管理，以横琴新区管理为主

　　珠海市人民代表大会常务委员会（以下简称"珠海市人大常委会"）于2011年制定《珠海经济特区横琴新区条例》（以下简称《横琴新区条例》），为横琴新区设立决策委员会和咨询委员会：前者由珠海市、横琴新区和珠海市政府相关部门负责人组成，负责决策横琴新区发展中的重大事项；后者由决策委员会聘请的专家学者、港澳人士、行业代表担任，针对决策委员会提交的决策事项提供咨询意见，并监督该决策事项的执行。决策委员会的设立有助于提升横琴重大决策的民主性与科学性；咨询委员会的设立为澳门参与横琴的管理、开发建设提供了制度化的渠道。这两个委员会的设立使得横琴新区的管理体制不同于一般的新区或经济开发区。除横向变化外，在纵向方面，广东省政府和珠海市政府向横琴新区管委会转授了若干市一级行政管理权与省一级行政管理权。《横琴新区条例》不仅直接授权横琴新区行使市一级财政管理权、市一级土地管理权，还允许珠海市政府及其有关部门将其他的市一级行政管理权依法转授给横琴新区管委会

及其工作机构。① 实际上，在《横琴新区条例》出台前，珠海市人大常委会已于2010年通过了《珠海经济特区横琴新区管理委员会行使部分市一级行政管理权规定》，授权横琴新区管委会"按市一级管理权限管理投资项目""按市级管理权限行使土地、规划、建设、交通、环保、水务等与建设项目相关的行政管理权"。广东省政府则在2012年将21项省级管理权限转授给横琴新区管委会行使。②

在横琴新区时期（2009—2021年），不仅行政管理体制发生了变化，而且司法体制也发生了变化。2013年12月，经最高人民法院和最高人民检察院同意，横琴新区分别成立基层人民法院和基层人民检察院，二者的上一级机关分别为珠海市中级人民法院和珠海市人民检察院，院长和检察长由珠海市人大常委会任免。至此，横琴的司法也脱离了香洲区（见表1-4）。

总之，横琴新区时期的横琴治理体制有三个特征：一是日益向行政区发展，行政管理体制彻底脱离香洲区，基层人民法院和基层人民检察院的设立，使得横琴的治理体制向一级行政区靠拢；二是行政管理权扩大，获得了部分市一级行政管理权和省一级行政管理权；三是为澳门参与横琴的建设与管理提供了制度保障，体现了粤澳合作精神。总之，纵观横琴治理体制自1992年至2021年的演变，它不断突破建制镇的规模，呈现向行政区过渡的趋势。

---

① 《横琴新区条例》第二十一条［自主财权］横琴新区实行市一级财政管理。横琴新区征收的各项税费收入中留存市财政部分，自本条例施行之日起至2020年，全额返还横琴新区。但是，对从本市其他区域迁移到横琴新区登记的企业等的税费收入归属划分，市人民政府另有规定的，按相关规定执行。自2021年起各项税费收入的归属划分，由市人民政府确定。

第二十二条［土地管理］管委会负责横琴新区范围内的土地管理，行使市一级管理权限。横琴新区的土地收益，自本条例施行之日起至2020年，全额留存横琴新区，用于横琴新区的土地开发、基础设施建设和融资信用保障。自2021年起土地收益的归属划分，由市人民政府确定。

第十七条［市级行政管理权的行使］管委会依法行使部分市一级行政管理权，由管委会以自己的名义作出相关行政决定，并承担相应的法律责任。管委会按照精简、统一、效能的原则设立工作机构。管委会的工作机构行使市一级人民政府工作部门的行政管理权限。

② 参见《广东省第一批调整由横琴新区管理委员会实施的省级管理权限事项目录》（广东省人民政府令2012年第170号）。

表1-4 横琴新区的治理体制（2013年）

机构名称	机构定位/人员构成	职责
决策委员会	由珠海市、横琴新区和珠海市政府相关部门负责人组成	审议如下事宜： （1）横琴新区的经济社会发展规划、产业发展、重大改革举措； （2）横琴新区的重大政府投资项目以及与港澳合作开发项目； （3）管委会提请的需与省、市人民政府及其职能部门协调的事项； （4）决策委员会认为应当由其决定的其他事项
咨询委员会	由决策委员会聘请专家学者、港澳人士、行业代表组成	就决策委会指定的决策事项发表咨议意见，并对该决策事项的执行情况进行监督
横琴新区管委会	作为广东省政府的派出机构，但由珠海市政府管理。加挂珠海市人大常委会横琴新区工作办公室、中国共产党珠海市横琴新区纪律检查委员会牌子	行政管理机关，行使行政管理权
横琴新区人民法院	基层人民法院	行使审判权
横琴新区人民检察院	基层人民检察院	行使检察权

第二节　开发横琴的意义

尽管澳门和广东在很早的时候就意识到了开发横琴的意义，但这种意义是在珠三角区域一体化发展战略和粤港澳大湾区建设战略的实施过程中逐渐呈现出来的。本书从珠海、澳门、粤港澳大湾区以及国家四个层面分析开发建设横琴的意义。

一、带动珠海发展

珠海与深圳均为经济特区，同时起步，但深圳的经济成就远超珠海。一方面是因为香港的繁荣程度远超澳门，另一方面是因为港深合作模式在过去的几十年里不断优化①，而珠澳双方一开始未能找到合适的合作模式。2009 年，国家决定以横琴为平台推动珠澳合作，珠海和澳门由此逐渐探索出一条适合双方的合作发展道路，效果显著。珠海市 2009 年 GDP 为 1056.87 亿元，2020 年为 3481.94 亿元，增长量为 2425.07 亿元；横琴 2009 年 GDP 为 2.85 亿元，2020 年为 468.07 亿元，增长量为 465.22 亿元，占珠海市增长总量的 19%，而横琴的常住人口仅占珠海全市的 2%。

1992 年以来，横琴对于珠海经济高速发展贡献巨大。着眼未来，横琴的发展将拉动珠海经济高质量发展。经济高质量发展取决于经济结构的改善②，经济结构的改善则取决于产业结构升级。《横琴粤澳深度合作区建设总体方案》拟在横琴重点发展科技和高端制造产业、中医药品牌工业、现代金融产业，以及旅游业、现代服务业等现代产业。横琴发展这些产业不仅可以促进澳门经济适度多元化，还有助于带动珠海产业结构的升级。

---

① 项园：《深港区域合作"共生"发展模式探讨》，载《特区经济》2013 年第 9 期。
② 金碚：《关于"高质量发展"的经济学研究》，载《中国工业经济》2018 年第 4 期，第 9 页。

此外,开发横琴于珠海市财政收入有积极影响。横琴的财政税收过去长期隶属于珠海市,在建设横琴粤澳深度合作区的背景下,它将逐渐脱离珠海市。因横琴的前期建设成本主要由珠海市投入,故而,珠海市未来必将参与横琴开发收益的分配。根据《横琴新区条例》,自该条例实施之日起到 2020 年,横琴新区所征收的各项税费收入中留存珠海市财政的那一部分,皆全额返还横琴新区。① 《横琴粤澳深度合作区建设总体方案》要求粤澳双方建立收益共享机制,拿出过税费开发横琴的珠海市政府将来必然可以分享横琴的部分税费。另外,由珠海市国资委与广东省财政厅出资设立横琴新区的开发运营公司——珠海大横琴集团,珠海市国资委持有珠海大横琴集团 90% 的股份。《横琴粤澳深度合作区建设总体方案》要求改组珠海大横琴集团,在改组的过程中可以为珠海市保留一定的股份。

二、扩展澳门发展空间

开发横琴有助于澳门拓展发展空间,主要表现在两个方面。

一方面,促进澳门经济适度多元化,密切澳门与横琴在产业布局方面的合作。长期以来,受土地资源有限和劳动力短缺的制约,澳门产业结构单一,主要依赖博彩业,而其他产业无法发展起来。

随着琴澳一体化格局的建立和发展,澳门首先可以将其传统产业转移到横琴,借助内地的资源推动这些产业的增长与升级,如中医药品牌工业。澳门与横琴还可以合作发展双方都有的产业,例如金融业、旅游业,通过双方联动提升这些产业的发展水平。横琴还可以依托澳门的高等院校,与澳门在科技研发和高端制造方面进行合作,推动科技研发与高端制造产业的发展。

另一方面,吸引澳门本地居民到横琴就业、创业及生活,改善澳门人多地狭的紧张局面,为澳门吸引更多国际人才和国际资源腾出空间。澳门人口密度远远高于香港和大湾区内地各市。琴澳一体化发展以后,澳门居民已有超过 4000 人在横琴生活居住。2021 年 2 月,时

---

① 参见《横琴新区条例》第二十一条。

任横琴新区党委书记接受记者采访时表示，力争到 2025 年，吸引澳门居民 3 万～5 万人到横琴居住和就业。① 澳门居民内迁横琴不仅可以缓解澳门的人地矛盾，还有助于为澳门腾出空间吸引国际人才和国际资源。

除了拓展澳门的发展空间，澳门特别行政区政府、企业及居民也能分享横琴社会经济发展的成果。因澳门参与横琴粤澳深度合作区建设并承担相应的成本，故澳门特别行政区政府未来也能分享横琴的税费收入。横琴粤澳深度合作区对澳门企业的开放将促进澳门企业的发展壮大。澳门居民则可以在横琴粤澳深度合作区获得发展机会，从而更好地发挥自身的才能。

三、积累粤港澳合作发展经验

粤港澳大湾区建设战略的目标是建设成为国际一流湾区和世界级城市群。这需要进一步增强粤港澳三地的合作，更准确地说，是需要推进区域一体化发展。学者符正平认为，粤港澳大湾区区域一体化面临着市场一体化、区域创新一体化等重大理论与实践问题。② 作为粤港澳合作的一块新高地，横琴粤澳深度合作区能为前述问题探索解决方案，或进行实验，并通过带动珠江西岸的发展助力粤港澳大湾区建设。

首先，横琴能为粤港澳合作提供示范。《横琴总体发展规划》将横琴作为粤港澳紧密合作的新载体，并出台了相应的政策。《横琴粤澳深度合作区建设总体方案》进一步提出"琴澳一体化发展"，这是一种全新的合作发展模式，能为粤港澳三地在其他地区的合作发展探索新经验、提供新示范。粤澳在横琴的合作经验如取得成功，可以在粤港澳大湾区加以推广。例如，现在横琴已允许经备案登记的澳门等

---

① 参见牛敬《到 2025 年，横琴及周边人口超 20 万》，见珠海市横琴新区政府门户网站（http://www.hengqin.gov.cn/zhshqxqzfmhwz/news/hdjl/zxft/content/post_2723767.html），访问日期：2021 年 12 月 11 日。

② 参见符正平《粤港澳大湾区一体化发展的理论与推进策略》，载《上海交通大学学报（哲学社会科学版）》2022 年第 2 期。

境外职业资格证书的持有者在横琴粤澳深度合作区提供相关专业服务，这项改革一旦取得成功就可以在大湾区推广。又如，海关总署已经将横琴划为一个特殊的监管区域，货物在横琴与澳门之间可以自由流通，这对于建设粤港澳大湾区统一市场具有一定的借鉴意义。

其次，横琴的发展有望引领珠江西岸的发展，助力粤港澳大湾区建设。《横琴总体发展规划》指出，珠江口西岸地区产业集聚水平不高，缺乏发展龙头，珠海和澳门的经济总量和辐射能力与带动西岸地区发展的要求尚有一定的差距。该规划曾寄希望于横琴集聚更多的国际高端资源，共同培育珠澳国际都会区，进而拉动珠江口西岸地区的新发展。然而，在过去数十年里，横琴虽然发展较快，但因其经济规模和人口数量有限，带动珠江口西岸地区发展的能力尚显不足。《横琴粤澳深度合作区建设总体方案》出台的措施有利于推动横琴快速、高质量发展。到 2025 年，横琴及周边区域的生产总值有可能达到 1500 亿～1800 亿元，人口规模有可能超过 20 万。[1] 随着经济规模和人口规模的增加，横琴带动珠江口西岸地区经济发展的能力将提升。

四、探索"一国两制"和对外开放的新方式

从国家层面看，开发建设横琴能够为"一国两制"实践提供新示范，丰富"一国两制"的形式与内容。过去，"一国两制"在实践中注重强调内地和港澳的差异与分离，而忽视内地和港澳之间的合作性与统一性。中央政府提出对特别行政区的全面管治权后，"一国两制"在实践中开始重视内地和港澳的合作性与统一性。中央政府决定实施粤港澳大湾区战略是中央对特别行政区的全面管治权的一种重要体现。在新时代的背景下，"一国两制"应当获得哪些新的实现方式，有待探索。横琴合作区将为这一探索提供经验。《横琴粤澳深度合作区的建设总体方案》将"琴澳一体化发展"明确为横琴的发展

---

[1] 参见牛敬《到 2025 年，横琴及周边人口超 20 万》，见珠海市横琴新区政府门户网站（http://www.hengqin.gov.cn/zhshqxqzfmhwz/news/hdjl/zxft/content/post_2723767.html），访问日期：2021 年 12 月 11 日。

目标，要求粤澳双方对横琴粤澳深度合作区共商共建共管共享。这是一种前所未有的合作模式。此种模式在实践中的展开必将丰富"一国两制"的内容，并为其探索新的实现方式。

对外开放是我国经济取得巨大成就的原因之一。在中华民族伟大复兴战略全局和世界百年未有之大变局这"两个大局"下，更应继续坚持和扩大对外开放。近年来，尤其是自新冠感染疫情暴发以来，国际社会出现了一些逆全球化现象。在这种背景下，如何继续坚持和扩大对外开放成了一个问题。横琴粤澳深度合作区建设可以为这个问题探索解决措施和方案。《横琴粤澳深度合作区建设总体方案》提出横琴构建"与澳门一体化高水平开放的新体系"，拟在货物出入境、人员出入境、金融管理、市场准入、数据跨境流动等方面实现更高程度的对外开放。横琴在这些方面进行先行先试，能为全国的对外开放探索新的方式。

第二章 《横琴粤澳深度合作区建设总体方案》的公法分析

从现在到 2035 年，横琴合作区建设将围绕《横琴粤澳深度合作区建设总体方案》展开。该方案提出了多项建设任务和政策，它们的实现不仅依赖市场与私法，还依赖行政与公法。本章将那些主要依赖行政与公法的任务和政策从《横琴粤澳深度合作区建设总体方案》中摘出来，并从公法的角度加以分析。

第一节 组织建设及其公法问题

组织建设的核心任务是建立健全粤澳共商共建共管共享的新体制。

一、组织建设的任务内容

为建立新体制，《横琴粤澳深度合作区建设总体方案》要求广东省直接管理横琴合作区，并提出为横琴合作区构建两套行政管理系统：一套是粤澳共同组成的管理委员会并下设执行委员会，另一套是广东省委、省政府的派出机构。横琴合作区管理委员会由粤澳共同组建，其成员单位包括广东省和澳门特别行政区有关部门、珠海市政府等；管理委员会在粤港澳大湾区建设领导小组的领导下工作，负责决定横琴合作区的重大规划、重大政策、重大项目和重大人事任免。横琴合作区执行委员会由粤澳共同组建,其主要负责人由澳门特别行政区政府委派,广东省和珠海市派人参加;执行委员会在管理委员会的领导下工作,负责"履行合作区的国际推介、招商引资、产业导入、土地开发、项目建设、民生管理等职能"。广东省委和省政府在横琴合作区设立派出机构,"集中精力抓好党的建设、国家安全、刑事司法、社会治安等工作,履行好属地管理职能,积极主动配合合作区管理和执行机构推进合作区开发建设"。

2021年9月16日通过的《广东省人民代表大会常务委员会关于横琴粤澳深度合作区有关管理体制的决定》,建立了横琴合作区的管理体制。当月,其管理委员会、执行委员会及其工作机构、广东省人民政府横琴合作区工作办公室(简称"广东省政府横琴办")揭牌并开始运行。为了配合横琴合作区建设,横琴的公安局、税务局、人民法院及人民检察院先后均完成了更名。横琴合作区公安局受珠海市公安局领导,横琴合作区税务局受广东省税务局领导,广东省横琴合作区人民法院院长和广东省横琴合作区人民检察院检察长由广东省人大常委会任命,但其上级机关仍为珠海市中级人民法院和珠海市人民检察院。中共广东省纪委监察委在横琴设立了派出机构——横琴合作区纪检监察工作委员会(以下简称"横琴纪检监察工委")。

二、组织建设面临的公法问题

首先,在合法性方面,横琴合作区的行政管理体制、珠海市人大常委会横琴办及横琴法院的设立存在合法性问题。横琴合作区的行政管理权被一分为二,一部分仍保留给内地,由广东省政府横琴办、横琴合作区公安局、横琴合作区税务局行使;另一部分则由粤澳共同组建的横琴合作区执行委员会及其工作机构行使。这种行政管理体制不仅有别于内地的行政区,也有别于内地的各类开发区。目前内地的组织法无法为横琴合作区的二元行政管理体制提供直接依据,广东省人大常委会通过的立法性决定能否为其提供充分的合法性理由,仍存有疑问。行政管理体制的合法性问题是一个新问题,而珠海市人大常委会横琴办及横琴法院的设立的合法性问题实际上是一个老问题。从学

《横琴粤澳深度合作区建设总体方案》的公法分析

理上看,一般认为,地级市人大常委会设立派出机构以及在开发区设立法院不具有合法性。本书对既有观点持不同看法,后文详述之。另外,广东省横琴合作区人民检察院及广东省监察委员会横琴工作委员会的设立因有《中华人民共和国检察院组织法》第十六条和《中华人民共和国监察法》第十二条作为依据,故而不存在合法性问题。

其次,行政管理权的配置问题。在横琴合作区范围内发生作用的行政管理权包括省一级行政管理权、市一级行政管理权、区一级行政管理权、镇一级行政管理权,这些权力是否都可以配置给横琴合作区的行政机构是一个需要加以研究的问题。实际上,将省一级行政管理权、市一级行政管理权配置给横琴合作区的行政机构是一个"放权"问题。就行政机构而言,在横琴合作区成立管理委员会、执行委员会及其工作机构、广东省政府横琴办,这些机构之间的关系须进一步明确。另外,粤澳共同管理的横琴合作区执行委员会及其下设工作机构还面临着是否受内地"三定"规定①约束的问题。

再次,监督问题,即如何监督在横琴合作区执行委员会及其工作机构工作的公职人员,尤其是其中的澳门公务员。随着横琴合作区建设的展开,澳门公务员进入横琴合作区执行委员会及其工作机构任职将成为常态。由于他们在身份上首先隶属于澳门特别行政区政府,而行使的权力却是横琴合作区的公权力,因此"由谁进行监督、如何进行监督"是一个法律难题。

最后,粤澳收益共享机制。共商共建共管共享新体制的一个重要内容是粤澳共享横琴合作区建设的收益。由于《横琴粤澳深度合作区建设总体方案》规定"2024年前投资收益全部留给合作区管理委员会支配",因此粤澳收益共享机制只需在2024年之前建立即可。收益的范围、参与收益分配的各方主体以及比例,都须加以研究。要特别说明的是,在本书的写作过程中,笔者未能搜集到有关横琴合作区建设成本分摊及收益共享的信息与资料,所以本书暂不讨论收益共享

---

① "三定"规定指规模部门(单位)职能配置、内设机构和人员编制规定。参见《"三定"规定制定和实施办法》第一条。

机制。但收益共享机制确实属于横琴合作区建设面临的公法问题，故本书仍指出此问题。

第二节 税收优惠政策及其公法问题

为吸引澳门的人、财、物等生产要素流向横琴，实现琴澳一体化发展，《横琴粤澳深度合作区建设总体方案》决定在横琴合作区实行税收优惠政策。

一、税收优惠政策的内容

税收优惠政策可以分为企业所得税，个人所得税，关税、进口环节税和出口退税三大方面的优惠政策。

企业所得税优惠政策包括减税、加速折旧和免税。减税是指"对合作区符合条件的产业企业减按15%的税率征收企业所得税"。"加速折旧"是指"对企业符合条件的资本性支出，允许在支出发生当期一次性税前扣除或加速折旧和摊销"。免税是指"对在合作区设立的旅游业、现代服务业、高新技术产业企业新增境外直接投资取得的所得，免征企业所得税"。

个人所得税优惠政策是面向特定人群减免税收。一方面，"对在合作区工作的境内外高端人才和紧缺人才，其个人所得税负超过15%的部分予以免征"。另一方面，"对在合作区工作的澳门居民，其个人所得税负超过澳门税负的部分予以免征"。

关税、进口环节税和出口退税优惠政策包括：（1）扩大免（保）税货物的清单。"除国家法律、行政法规明确规定不予免（保）税的货物及物品外，其他货物及物品免（保）税进入。"（2）横琴合作区的特定货物免进口关税进入内地。"对合作区内企业生产的不含进口料件或者含进口料件在合作区加工增值达到或超过30%的货物，经'二线'进入内地免征进口关税。"（3）调整进入横琴合作区退税货物清单。"研究调整适用退税政策的货物范围，实行负面清单管理。"

二、税收优惠政策的合法性及细化问题

税收优惠政策的落实存在两个方面问题：一方面是企业所得税优惠政策本身的合法性问题；另一方面是优惠政策的细化问题，即税收优惠政策如何转化为能够直接实施的公法规则。

《横琴粤澳深度合作区建设总体方案》规定的企业所得税优惠政策因仅在横琴合作区的范围内实行而构成区域优惠，但《中华人民共和国企业所得税法》只是针对少数民族自治地方的区域优惠作出规定，并未规定其他区域优惠。故而，针对横琴合作区的企业所得税优惠政策存在合法性问题。实际上，此问题并非横琴合作区独有，其具有普遍性。除横琴合作区外，国家还为海南自由贸易港、平潭综合实验区、前海深港现代服务业合作区、西部地区及浦东新区制定了特殊的企业所得税优惠政策，这些都属于区域优惠政策。据此，横琴合作区企业所得税优惠政策的合法性问题可以转化为国务院就企业所得税制定区域优惠政策是否合法。

除合法性问题外，税收优惠政策还面临落实问题。《横琴粤澳深度合作区建设总体方案》规定的税收优惠政策中存在不确定性概念和模糊表达，须进一步明确。例如，"符合条件的产业企业""有利于澳门经济适度多元发展的产业""境内外高端人才和紧缺人才""研究调整适用退税政策的货物范围"等表述的内容都需要进一步明确。换言之，要为税收优惠政策制定实施细则。横琴新区时期，国务院通过《国务院关于横琴开发有关政策的批复》（国函〔2011〕85号）为横琴新区制定税收优惠政策。财政部、国家税务总局、海关

总署据此以规范性文件的形式制定一系列细则。① 参考横琴新区时期的经验,应由财政部、海关总署和国家税务总局制定相关的规范性文件,将《横琴粤澳深度合作区建设总体方案》规定的税收优惠政策转化为能够直接适用的规则。在落实税收优惠政策的过程中,会遭遇两个问题。首先,由国务院部门制定税收政策的细则是否合法,更准确地说,国务院将税收政策的细则制定权授予其下属部门是否合法。这种授权实际上是一种转授权。依《中华人民共和国税收征收管理法》第三条第一款的规定,税收的开征、停征以及减税、免税、退税、补税,依照法律规定执行;法律授权国务院规定的,依照国务院制定的行政法规的规定执行。尽管国务院经常将法律授予他的权力转授给其下属部门,但是经常出现的现象未必具有合法性,一个行为出现的频率与该行为在法律上应获得的评价是两回事。其次,落实税收优惠政策的规范性文件应包括哪些内容。由于落实税收优惠政策的规范性文件不仅承载着为税收活动提供规则的任务,还要受税收优惠政策的框架及有关法律、行政法规的约束,因此,在行政治理实践中,规范性文件往往是行政决策的直接依据,依法行政的原则要求必须首先对规范性文件的合法性进行控制,从而避免行政机关以规范性文件的形式违反法律、行政法规,或扭曲国务院制定政策的初衷。

第三节 出入境管理及其公法问题

出入境管理涉及人、车和货物的出境与入境通行,核心目的在于提高口岸的通行效率。

---

① 包括《财政部 国家税务总局关于广东横琴新区 福建平潭综合实验区 深圳前海深港现代服务业合作区企业所得税优惠政策及优惠目录的通知》(财税〔2014〕26号);《财政部 国家税务总局关于广东横琴新区个人所得税优惠政策的通知》(财税〔2014〕23号),该文件于2019年被《财政部 税务总局关于粤港澳大湾区个人所得税优惠政策的通知》(财税〔2019〕31号)所取代;《财政部 海关总署 国家税务总局关于横琴开发有关进口税收政策的通知》(财关税〔2013〕17号)和《财政部 海关总署 国家税务总局关于横琴 平潭开发有关增值税和消费税政策的通知》(财税〔2014〕51号)。

《横琴粤澳深度合作区建设总体方案》的公法分析

一、出入境管理的任务内容

在《横琴粤澳深度合作区建设总体方案》中，与人通行有关的任务可以分为普遍任务和特别任务。前者的出入境管理以提升一般旅客通行的整体效率为目的，具体是指内地出入境管理机构与澳门治安警察局"在双方协商一致且确保安全基础上，积极推行合作查验、一次放行通关模式，不断提升通关便利化水平，严格实施卫生检疫和出入境边防检查，对出入境人员携带的行李依法实施监管"。后者的出入境管理以提升特定人员的通行效率为目的，包括提升国际高端人才、澳门大学横琴校区师生和参加内地澳门联合会展的相关人员入出横琴合作区的效率与便利程度。

与车辆通行有关的任务是"推动全面放开澳门机动车便利入出合作区"。这里的澳门机动车是指单牌车，即只具有澳门车牌的机动车。实际上，符合特定条件的澳门车辆还可以办理内地车牌，这种双牌车因具有内地车牌，可以驶入横琴合作区。

与货物通行有关的任务，是在进一步便利货物在横琴合作区与澳门之间往来，以及继续实施备案管理的基础上，进一步简化申报程序和要素。自新冠感染疫情发生以来，我国实行"外防输出"的防疫政策，因此，货物进出境的效率受到了较大的影响。在这种背景下，须在确保安全的环境下探索简化货物进出境的程序，提升货物通行效率，确保对外贸易的顺利进行。横琴海关可以在横琴合作区建设的背景下进行一些有益的探索，为疫情防控常态化背景下的货物出入境管理制度探索经验。

二、管辖权争议及规则调整问题

就人员的通关而言，出入境管理各项任务的实施在法律上已经没有阻力，正在稳步推进。2019年10月通过的《全国人民代表大会常务委员会关于授权澳门特别行政区对横琴口岸澳方口岸区及相关延伸区实施管辖的决定》为实施"合作查验、一次放行"通关查验模式提供了法律依据。横琴口岸新旅检区域于2020年8月开通启用,"合作查验、一次放行"的通关模式已正式在横琴口岸实施,往来澳门和内地的出入境旅客可在同一旅检区域,一次性办完双方出入境手续,未来只需不断完善该模式即可。"合作查验、一次放行"模式的实施可能引发的问题是,在合作查验过程中,如果发现同时违反内地法律和澳门法律的行为,应由何方管辖。这是出入境方面要解决的公法问题,本书将它称为管辖权争议问题。

就澳门大学横琴校区师生入出横琴合作区而言,澳门大学横琴校区与横琴口岸之间的通道建设目前处于编制设计方案阶段,该项目将在2023年内完工。① 澳门大学横琴校区与横琴合作区之间的口岸设置在法律方面也不存在阻力。

然而,国际高端人才和联合会展相关人员、澳门的单牌车以及货物入出横琴合作区的效率提升,必须简化现行的相关规则。目前,相关规则主要由规范性文件所构建。有权机关必须修改相应的规范性文件,创设新的规则,但新的规则应遵循合法性原则,不得违反法律、行政法规的相关规定。如果法律、行政法规对前述任务的实现构成了阻力,则应先对法律、行政法规进行修改。

第四节 市场准入及其公法问题

市场准入政策的要旨是提升市场主体准入的效率和便利程度。

一、市场准入的任务内容

首先,改革行政审批制度,实施"市场准入承诺即入制",强化事中事后监管。"市场准入承诺即入制"是指,严格落实"非禁即入",在"管得住"前提下,对具有强制性标准的领域,原则上取消

---

① 参见珠海市横琴新区政府门户网站(http://www.hengqin.gov.cn/macao_zh_hans/hdjl/cjwt/content/post_3001597.html),访问日期:2022年2月14日。

许可和审批,建立健全备案制度,市场主体承诺符合相关要求并提交相关材料进行备案,即可开展投资经营活动。与"市场准入承诺即入制"相配套的措施是强化事中事后监管,建立与澳门衔接、国际接轨的监管标准和规范。

其次,降低各类市场主体进入横琴合作区的门槛。一方面,"不断放宽各类投资者在合作区开展投资贸易的资质要求、持股比例、行业准入等限制";另一方面,"制定出台合作区放宽市场准入特别措施"。

最后,降低澳门生产要素进入横琴合作区的门槛。"允许具有澳门等境外执业资格的金融、建筑、规划、设计等领域专业人才,在符合行业监管要求条件下,经备案后在合作区提供服务,其境外从业经历可视同境内从业经历。""鼓励具有澳门等境外资格的医疗领域专业人才依法取得境内执业资格。""支持澳门医疗卫生服务提供主体以独资、合资或者合作方式设置医疗机构,聚集国际化、专业化医疗服务资源。"前述措施一方面是为了给澳门相关专业人才提供更多的就业机会,另一方面也是为了促进横琴合作区在医疗领域与澳门的合作。此外,还要"降低澳资金融机构设立银行、保险机构准入门槛",这是为金融对外开放探索经验。

二、市场准入的公法问题

"市场准入承诺即入制"与目前正在推行的行政许可告知承诺制具有一定的相似性,两者都意图改革现行的行政审批制度。它们的区别则在于:首先,行政许可告知承诺制针对"通过事中事后监管能够纠正不符合许可条件行为、有效防范风险的"许可事项,而"市场准入承诺即制"针对"具有强制性标准"的许可事项;其次,行政许可告知承诺制往往要求行政相对人在具备条件后才能开展经营活动,而"市场准入承诺即入制"允许市场主体在完成备案后就可以开展经营活动。行政许可告知承诺制尚且存在法律属性不明与合法性争议问题。① 因此,"市场准入承诺即入制"自然也存在合法性问题。当前,内地在市场准入方面实行负面清单制度,即"法无禁止即可为"。在负面清单制度的模式下,法律禁止的领域可以分成两个部分,一部分是绝对禁止领域,另一部分是相对禁止领域。就绝对禁止领域而言,市场主体绝对不能进入;就相对禁止领域而言,市场主体在获得许可后可以进入。"市场准入承诺即入制"在相对禁止领域实施。那么,"市场准入承诺即入制"与行政许可之间存在何种关系,它是一种怎样的行政行为,或应当是一种怎样的行政行为?另外,"市场准入承诺即入制"又该以何种方式构建它的规则体系?这是市场准入建设面临的首要问题。

市场准入建设面临的另一个问题是,如何构建降低市场准入门槛的规则,或者说门槛降低到何种程度较为适宜?严格来说,这个问题并非纯粹的法律问题,它还属于经济学问题、行政管理学问题。例如,市场准入降低到何种程度才能既兼顾市场效率,又兼顾市场安全?无论经济学和行政管理学给出何种方案,最后都必须通过公法规则以获得法律拘束力。受专业知识以及专业分工所限,本书只研究公法问题,不研究经济学问题、行政管理学问题。

第五节 其他任务及其公法问题

还有一些任务存在归类困难,故而单独进行分析。

一、其他任务内容

在食品和药品的行政管理方面,《横琴粤澳深度合作区建设总体方案》提出了两个要求:首先,"对在澳门审批和注册、在合作区生产的中医药产品、食品及保健品,允许使用'澳门监造'、'澳门监

---

① 参见卢超《行政许可告知承诺制:程序再造与规制创新》,载《中国法学》2021年第6期,第82页。

制'或'澳门设计'标志"。其次,"研究简化澳门外用中成药在粤港澳大湾区内地上市审批流程,探索允许在内地已获上市许可的澳门中药在粤港澳大湾区内地生产,对澳门研制符合规定的新药实施优先审评审批"。

在民生服务方面,《横琴粤澳深度合作区建设总体方案》提出"对接澳门教育、医疗、社会服务等民生公共服务和社会保障体系","允许指定医疗机构使用临床急需、已在澳门注册的药品和特殊医学用途配方食品,以及使用临床急需、澳门公立医院已采购使用、具有临床应用先进性(大型医用设备除外)的医疗器械"。这是为了适应澳门居民迁入横琴合作区居住、工作和生活的现实情况。

在数据流通方面,《横琴粤澳深度合作区建设总体方案》一方面要求"在国家数据跨境传输安全管理制度框架下,开展数据跨境传输安全管理试点,研究建设固网接入国际互联网的绿色通道,探索形成既能便利数据流动又能保障安全的机制";另一方面要求"支持珠海、澳门相关高校、科研机构在确保个人信息和重要数据安全前提下,实现科学研究数据跨境互联互通"。前者面向一般数据,后者针对科研数据。

二、规则调整问题

在目前的公法规则体系下,以上对食品和药品的行政管理、民生服务、数据流通方面的各项任务都无法实现,必须对这些任务所涉规则进行调整。在食品和药品行政管理方面,须对《中华人民共和国食品安全法》和《医疗机械监督管理条例》相关规定进行变通,可通过经济特区法规而为之。在民生服务方面,不仅需要调整内地的规则,还需要澳门方面调整相应的规则。在数据流通方面,须对《中华人民共和国个人信息保护法》第三十八条和第四十条、《中华人民共和国数据安全法》第三十一条及《中华人民共和国网络安全法》第三十七条确立的数据出境规则进行调整与细化。

在贯彻落实《横琴粤澳深度合作区建设总体方案》的有关任务和政策过程中,一些举措将遭遇合法性问题,一些举措须通过构建新的公法规则来落实。对于合法性问题,有的能在法解释学的层面获得解决,即通过解释消除合法性问题。但是严格来说,这样的合法性问题并不是真正的合法性问题。有的则需要通过修法或立法的方式来解决,这样的合法性问题才是真正的合法性问题。

另外,要特别说明的是,本书所说的公法规则并不局限于法律法规及规章所创设的规则,还包括规范性文件所创设的规则。在本书中,新的公法规则的构建主要依靠内地单方面调整自身的规则,因为《横琴粤澳深度合作区建设总体方案》在很大程度上是为了吸引澳门的居民和资源要素流入横琴合作区,从而拓宽澳门的发展空间。换言之,各类资源要素的流向以单向度为主。当然,在个别领域,这种资源要素流动的实现离不开澳门的配合,需要澳门调整相应的规则。

第三章　横琴合作区治理体制法理解析及制度完善

横琴合作区的治理体制包括政府代表的国家公权力系统和社会组织代表的社会公权力系统。《横琴粤澳深度合作区建设总体方案》提出的组织建设实际上就是要重构横琴合作区的国家公权力组织。长期以来，内地重视国家公权力，在一定程度上忽视社会公权力。然而，澳门是一个社会组织较为发达的社会。在琴澳一体化发展的背景下，既要重视国家公权力的组织问题，也不能忽视社会公权力的组织问题。

第一节　横琴合作区治理体制现状分析

原横琴新区形成了由珠海市人大常委会横琴办、横琴新区决策委员会、横琴新区发展咨询委员会、横琴新区管理委员会、横琴新区纪检监察工作委员会、横琴新区人民法院、检察院所构成的治理体制。这套治理体制虽然吸收了部分澳门人士参与咨询委员会，但仍由珠海市政府主导建立。横琴合作区构建了一套新的治理体制，呈现两个特征：一是行政管理体制二元化，二是治理体制突破建制镇的规模。

一、行政管理体制的二元化

当时的横琴新区有一个统一的行政管理机关：横琴新区管理委员

会；而如今的横琴合作区不存在统一的行政管理机关，而是存在两套独立的行政管理系统。

第一，横琴合作区执行委员会及其下设工作机构是原横琴新区管理委员会及其工作机构的主要职责继承者，行使横琴合作区的大部分行政管理权。尽管横琴合作区执行委员会被广东省人大常委会规定为履行"经济和民生管理职能"的法定机构，但是因继承了横琴新区管理委员会的主要职责，并继续适用横琴新区管理委员会及其工作机构制定的与《横琴粤澳深度合作区建设总体方案》不抵触的规范性文件①，所以，横琴合作区执行委员会的职能远超"经济和民生管理职能"（见表3–1）。横琴合作区执行委员会及其工作机构的组建与运行是粤澳共商共建共管共享的体现。一方面，横琴合作区执行委员会的领导班子由粤澳联合组建的管理委员会任命。广东省省长和澳门特别行政区行政长官共同担任管理委员会主任；澳门特别行政区政府派一名官员担任常务副主任，并派两名官员担任副主任；广东省派两名副省长和珠海市委书记担任副主任。2021年10月22日，横琴合作区管理委员会举行第一次会议，任命了横琴合作区管理委员会秘书长和执行委员会的领导班子成员。另一方面，横琴合作区执行委员会及其工作机构的工作人员由粤澳双方的公务员组成。横琴合作区执行委员会主任以及三名副主任为澳门官员，两名副主任为广东省的厅级领导，另一名副主任由珠海市副市长兼任。目前，澳门方面已经派了来自财政、社会民生、法务等领域的26名公务员到横琴合作区执行

---

① 原横琴新区管理委员会存续期间，在合作区范围内，因法律、法规、规章和规范性文件规定、合同约定、单方承诺等形式设立的权利和义务，横琴合作区执行委员会在其职责职权范围内依法予以承接，将继续依照法律、约定和承诺等行使权利，履行义务，承担责任。原横琴新区管理委员会及其工作机构制定的规范性文件，其实际内容不抵触《横琴粤澳尝试合作区建设总体方案》且有必要在合作区继续适用的，可继续实施，但在具体适用时，将作出必要的变更或限制，以符合《横琴粤澳尝试合作区建设总体方案》及其配套政策文件的内容和精神及合作区功能定位。参见《横琴粤澳深度合作区执行委员会关于依法承接原珠海新区管理委员会有关权利和义务的公告》，见横琴粤澳深度合作区门户网站（http://www.hengqin.gov.cn/macao_zh_hans/zwgk/tzgg/content/post_2998300.html），访问日期：2022年1月2日。

委员会及其工作机构工作。①

表3-1 横琴合作区执行委员会各工作机构的职责

机构	职责
行政事务局	负责执行委员会文电、会务活动、机要档案、保密等日常运转工作，承担协调联络工作；负责执行委员会人事管理、机构编制、薪酬福利、教育培训、考核奖惩等工作；负责执行委员会公共关系、新闻宣传、政务公开及接待工作；负责执行委员会综合后勤保障及行政事务局内部管理工作；承担横琴合作区管理委员会秘书处具体工作，负责管理委员会、执行委员会的会议筹备、议题管理和跟踪协调管理委员会、执行委员会决定事项的落实；负责完成执行委员会交办的其他工作
法律事务局	负责统筹横琴合作区重大改革创新和政策研究等工作；负责制定政策法规和规范性文件，协调推进涉及横琴合作区的立法工作；承担法律顾问工作，负责规范性文件以及执行委员会合同、协议等的合法性审查；协调推进公共法律服务体系和平台建设，优化公共法律服务资源布局；统筹推进法律、制度、规则与国际高标准制度规则的有效衔接；负责行政复议、行政诉讼、民事诉讼、国家赔偿等工作；负责组织开展法治宣传教育工作；负责完成执行委员会交办的其他工作

---

① 参见《横琴深度合作区管理机构揭牌，合作区执委会主任李伟农：合作区管理模式是非常大的创新》，见东方财富网（https://finance.eastmoney.com/a/202109182108057446.html），访问日期：2022年1月10日。

续表 3-1

机构	职责
经济发展局	负责编制横琴合作区发展的中长期规划、产业规划、科技规划和制定相关政策；负责推动科技研发和高端制造业、中医药等澳门品牌工业、文旅会展商贸等产业在横琴合作区发展；负责推动相关产业项目落地及平台建设，促进高端产业要素和资源在横琴合作区集聚；负责推动建立科技创新机制，管理和优化科技资源配置，组织实施重大科技研究计划，推动科技研发成果产业化；负责知识产权保护工作；负责制定和执行横琴合作区投资促进政策，组织实施相关投资促进计划，统筹对外合作事务；负责依法监督、管理和服务对外投资；负责外商投资信息报告等相关工作；建立健全横琴合作区投资活动的监管体系；负责统筹协调口岸相关工作；负责制定吸引和集聚国际高端人才的政策措施，吸引"高精尖缺"人才；负责统筹横琴合作区、粤港澳大湾区、横琴自贸试验片区、横琴国际休闲旅游岛等建设及营商环境、信用等工作；负责完成执行委员会交办的其他工作
金融发展局	负责制定金融产业发展规划和相关政策并组织实施；负责推进金融市场体系建设，完善金融业整体布局，推动金融改革创新，引进金融机构及培育金融人才，服务金融业发展；负责防范化解金融风险，统筹协调金融突发事件的应急处置工作，牵头开展防范和处置非法集资，开展金融知识宣传和投资者风险教育工作；负责对接相关金融监管机构，协助做好金融业监管，配合开展反洗钱工作，加强区域金融监管交流工作；负责对融资租赁公司、商业保理公司、小额贷款公司、融资担保公司、典当行等地方金融机构实施监管，对大宗商品、权益、知识产权等交易场所实施监管；负责开展金融对外合作交流，深化区域金融合作；负责完成执行委员会交办的其他工作

续表 3-1

机构	职责
商事服务局	负责市场主体统一登记注册、相关行政许可；负责政务服务和数据管理；负责质量技术服务管理；负责特种设备、食品安全服务管理；负责组织实施药品、医疗器械、化妆品安全及质量服务管理；负责能源、价格等服务管理；负责规范和维护市场秩序；负责综合行政执法；负责安全生产工作；负责完成执行委员会交办的其他工作
财政局	负责贯彻执行财税方针政策和法律法规，研究提出促进横琴合作区经济社会发展的财税政策；负责编制年度财政收支预决算草案并经批准后组织实施；负责对财政资金使用情况进行绩效评估；负责公有资产监督管理等工作；负责公共采购管理工作；负责横琴合作区与国际及其他地区的财税交流合作；负责完成执行委员会交办的其他工作
统计局	负责贯彻执行统计工作的方针政策和法律法规；负责核算横琴合作区生产总值，汇编提供国民经济核算资料；负责组织实施横琴合作区人口、经济等重大情况普查，汇总、整理和提供有关方面的统计数据；负责组织实施行业统计调查；负责创新国民经济相关数据统计方式，研究编制横琴合作区促进澳门经济适度多元发展的指标体系；负责组织对横琴合作区建设及促进澳门经济适度多元发展成效开展年度评估；负责完成执行委员会交办的其他工作
城市规划和建设局	负责横琴合作区国土空间总体规划、详细规划、专项规划、城市设计的编制和实施；负责土地资源管理，承担土地出让、土地用途转用、土地征收征用管理等工作；负责建筑工程管理、行政审批及服务；负责贯彻执行房地产调控法律、法规和政策，制定和实施住房保障政策，落实房地产确权登记等；负责统筹城市道路交通、供水、燃气、电力等市政基础设施建设；负责海域海岛与湿地管理、海洋灾害监管治理、协调海域使用等工作；负责地质灾害调查和防治建设；负责制定和实施生态环境保护方案，落实生态环境监测和污染防治工作；负责智慧城市建设；负责完成执行委员会交办的其他工作

续表 3 – 1

机构	职责
民生事务局	负责制定教育、医疗、文化（含新闻出版、广播电视）、体育及社会保障规划和政策并组织实施；负责统筹教育、医疗、文化（含新闻出版、广播电视）、体育及社会保障服务资源配置和建设；负责建立教育、医疗、文化（含新闻出版、广播电视）、体育行业监督和管理体系；负责开展教育、医疗、文化（含新闻出版、广播电视）、体育领域交流与合作；负责统筹制定和执行有关养老、失业、工伤等社会保险政策，完善劳动保障机制，健全社会养老服务体系；负责统筹便利澳门青年在横琴合作区发展相关工作；负责完成执行委员会交办的其他工作

资料来源：《横琴粤澳深度合作区执行委员会关于各工作机构职责的公告》，见横琴粤澳深度合作区门户网站（http://www.hengqin.gov.cn/macao_ zh_ hans/zwgk/tzgg/content/post_ 2998294.html），访问日期：2022 年 1 月 2 日。

第二，广东省政府横琴办行使与属地密切相关的行政管理权以及兜底性的行政管理权。2021 年 9 月，广东省委横琴工委、广东省政府横琴办成立。它们作为广东省委、省政府的派出机构，实行合署办公，在职权范围内履行属地管理职能。2021 年 9 月 18 日，广东省委横琴工委、广东省政府横琴办召开第一次联席会议，提出尽快拟定细化各机构各部门的工作制度、工作指引和操作规程，逐步完善国家安全、政法、社会事务、纪检监察领域的制度清单，积极履行属地责任和兜底责任。① 目前，广东省政府横琴办并未对外公开其行政管理职责。广东省政府横琴办的特殊之处在于，它由广东省政府直接领导，既不受珠海市政府的领导，也不受横琴合作区管理委员会的领导。

总之，横琴合作区有两套相互独立的行政管理组织，一套是粤澳双方联合组建的横琴合作区执行委员会及其下设工作机构，另一套是广东省单独组建的广东省政府横琴办。另外，需要特别注意的是横琴

---

① 参见《省委横琴工委、省政府横琴办召开第一次联席会议 奋力推动合作区建设开好局起好步》，见广东省人民政府官网（http://www.gd.gov.cn/gdywdt/zwzt/ygadwq/zdgz/content/post_ 3533543.html），访问日期：2022 年 1 月 10 日。

的税务局和公安局。经国家税务总局批准，广东省税务局于2021年底将"国家税务总局珠海市横琴新区税务局"调整为"国家税务总局横琴粤澳深度合作区税务局"（以下简称"横琴合作区税务局"）。在纵向上，横琴合作区税务局不再由珠海市税务局领导，而是直接由广东省税务局领导。在横向上，横琴合作区税务局不同于其他税务局，它须"完成国家税务总局广东省税务局、横琴粤澳深度合作区管理委员会与执行委员会和中共广东省委横琴粤澳深度合作区工作委员会、广东省人民政府横琴粤澳深度合作区工作办公室交办的其他工作"①。2021年，"横琴新区公安局"被调整为"横琴粤澳深度合作区公安局"（以下简称"横琴合作区公安局"），横琴合作区公安局局长仍由珠海市公安局副局长兼任。由于横琴合作区公安局并未对外公开其"三定"规定，因此横琴合作区公安局与珠海市公安局、广东省委横琴工委及广东省政府横琴办、合作区管理委员会及合作区执行委员会之间的关系如何，似并不清晰。参考横琴合作区税务局的情况，横琴合作区公安局在纵向上受广东省公安厅领导，在横向上由广东省委横琴工委和广东省政府横琴办领导，并完成合作管理委员会和执行委员会交办的工作。

二、其他国家机构设置的变化

《横琴粤澳深度合作区建设总体方案》并未言及人大、纪检监察部门、人民检察院、人民法院等机关的设立，但为配合横琴合作区建设，上述机构也须调整。

就人大而言，横琴本应只设镇人大。依《中华人民共和国宪法》和《中华人民共和国地方各级人民代表大会和地方各级人民政府组织法》（以下简称《地方组织法》），只有行政区才设立人民代表大

---

① 《国家税务总局横琴粤澳深度合作区税务局主要职责》，见国家税务总局广东省税务局官网（https://guangdong.chinatax.gov.cn/gdsw/zhhqsw_zyzz/city_list_cont.shtml），访问日期：2022年3月18日。

会。① 由于横琴合作区不是行政区而是功能区，在行政区划系统中仍是一个镇，因此，横琴本应设镇人大。然而，在横琴新区时期，镇人大的建制就已无法满足实际发展需要。原横琴新区设有人民法院和人民检察院，而镇一级人大无权产生人民法院和人民检察院。为适应实情，珠海市人大常委会在横琴新区设立派出机构：珠海市人大常委会横琴办。它的主要职责包括："负责与市人大、市政协的联络工作，指导珠海市横琴镇人大召开横琴镇人民代表大会，负责管理和联络珠海市、香洲区、横琴镇人大代表，组织代表开展视察调研和培训学习等，负责人大代表中心联络站日常事务。"②

据此，横琴的人大工作在形式上仍然隶属香洲区，但实际上已由珠海市人大常委会直接负责。在分配珠海市第九届人大代表名额时，珠海市人大常委会虽然没有将横琴新区单独列为一个选举单位③，但专门规定了横琴新区应分得6名市人大代表的名额。在对市人大代表进行分组时，珠海市第九届人大将横琴新区和高新区在市人大的代表单独分组，与香洲、金湾和斗门三个区相并列。在横琴合作区取代横琴新区后，横琴合作区在行政区划上仍属于珠海市，其发展所需要的法规主要由珠海市制定，因此，上述模式可以继续维系下去。值得注意的是，横琴合作区由广东省管理后，横琴合作区人民检察院检察长以及横琴合作区人民法院院长由广东省人大常委会任命，横琴合作区所需要的部分法规也可能应由广东省人大及其常委会制定，因此，广东省人大常委会是否有必要在横琴设立派出机构未来有可能成为一个问题。

---

① 参见《中华人民共和国宪法》第九十五条。参见《地方组织法》第一条。
② 《2020年珠海市人大常委会横琴新区工作办公室·部门预算》，见珠海市横琴新区政府门户网站（http://www.hengqin.gov.cn/gkmlpt/content/2/2605/post_2605886.html#2131），访问日期：2022年1月10日。
③ 参见2021年12月31日，珠海市人民代表大会常务委员会公告［九届］第四十三号：珠海市人民代表大会常务委员会通过了《关于珠海市第十届人民代表大会代表名额分配和选举事宜的决定》，见珠海市人大常委会官网（http://www.zhrd.gov.cn/zhrdfb/202201/t20220105_58883913.html）。从上述公告的表述来看，横琴合作区仍然不是一个独立的选举单位。

第三章 横琴合作区治理体制法理解析及制度完善

就纪检监察机关而言，珠海市纪委监委在当时的横琴新区设立了派出机构：横琴新区纪检监察工作委员会。横琴合作区取代横琴新区后，由广东省纪委监察委在横琴合作区设立派出机构：横琴纪检监察工委。横琴合作区纪检监察工作面临着一个难题：如何监督执行委员会及其工作机构的工作人员。横琴合作区执行委员会及其工作机构中的内地公务员可以纳入纪检监察部门的监督范围，但其中的澳门公务员难以纳入纪检监察部门的监督范围。

就检察机关而言，广东省人民检察院曾在横琴新区设立派出机构：横琴新区人民检察院。横琴合作区取代横琴新区后，横琴新区人民检察院被调整为横琴合作区人民检察院，仍为广东省人民检察院的派出机构，行使基层人民检察院的职权，由珠海市人民检察院作为其上一级检察院履行相应的诉讼职责。

就审判机关而言，原横琴新区设立了基层人民法院，管辖一审民事案件，并集中管辖珠海市辖区内由各基层人民法院管辖的涉外涉港澳台民事案件。但横琴新区的行政案件不由横琴新区人民法院管辖，而是与珠海市其他各区的行政案件一起由珠海市金湾区人民法院集中管辖。在横琴合作区成立后，横琴新区人民法院被调整为横琴合作区人民法院，其上级人民法院仍为珠海市中级人民法院。2021年12月，珠海市中级人民法院将横琴合作区范围内的一审行政诉讼案件、行政赔偿案件和行政非诉案件调整为横琴合作区人民法院管辖，但珠海市辖区内的一审行政案件仍然由金湾区人民法院集中管辖。

总之，从行政以外的国家机构的设置来看，横琴合作区继承了横琴新区的传统，同时又进行了一些调整。横琴合作区的人大工作、检察工作和审判工作目前仍隶属珠海市，但横琴合作区人民检察院检察长和横琴合作区人民法院院长改由广东省人大常委会任命；行政管理工作、纪检监察工作则脱离了珠海市。在横琴新区时期，横琴新区呈现发展成珠海市的下辖行政区的趋势，这种趋势被横琴合作区打破。

第二节 行政管理体制合法性解释及完善

行政管理体制的二元化带来了两个方面的问题。一方面，合法性问题。一种严格的"组织法定主义"学说认为，行政机构的设置以法律为依据。① 根据这一学说，广东省人大常委会制定的《关于横琴粤澳深度合作区有关管理体制的决定》不足以为横琴合作区的行政管理体制提供合法性，而二元化的行政管理体制在《地方组织法》上又找不到直接依据。另一方面，制度完善问题，包括行政管理权的配置，机构关系，机构编制以及放权。

一、行政管理体制合法性解释

（一）行政管理体制存在三个合法性瑕疵

除行政区外，内地还存在各类开发区。各类开发区的行政管理机构要么与政府合一，要么由负责管理开发区的政府派出，包括派出机关和派出机构两类。② 一般地，设立开发区的政府将其下辖的一个或几个行政区的部分区域划归开发区管理委员会管理。开发区在合法性上受到了质疑，主要体现为对开发区管理委员会行政主体资格的质疑。③ 有学者认为，国家应适时出台国家开发区管理条例或者开发区

---

① 参见应松年、薛纲凌《行政组织法与依法行政》，载《行政法学研究》1998年第1期，第17页。
② 参见苏艺《我国各级政府派出机关的宪法学研究》，华东政法大学，2017年博士学位论文，第99-100页。
③ 相关的研究成果包括但不限于以下文献：余宗亮《困境与出路：开发区管委会法律性质之辩》，载《中南大学学报（社会科学版）》2013年第1期；钱振明《城镇化发展过程中的开发管理体制改革：问题与对策》，载《中国行政管理》2016年第6期。

法。①但国家并未立法,实际上是通过一些法律②默认各类开发区的存在,是以默认的方式赋予开发区管理委员会行政主体资格的。在司法实践中,最高人民法院已经通过司法解释承认,国务院和省级人民政府批准设立的开发区管理委员会及其职能部门具有行政主体资格。③开发区行政管理体制的合法性因法律的默认及司法解释而获得了解决,但这种方式不能解决横琴合作区行政管理体制的合法性。横琴合作区的行政管理体制不同于各类开发区的管理体制。一方面,横琴合作区的行政管理体制存在两个相互独立的行政管理系统,即广东省政府横琴办与横琴合作区执行委员会;另一方面,执行委员会及其工作机构向澳门开放,并由粤澳联合组建的管理委员会领导。这两种现象在一般的开发区中不存在,在《地方组织法》中也找不到依据。

依严格的"组织法定主义",横琴合作区的行政管理体制将在三个方面遭受到合法性质疑。首先,行政组织的设立属于法律保留事项,在法律未授权的条件下,地方性法规无权规定。其次,横琴合作区有两套相互独立的行政组织,一套横琴合作区执行委员会及其下设机构,另一套是广东省政府横琴办及其内设部门,这种模式违反了行政统一性原则。从《地方组织法》第八十三条的规定以及各类开发区的实际情况来看,由人民政府或管理委员会统一领导辖区内的各部门乃是行政管理的一个基本原则。本书将这个原则称为"行政统一性原则"。最后,横琴合作区的部分行政管理权由粤澳双方共同行使,没有法律依据。内地行政区与特别行政区共同行使该内地行政区

---

① 参见郭小碚、张伯旭《对开发区管理体制的思考和建议——国家级经济技术开发区调研报告》,载《宏观经济研究》2007 年第 10 期;胡丽燕《开发区托管行政区:因果透视与改革思路——基于法律地位与性质分析的视角》,载《经济地理》2016 年第 11 期。

② 《中华人民共和国科学技术进步法》第七十四条、《中华人民共和国安全生产法》第九条和第八十条、《中华人民共和国长江保护法》第六十七条、《中华人民共和国城乡规划法》第三十条、《中华人民共和国大气污染防治法》第八十九条、《中华人民共和国土壤污染防治法》第二十三条、《中华人民共和国公路法》第十八条、《中华人民共和国防洪法》第三十四条、《中华人民共和国海底资源勘探法》第十二条、《中华人民共和国邮政法》第八条、《中华人民共和国海岛保护法》第二十四条。

③ 参见《最高人民法院关于适用〈中华人民共和国行政诉讼法〉的解释》(法释〔2018〕1 号)第二十一条。

的部分行政管理权，乃是前所未有的现象。

（二）通过法律解释消除合法性瑕疵

消除合法性瑕疵的常见手段是立法。然而，即便是"繁于秋荼，而网密于凝脂"的秦法也无法预先对未来的每一件事都给出法律上的规范，故而秦朝法制中还存在"法律答问"这种法律渊源。换言之，可以通过法律解释应对法无明文规定时的法律适用问题。行政法上的依法行政原则从法律保留发展到法律保留与法律优先并存，亦是如此。法律保留以法律依据作为行政行为合法性的判断标准，而法律优先以不抵触法律作为行政行为合法性的判断标准。因此，如果能够通过法律解释而得出横琴合作区的行政管理体制不抵触法律，或者符合法律的精神，也就能消除其合法性瑕疵。

首先，省、自治区、直辖市人大常委会有权规定一级人民政府以外的行政组织的设立。在美国和日本，组织权的行使遵守严格的组织法定主义，而德国则抛弃了它。① 严格的组织法定主义也被我国所抛弃。根据《中华人民共和国宪法》第九十五条和《中华人民共和国立法法》第八条，在行政组织方面，保留给法律的专属事项仅限于地方各级人民政府的产生、组织及职权。② 换言之，对于不涉及"地方各级人民政府的产生、组织及职权"的行政组织事项，行政法规和地方性法规可以进行规定。毫无疑问，横琴合作区中，无论是广东省政府的派出机构还是执行委员会及其下设工作机构，都不是一级人民政府，不属于《中华人民共和国宪法》第九十五条和《中华人民共和国立法法》第八条保留给法律的事项。由此可见，横琴合作区中广东省政府派出机构以及执行委员会的设立可由广东省人大常委会决定。此外，《地方组织法》第九十条授权省、自治区、直辖市的人大及其常委会根据该法和实际情况，对执行中的问题作具体规定。这

---

① 参见步超《原理与实践：行政组织法定原则的再认识》，载《法治现代化研究》2019年第3期。

② 《中华人民共和国宪法》第九十五条第二款规定："地方各级人民代表大会和地方各级人民政府的组织由法律规定。"《中华人民共和国立法法》第八条规定："下列事项只能制定法律：……（二）各级人民代表大会、人民政府、人民法院和人民检察院的产生、组织和职权……"

为广东省人大常委会以立法性决定或地方性法规的方式规定横琴合作区的行政管理体制提供了直接依据。

其次，设立两套行政系统并不违法。诚然，《地方组织法》第八十三条确实要求一个行政区只能设立一个统一领导本行政区行政工作的人民政府，存在行政统一性原则。但这里的统一性拘束的是对行政区，并不拘束特殊的行政管理区。横琴合作区不是行政区，而是一个特殊的行政管理区。退一步讲，即便横琴合作区的行政管理体制须受行政统一性原则的拘束，那么它也只是在形式上违反了统一性原则，在实质上并未违反统一性原则。对行政统一性的强调，一方面是为了强调人民政府对其组成部门的领导权，另一方面则是为了避免人民政府将没有部门负责的政府职责推卸出去。就前者而言，广东省政府不仅能够直接领导广东省政府横琴办，还能通过横琴合作区管理委员会领导其执行委员会。就后者而言，尽管广东省政府横琴办与横琴合作区执行委员会之间存在分权的关系，但是广东省政府横琴办还具有兜底的职责，凡不属于横琴合作区执行委员会但又确实属于行政机关的职责都由广东省政府横琴办承担。

最后，广东省政府将横琴合作区的部分行政管理权拿出来与澳门共享，并未改变行政管理权的归属。广东省政府向澳门开放横琴合作区的行政管理体制，乃是粤澳共管原则的体现。可以借鉴民法上区分所有权与使用权的逻辑来分析这一现象。依民法学理，所有权可以派生出使用权能，从而使得物能够被出租给其他人使用。假如将行政管理权视作这样的"物"，那么也可以在它之上创设一种所有权和一种使用权，从而实现所有权与使用权的分离。用所有权与使用权二分的逻辑对待公权力在我国公法中早已存在。以人民代表大会制度为例，一切权力属于人民是一条最基本的教义，但人民及人民代表组成的权力机关并不直接行使全部的权力，而是将国家权力分成行政权、监察权、检察权和审判权，分别配置给行政机关、监察机关、检察机关和审判机关。这是宪法领域的情况。再看行政法，行政委托制度允许行政机关将法律法规赋予的行政管理权委托给行政机关以外的社会组织，这亦是运用所有权和使用权可分离的观念对行政管理权进行的区分。既然行政管理权的所有与行使可以分离，那么，所谓粤澳共管横琴合作区就可以被解释成广东省政府将横琴合作区的行政管理权交由粤澳共同组建的机构行使，这是行政管理权在使用权意义上的转让。粤澳共同行使横琴合作区的部分行政管理权并未改变权力的所有权归属。在所有权的意义上，横琴的行政管理权仍归广东省政府，广东方面有权收回粤澳共同行使的行政管理权。

二、行政管理权的配置

要解决行政管理权的配置问题，须先理顺粤澳双方在横琴合作区的关系。

（一）粤澳关系是一种特殊的地方合作关系

作为省的广东和作为特别行政区的澳门是我国两个相互不存在隶属关系的地方行政区。换言之，两者在法律地位上是平等的。因此，粤澳双方因共建横琴合作区而发生的关系乃是一种地方合作关系。这种合作关系存在三个特殊性。

第一，宪法以及基本法设定了中央权力干预粤澳关系的界限，使得粤澳合作对双方平等协商的依赖程度较高。

在内地，不同行政区之间的合作，可以依赖中央权力的积极干预，甚至可以完全由中央权力推动。在粤澳关系中，广东省属于中央政府下辖的普通行政区，而澳门则是拥有高度自治权的特别行政区，这使得中央权力在对粤澳关系进行干预时，受"一国两制"的约束。为避免中央权力在粤港澳大湾区建设中的越位或缺位，研究者提出了一份"建设大湾区的中央权力行使指南"，其内容包括：（1）地方无意愿且无权力推进的事项，由中央权力通过国家立法权或国务院的行政规划权直接推进；（2）地方有意但无权推进的事项，部分由中央权力直接推进，部分由中央授权地方推进；（3）地方无意愿但有权力推进的事项，由中央通过督促、引导的方式推进；（4）地方有意愿且有权力推进的事项，宜由地方权力推进，中央权力提供保障即可。① 这份"建设大湾区的中央权力行使指南"对于粤澳双方因横琴合作区建设而发生的关系同样具有启发意义。不过，中央权力在进行干预时应根据具体事项区分是否需由澳门方面行使高度自治权来完成。如需要，中央权力只能对澳门特别行政区行政长官的施政方针提出要求，不得直接干预。换言之，中央权力可以提要求，但如何落实以及落实到何种程度主要取决于澳门特别行政区的高度自治权。承认中央权力在粤澳关系中的特殊性，意味着横琴合作区建设的基础在于粤澳合作。中央政府制定的《横琴粤澳深度合作区建设总体方案》只有在粤澳合作的基础上才能得到贯彻落实。实际上，整个粤港澳大湾区的建设都是如此，跨域合作协议是粤港澳大湾区规则体系的基干。②

第二，粤澳双方因建设横琴合作区而发生的关系并非纯粹的两方关系，而是三方关系。

从字面上看，粤澳关系容易被理解成一种纯粹的两方关系，实则不然。横琴合作区在行政区划体系中仍归属珠海，其行政虽有脱离珠海的趋势，但横琴合作区在很多方面仍然与珠海存在千丝万缕的联系。例如，横琴合作区在立法上依赖于珠海市人大及其常委会，在司法上也无法脱离珠海市人民检察院和珠海市中级人民法院。况且，横琴早期的开发成本由珠海市投入，珠海市享有获得相应开发收益的权利。正是因此，在横琴合作区由广东省直接管理后，《横琴粤澳深度合作区建设总体方案》仍要求珠海市派员参加横琴合作区管理委员会与执行委员会。有专家认为，由于"地方政府间权力结构是建立在下级服从上级的科层制基础之上"③，而广东省政府和珠海市政府之间存在领导与被领导的关系，因此，珠海市在横琴合作区的建设过程中应当服从广东省的领导。更准确地说，珠海市在横琴合作区建设

---

① 参见谢宇《中央推进粤港澳大湾区建设的法治路径——"中央权力行使指南"的提出》，载《法学杂志》2020年第4期。

② 参见屠凯《论粤港澳大湾区的规则体系和治理结构——区分中央特区关系和内地港澳关系》，载《2012年全球湾区发展国际学术会议论文集》，第148页。

③ 马斌：《政府间关系：权力配置与地方治理——以浙江省、市、县政府间关系为研究案例》，浙江大学，2008年博士学位论文，第78页。

过程中的主体地位淹没于广东省对珠海市的领导。事实上，下级部门服从上级部门可以的领导并不等于上级部门可以决定下级部门的一切，而且上级部门也不具有这样的能力。从财权的角度看，一级政府有一级政府的预算，广东省政府和珠海市政府是两个相互独立的预算主体。以前的横琴主要是由珠海市政府投资开发建设的，广东省政府应注意到这一点，重视保护珠海市政府的正当权益。从事权的角度看，横琴合作区的市一级行政管理权仍然在珠海，广东省政府横琴办以及横琴合作区执行委员会在行政管理方面并非当然拥有市一级行政管理权。

第三，横琴合作区的行政管理权在所有权的意义上仍归属于广东省和珠海市。这是粤澳合作关系的第三个特殊性。本书前文已论及，不再赘述。

基于以上三个特殊性，因横琴合作区建设而发生的粤澳关系实为广东省、珠海市以及澳门特别行政区三方之间的关系。解释这层关系的意义在于，应当承认珠海市在横琴合作区建设中的主体地位。首先，无论是横琴合作区管理委员会还是执行委员会，都应当向珠海市开放。这有助于确保珠海市能在横琴合作区建设中获得表达意见的机会，确保珠海市的利益在横琴合作区建设的过程中得到尊重与保障。目前，珠海市委书记兼任横琴合作区管理委员会的副主任以及广东省委横琴工委书记，珠海市一位副市长兼任横琴合作区执行委员会的副主任。横琴合作区管理委员会是议事决策机构，所议事项虽然重要但数量并不多，珠海市可以派其领导干部兼任管理委员会副主任；而横琴合作区执行委员会属于行政管理机关，所以，为了保证其每日工作的顺利开展，珠海市宜委派一名领导干部专任横琴合作执行委员会副主任。其次，应在事权和财权方面理顺珠海市与横琴合作区的关系。在广东省政府横琴办设立以后，就市一级事权和财权而言，有两种处理方式：一种是全部移交给横琴合作区；另一种是部分移交给横琴合作区，其他的仍然保留给珠海市。无论以哪种方式进行处理，都必须承认这种移交只是一种使用权意义上的转让。在行政区划尚未发生改变的情况下，被移交的事权和财权在所有权的意义上仍然归属于珠海市。因此，珠海市应继续承担横琴合作区的部分建设成本，也应当分享横琴的开发收益。粤澳关系的特殊性使得行政管理权的配置不能坐等中央的干预,粤澳双方可以在《横琴粤澳深度合作区建设总体方案》确定的政策框架下,积极协商,尽快解决行政管理权的配置问题,理顺横琴合作区建设过程中复杂的行政关系,包括粤澳共同行使哪些行政管理权,以及横琴合作区各行政机构的关系。

(二) 粤澳共同行使部分行政管理权

讨论粤澳共同行使的行政管理权就是讨论广东方面可以将哪些行政管理权转让出来,由粤澳共同行使。须从横向和纵向两个方面展开研究。

在横向上,内地一般依专业分工标准按领域划分行政管理权,将不同领域的行政管理权配置给不同的部门。然后,依属地管理和垂直管理这两种模式组织相应的行政体制。垂直管理是指"中央部委或省直接管理地方职能部门,既管'事权',又管'人、财、物'权"①。地方职能部门只对上级主管部门负责。属地管理则指"地方职能部门受地方政府和上级部门'双重领导',其中主管部门负责工作业务的'事权',而地方政府管'人、财、物'"②。从行政部门的角度看,海关、税务、出入境、边防边检等部门由中央垂直管理。这些行政管理权的处分权不在广东省,故而不得由广东省将其划给横琴合作区执行委员会。广东省在横琴合作区仅能向澳门分享属地管理部门和省垂直管理部门的职权。这是理解《横琴粤澳深度合作区建设总体方案》和《关于横琴粤澳深度合作区有关管理体制的决定》有关内容的前提条件。

《横琴粤澳深度合作区建设总体方案》和《关于横琴粤澳深度合作区有关管理体制的决定》都明确规定,广东省政府横琴办乃是横琴合作区的属地管理机构。此规定的意义在于,明确广东方面对于横琴合作区的行政管理工作具有兜底性的职责:凡不由粤澳共同负责但

---

① 尹振东:《垂直管理与属地管理:行政管理体制的选择》,载《经济研究》2011年第4期,第42页。
② 尹振东:《垂直管理与属地管理:行政管理体制的选择》,载《经济研究》2011年第4期,第42页。

又确实需要政府管理的事务，都由广东省方面负责。目前，在横琴合作区，公安、国家安全、应急管理、退役军人管理、信访维稳等领域的职责皆保留给广东省，不由粤澳共同承担。

本书认为，行政管理权的横向配置主要发生在广东省政府横琴办与横琴合作区执行委员会之间。在横向上，横琴合作区除中央垂直管理的部门职权外的全部行政管理权一分为二，一部分转让给横琴合作区执行委员会，另一部分保留给广东省政府横琴办。这种权力分割须遵循两个基本原则。第一，哪些行政管理权转让给横琴合作区执行委员会，取决于《横琴粤澳深度合作区建设总体方案》。粤澳合作是为了落实中央制定的《横琴粤澳深度合作区建设总体方案》，因此，凡是为了完成该方案而需要共享的行政管理权，皆应让渡出来由粤澳共同行使。由于《横琴粤澳深度合作区建设总体方案》将分阶段、分步骤实施，因此行政管理权的转让也可以分阶段、分步骤进行。实践中，横琴合作区执行委员会几乎继承了原横琴新区管理委员会的全部职责，而原横琴新区管理委员会的行政职责几乎相当于一级区政府。这种一揽子的授权方式简单、高效，但同时也会将与贯彻落实《横琴粤澳深度合作区建设总体方案》不存在关联的职责一并转让给横琴合作区执行委员会，如生态环境保护、安全生产、劳动仲裁等。这种方式不利于横琴合作区执行委员会集中力量进行经济建设。第二，凡是未转让给横琴合作区执行委员会的职责，皆保留给广东省政府横琴办，广东省政府横琴办不得推卸其职责。对行政管理权进行的分割可能存在模糊之处，机构之间围绕权限和职责发生争议将不可避免。为此，广东省政府横琴办对横琴合作区的行政管理承担兜底性的责任。

在纵向上，内地将行政管理权分为国家、省、市、县（区）、镇（乡、街道）五个层级，它们一般同时作用于内地任何一个地理空间。横琴合作区的行政管理脱离香洲区、由珠海市直接管理后，作用于横琴的行政管理权为国家、广东省、珠海市、横琴本地四个层级。问题在于，横琴合作区现在由广东省直接管理，这是否表明作用于横琴的行政管理权已经变成国家、广东省和横琴本地三个层级？如果其行政管理权变成了三级，那么，镇一级、区一级和市一级行政管理权

第三章 横琴合作区治理体制法理解析及制度完善

都应归横琴本地行使,横琴合作区执行委员会通过概括授权就可以行使镇一级、区一级和市一级行政管理权;如果仍为国家、广东省、珠海市和横琴本地四个层级,那么,由于横琴本地原则上只行使镇一级、区一级行政管理权,横琴合作区执行委员会只有在获得具体授权时才能行使市一级行政管理权。

从规范的角度看,《横琴粤澳深度合作区建设总体方案》并未直接给出上述问题的答案。该方案要求广东省直接管理横琴合作区,似乎将作用于横琴的行政管理权调整为三个层级。但《横琴粤澳深度合作区建设总体方案》又要求珠海市运用经济特区立法权为横琴合作区的改革创新提供法规保障,这仍然承认横琴的行政层级为国家、广东省、珠海市、横琴本地四个层级。然而,《横琴粤澳深度合作区建设总体方案》还规定横琴合作区管理委员会在粤港澳大湾区建设领导小组的领导下开展工作,这似乎又将横琴的行政层级调整为国家、横琴本地两个层级。《关于横琴粤澳深度合作区有关管理体制的决定》要求"广东省人民政府及其有关部门、珠海市人民政府及其有关部门将有关省级、市级管理权限依法授权或者委托给合作区执行委员会及其工作机构行使。"据此,作用于横琴合作区的行政管理权仍然是国家、广东省、珠海市和横琴本地四个层级。

从实践的角度看,在有的行政领域,行政层级为国家、广东省、珠海市和横琴本地四个层级。例如,珠海市教育局发布的《珠海市教育局关于评选第二批珠海市研学实践教育基地的通知》和《珠海市教育局关于做好2022年初中学业水平考试报名及资格审核工作的通知》将横琴合作区民生事务局列为通知对象,要求该局在横琴合作区执行珠海市教育局的有关文件。由此可见,横琴合作区的教育工作仍受珠海市教育局的管理。在有的行政领域,行政层级为国家、广东省和横琴本地三个层级。例如,广东省地方金融监管局制定的《广东省开展合格境内有限合伙人境外投资试点工作暂行办法》既要求珠海市和横琴合作区分别成立"境内有限合伙人境外投资试点工作联席会议",又规定"本办法所称的所在地地方金融监管部门,在横琴粤澳深度合作区范围内,指横琴粤澳深度合作区金融发展局;其他指所在地地级以上市地方金融监管部门"。这是将横琴合作区的地方金融管理从珠海市分离出来，形成了横琴本地在该领域直接由广东省管理的管理体制。在更多的行政领域，广东省政府及其有关部门、珠海市政府及其有关部门在发文时对横琴合作区的相关工作保持沉默。由此来看，作用于横琴合作区的行政管理权，到底哪些行政领域仍实行国家、广东省、珠海市、横琴本地四个层级，哪些行政领域实行国家、广东省、横琴本地三个层级，目前并不清晰。

综合规范角度与实践角度，作用于横琴合作区的行政管理权在纵向上同时存在三种模式：一是"两级制"，即国家与横琴本地两个层级；二是"三级制"，即国家、广东省与横琴本地三个层级；三是"四级制"，即国家、广东省、珠海市、横琴本地的四个层级。本书认为，以上三种层级模式在横琴合作区都有适用的空间。其中，就《横琴粤澳深度合作区建设总体方案》的贯彻落实而言，横琴合作区管理委员会须对粤港澳大湾区建设领导小组负责，这是两级制的体现。

就财权而言，横琴合作区的财政管理应脱离珠海市本级财政，保持一定的独立性，应实行一种接近三级制的制度。从实践的角度来看，横琴合作区目前的财政管理已经脱离珠海市本级，具有相当程度的独立性。《珠海市 2021 年预算执行情况与 2022 年预算草案的报告》显示，横琴合作区的预算不再并入珠海市本级反映，而是纳入珠海市单列反映。① 这种单列反映意味着横琴合作区的预算脱离了珠海市本级预算。可以说，在很大程度上，横琴合作区的财政管理已经实现了三级制。假如把横琴合作区比喻成一家公司，那么，其执行委员会相当于公司董事会，其管理委员会则相当于公司股东会。广东省、珠海市和澳门特别行政区作为股东，应按一定的比例承担横琴合作区的财政支出以及开发成本。

就事权而言，横琴合作区的事权在所有权的意义上仍为四级制，但在该权力行使的意义上可能向三级制过渡。为确保横琴合作区建设的顺利进行，珠海市应当在《横琴粤澳深度合作区建设总体方案》的框架下逐步将横琴镇范围内的部分市一级行政管理权转移给横琴本

---

① 参见《珠海市 2021 年预算执行情况与 2022 年预算草案的报告》，第 37 页。

地，由广东省政府横琴办与横琴合作区执行委员会根据各自的职权分别承担。然而，这个目的不可能一蹴而就，再者，横琴合作区建设在很多方面离不开珠海市政府的配合，粤澳共建横琴合作区的模式也需要长期的探索，故而，珠海市的市一级行政管理权向横琴合作区的移交，应逐步进行。在移交的过程中，要遵循三个基本原则：第一，应当优先将贯彻落实《横琴粤澳深度合作区建设总体方案》所急需的那些市一级行政管理权移交给横琴合作区；第二，如果移交的对象是广东省政府横琴办，可由广东省政府单方决定，无须以授权或委托的形式为之；第三，如果移交的对象是横琴合作区执行委员会及其工作机构，则应由珠海市政府及其相关部门以授权或委托的方式而为之，不宜由广东省政府单方决定，因为广东省政府并非珠海市政府与横琴合作区执行委员会的共同上级。

（三）**横琴合作区的行政机构**

横琴合作区的行政机构分成开发机构和属地机构两类。前者由粤澳联合组建，后者由内地单方设立。粤澳联合组建的机构包括横琴合作区管理委员会、执行委员会及其工作机构、开发运营公司。其中，开发运营公司属于市场主体，不行使行政管理权，本书不作分析。

1. 横琴合作区管理委员会的职责与组织

《横琴粤澳深度合作区建设总体方案》将横琴合作区管理委员会视为开发管理机构，并将横琴合作区执行委员会视为开发执行机构。这是将行政管理权分为决策权与执行权，决策权集中到横琴合作区管理委员会，执行权由横琴合作区执行委员会行使。然而，横琴合作区管理委员会的成员由粤澳的高级官员兼任，他们不可能将全部的精力投入到横琴合作区的工作中。有关决策与执行分离的理论也反对将全部的行政管理权区分为决策权和执行权，"重大事项应该集中决策，而大量日常、惯例性事务则没必要严格分工"[①]。《横琴粤澳深度合作区建设总体方案》正是以重要性标准作为区分决策权与执行权的标准。

---

① 刘圣中：《决策与执行的分合界限：行政三分制分析》，载《中国行政管理》2003年第6期，第50页。

《横琴粤澳深度合作区建设总体方案》要求横琴合作区管理委员会"在职权范围内统筹决定合作区的重大规划、重大政策、重大项目和重要人事任免"。广东省人大常委会通过的《关于横琴粤澳深度合作区有关管理体制的决定》原封不动地照搬了《横琴粤澳深度合作区建设总体方案》的表述。所谓"在职权范围内"是指广东方面让渡出来由粤澳共同行使的全部行政管理权。在这些职权范围内，所有的"重大规划、重大政策、重大项目和重要人事任免"等重大决策权都由横琴合作区管理委员会直接行使，而相应的执行则由横琴合作区执行委员会负责。前述重大决策权以外的行政管理权从决策到执行的全过程皆由横琴合作区执行委员会负责。出于专业分工和提升行政效率的考虑，横琴合作区执行委员会不可能直接行使全部的权力，而需要设立一些工作机构协助其工作。在横琴合作区执行委员会与各工作机构将再次出现一次分权，分权的标准同样是职权的重要性。总之，粤澳共同行使的行政管理权在横琴合作区管理委员会、横琴合作区执行委员会、横琴合作区执行委员会工作机构三个层级之间进行配置。

清晰是法律的基本追求[①]，所以应当将"在职权范围内""重大"和"重要"等不确定表述确定化。"在职权范围内"须通过地方性法规、地方政府规章或委托文件加以明确。重大和重要是评价性的不确定法律概念，规划、政策、项目以及人事任免是否重要取决于其对粤澳双方利益的影响程度。不确定法律概念的语义特征是，概念内核清晰但存在模糊地带。概念内核的相关内容可以通过列举转为确定化，而模糊地带则难以确定化，须将判断权保留给判断主体。较为理想的情况是，通过法规规章或规范性文件明确列举由横琴合作区管理委员会决策的"重大规划、重大政策、重大项目和重要人事任免"。无论重大和重要的标准经由何种效力位阶的规范客观化，都必须听取澳门方面的意见，同时设计兜底条款，赋予管理委员会在"重大规划、重大政策、重大项目和重要人事任免"的解释上享有一定的判

---

① 参见［美］富勒《法律的道德性》，郑戈译，商务印书馆2005年，第75-77页。

断余地①。

　　以上乃是横琴合作区管理委员会的职责问题。就其组织而言，《横琴粤澳深度合作区建设总体方案》提出了四个要求：一是横琴合作区管理委员会受粤港澳大湾区建设领导小组领导；二是广东省省长和澳门特别行政区行政长官共同担任管理委员会主任；三是澳门委派一名常务副主任；四是其他副主任由粤澳双方协商确定，但成员单位局限于广东省和澳门特别行政区有关部门、珠海市政府等。广东省人大常委会通过的《关于横琴粤澳深度合作区有关管理体制的决定》并未将以上要求转化为法规，但粤澳双方是按以上要求组建横琴合作区管理委员会。以上要求不转化为法规的优势在于灵活性，即双方可以灵活调整横琴合作区管理委员会的组织。从长远看，从法治建设的角度看，应当将以上要求转化为法规，固定下来。

　　此外，在组织方面，还有两个问题须讨论：其一，应设几名副主任；其二，横琴合作区管委会是否设立办事机构。横琴合作区管委会组建时有五名副主任，广东方面委派了三名，其中一名为珠海市领导；澳门方面委派了两名。横琴合作区在不同的发展阶段可能面临着不同的任务，因此，设几名副主任不宜由法规定死，仅规定副主任由粤澳双方协商确定即可。就办事机构而言，横琴合作区管委会现在设有两位秘书长，分别由广东省政府横琴办主任和横琴合作区执行委员会主任（澳门委派）担任；设立秘书处，与执行委员会合署办公。这种做法不仅符合横琴合作区执行委员会是横琴合作区管理委员会的执行机构这一基本原理，而且有利于广东省政府横琴办与横琴合作区执行委员会之间保持良好的沟通与合作，还可以及时转化为法规。

　　要特别说明的是，横琴合作区管理委员会第一次全体会议审议通过了《横琴粤澳深度合作区管理委员会工作规则（试行）》。该规则并未对外公开，但其内容必然包括两个部分：一部分是横琴合作区管理委员会的职权，另一部分是横琴合作区管理委员会的运行规则。这

---

① 判断余地是指行政机关"对不确定法律概念的解释享有自主之判断余地，其判断结果无论为何，原则上皆属正确并且合法"。参见吴庚、盛子龙《行政法之理论与实用》，三民书局2018年版，第110页。

属于横琴合作区管理委员会的"自我立法"。该规则的内容经实践检验后,可以上升为法规。

2. 横琴合作区执行委员会的职责与组织

就职责而言,《横琴粤澳深度合作区建设总体方案》只表达了两层意思:一是横琴合作区执行委员会接受横琴合作区管理委员会的领导,换言之,横琴合作区执行委员会的一项职责是横琴合作区执行管理委员会的决策;二是横琴合作区执行委员会履行"国际推介、招商引资、产业导入、土地开发、项目建设、民生管理等职能"。《关于横琴粤澳深度合作区有关管理体制的决定》进一步将横琴合作区执行委员会明确为"承担合作区经济和民生管理职能的法定机构",并要求广东省政府及其部门、珠海市政府及其部门分别将有关的省级行政管理权和市级管理权授予或委托给横琴合作区执行委员会及其工作机构。由此可见,横琴合作区执行委员会的职责可以概括为三类:一是执行管理委员会的决策;二是区一级政府的职权,主要是经济和民生管理职能,保留给广东方面的属地管理职能除外;三是经授权或委托获得的市一级行政管理权和省一级行政管理权。

从职责的角度看,横琴合作区执行委员会及其工作机构兼具双重身份。一方面,横琴合作区执行委员会及其工作机构是开发建设横琴合作区的机构,是横琴合作区管理委员会的执行机构,即为贯彻落实《横琴粤澳深度合作区建设总体方案》而构建的权力链条上的末梢部门。从这种意义上讲,横琴的行政管理权层级为国家(粤港澳大湾区建设领导小组)、横琴合作区管理委员会、横琴合作区执行委员会及其工作机构三个层级。另一方面,横琴合作区执行委员会及其工作机构是横琴的常规行政机构。换言之,横琴合作区执行委员会及其工作机构可能行使一些与《横琴粤澳深度合作区建设总体方案》相关任务无关的职权,这些职权来自广东省政府和珠海市政府的授权或委托。从纵向的角度看,横琴合作区执行委员会及其工作机构主要拥有区(县)一级行政管理权,市一级行政管理权和省一级行政管理权以相关部门的授权或委托为限。从横向角度看,仅就区(县)一级行政管理权而言,除国安、公安以及中央垂直管理的部门职权外,其他部门职权都可以由横琴合作区执行委员会及其工作机构行使。在这种意义上,横琴合作区执行委员会及其工作机构就是横琴合作区日常的行政机构,并不是横琴合作区管理委员会的执行机构。横琴合作区执行委员会及其工作机构行使这样的日常行政管理权,无须受横琴合作区管理委员会领导,直接与珠海市政府及其有关部门、广东省政府及其有关部门对接即可。

以上乃是横琴合作区执行委员会的职责问题。就其行政组织而言,《横琴粤澳深度合作区建设总体方案》仅要求:"执行委员会主要负责人由澳门特别行政区政府委派,广东省和珠海市派人参加,协助做好涉及广东省事务的协调工作。"《关于横琴粤澳深度合作区有关管理体制的决定》规定横琴合作区执行委员会可以设立工作机构,但并未规定横琴合作区执行委员会及其工作机构的行政组织。目前,横琴合作区执行委员会由一名主任和六名副主任组成,由横琴合作区管理委员会任命,主任为澳门官员,副主任为粤澳各三名。对于横琴合作区执行委员会的班子成员及横琴合作区执行委员会工作机构的组织问题,不宜在规范上定死,应赋予横琴合作区管理委员会和执行委员会灵活调整的空间。这是因为行政组织的核心目标是实现行政任务。[①] 行政任务往往因世事之变而变,相应地,行政组织需要在调整上保持一定的机动性。为此,宜赋予横琴合作区管理委员会和执行委员会一定的自主权。但横琴合作区执行委员会由粤澳双方的官员构成,澳门公务员可以进入横琴合作区执行委员会工作机构工作,宜在法规上明确下来。

3. 横琴合作区属地管理机构

属地管理机构包括广东省政府横琴办、横琴合作区税务局、横琴合作区公安局。尽管横琴合作区建设离不开海关、出入境边检边防等中央垂直管理部门的配合,但这些机构并不属于属地机构,其"人、财、物"权和事权完全在中央。横琴合作区税务局虽然也是中央垂

[①] "就行政组织而言,其核心目标当然是实现行政任务。尽管不同时期、不同层级、不同形态的行政组织所担负的行政任务有所差异,但从本质上看,都是达成特定行政任务的手段。"参见郑春燕《行政任务变迁下的行政组织法改革》,载《行政法学研究》2008年第2期。

直管理部门，但在事权上它也受地方的领导，要配合地方的工作，所以仍列为属地机构。

《横琴粤澳深度合作区建设总体方案》提出设立广东省委横琴工委和广东省政府横琴办，两者合署办公，负责"党的建设、国家安全、刑事司法、社会治安等工作"，履行属地管理职责，积极主动配合横琴合作区管理和执行机构推行横琴合作区开发建设。《关于横琴粤澳深度合作区有关管理体制的决定》将前述内容转化为立法性决定。

广东省委横琴工委、广东省政府横琴办已命其下设各处局拟定各部门的工作制度和会议制度，编制国家安全、政法、社会事务、纪检监察领域的制度清单，但这些制度和清单暂未对外公开，殊为遗憾。就职责而言，广东省政府横琴办必定承担如下职责：一是横琴合作区范围内区（县）一级行政管理职责中尚未转让给横琴合作区执行委员会的那一部分，包括国家安全、社会治安等；二是牵头贯彻落实《横琴粤澳深度合作区建设总体方案》。一个棘手的问题是，广东省政府横琴办是否具有市一级行政管理权。本书的观点是，除非横琴合作区在事权和财权上彻底脱离珠海市，或者由珠海市政府将有关市一级行政管理权转授给广东省政府横琴办，否则，广东省政府横琴办并不拥有市一级行政管理权。对于事权仍在珠海市的行政管理工作，广东省政府横琴办与珠海市政府应当协力做好相应的工作。

就广东省政府横琴办的行政组织而言，《横琴粤澳深度合作区建设总体方案》并未提出要求，《关于横琴粤澳深度合作区有关管理体制的决定》也未加规定。从公开信息看，广东省政府横琴办下设各处局。对于广东省政府横琴办的行政组织，法规不宜定太死，可赋予广东省政府和广东省政府横琴办一定的机动性。

横琴合作区公安局、横琴合作区税务局并不属于广东省政府横琴办的下设各处局，但仍把它们归入属地机构，是因为税务局和公安局的权力并不是由粤澳共同行使。要注意的是，横琴合作区的一项职责是完成横琴合作区执行委员会交办的工作，这是因为《横琴粤澳深度合作区建设总体方案》提出的税务任务需要横琴合作区执行委员会的配合。

第三章 横琴合作区治理体制法理解析及制度完善

三、横琴合作区执行委员会及其工作机构的"三定"规定

在内地,"三定"规定在现阶段承担着行政组织法的部分功能[①],规定职能配置、内设机构及人员编制问题。"三定"规定是内地机关事业单位职责权限、人员配备和工作运行的基本依据。[②] 法律法规、部门规章以及有关的规范性文件可以为广东省政府横琴办以及横琴合作区执行委员会的职责提供依据,但并不能解决它们的职能配置、内设机构及人员编制问题。

(一) 执行委员会"三定"规定制定权的归属

珠海市曾为横琴新区管理委员会制定了《珠海市横琴新区管理委员会主要职责 内设机构和人员编制规定》(即"三定"规定),该规定现已无法适用。在横琴合作区时期,广东省政府横琴办的"三定"规定由广东省机构编制部门制定,不存在疑问,但横琴合作区执行委员会的"三定"规定是否要制定、如何制定尚不明确。

一般地,"三定"规定由各级机构编制委员会或党委审定批准,原则上以党委办公厅(室)的名义发文,或者由党委办公厅(室)、政府办公厅(室)联合发文。严格说来,"三定"规定既不属于《中华人民共和国立法法》意义上的"法",也并不是一定属于党内法规。[③] 那么,能不能用"三定"规定拘束横琴合作区执行委员会的职能配置、内设机构及人员编制问题呢?

对于上述问题,有专家可能参考港珠澳大桥管理局的例子,认为

---

① "现在的问题是我们国家还没有部门组织法,只有'三定'规定。由'三定'规定来规定政府有多少权限。"参见刘瑞一《政治生态建设注入新内涵——访中国法学会行政法学研究会名誉会长应松年教授》,载《人民论坛》2014年第31期。

② 参见中共中央办公厅2020年发布的《"三定"规定制定和实施办法》第四条。

③ 有一种观点认为国务院部门的"三定"规定属于党内法规。参见李志武《国务院部门"三定"规定性质探究》,载《湖南行政学院学报》2021年第2期。经党中央、党中央工作机关或省级、自治区、直辖市党委批准的"三定"规定,可以算作党内法规,其他"三定"规定则不宜归入党内法规。

横琴合作区执行委员会及其工作机构由粤澳联合组建，不受"三定"规定的约束。广东省交通运输厅代管的港珠澳大桥管理局"不核定编制，内设机构和人员配备按照《港珠澳大桥建设、运营、维护和管理三地政府协议》有关规定确定"①。港珠澳大桥管理局未纳入"三定"规定的拘束范围，在很大程度上是因为它承担的职责是"港珠澳大桥主体部分的建设、运营、维护和管理的组织实施等工作"。而横琴合作区执行委员会乃是行使行政管理权的机构，其职能配置、内设机构及人员编制应当受到一定的约束。

还有专家可能认为，由于执行委员会及其工作机构中存在澳门特别行政区政府的公务员，用"三定"规定加以约束与"一国两制"的方针不一致。实际上，"一国两制"方针是要求"不在澳门实行社会主义的制度和政策"②，用"三定"规定拘束横琴合作区执行委员会并不会导致内地的制度和政策在澳门实施，因而不符合"一国两制"方针的说法不成立。从管辖权的角度来看，在横琴合作区执行委员会及其工作机构中任职的澳门公务员在横琴合作区行使的乃是内地的行政管理权，自然要受内地有关规则和制度的拘束。

在承认可以用"三定"规定拘束横琴合作区执行委员会后，有专家可能会认为横琴合作区执行委员会的"三定"规定应由粤澳共同制定，或者由横琴合作区管理委员会制定。本书不同意这种观点。

首先，《中国共产党机构编制工作条例》第十四条第三款将"三定"规定的制定权授予机构编制委员会办公室、机构编制委员会及党委。③ 只有机构编制委员会办公室、机构编制委员会及党委才有权决定机构编制问题。因此，横琴合作区执行委员会的机构编制问题应当由中共广东省委审批。

---

① 《港珠澳大桥管理局》，见广东省交通运输厅官网（http://td.gd.gov.cn/zwgk_n/zzjg/dgdw/content/post_2927509.html），访问日期：2022年3月23日。
② 《中华人民共和国澳门特别行政区基本法》序言。
③ 《中国共产党机构编制工作条件》第十四条第三款：各部门提出的机构编制事项申请，由本级机构编制委员会办公室审核后报本级机构编制委员会审批，重大事项由本级机构编制委员会审核后报本级党委审批。需报上一级党委及其机构编制委员会审批的，按程序报批。各级机构编制委员会办公室根据授权审批机构编制事项。

其次，从权力归属角度看，横琴合作区执行委员会所享有的行政管理权在所有权的意义上归属于广东，而不是澳门，也不是粤澳共享所有权。在横琴新区时期，《横琴新区条例》第十四条在常规的党政机关之外设立了发展咨询委员会，并要求吸收港澳人士，这不过是内地的权力系统通过咨询委员会的形式向港澳人士开放，并未改变权力的归属。现在的"粤澳共商共建共管共享"原则要求澳门特别行政区政府派员参加横琴合作区管理委员会和执行委员会，不过是要求内地的行政权系统向澳门特别行政区政府提供更高程度的开放，并未改变权力的归属。既然横琴合作区执行委员会的行政管理权在所有权的意义上归属于广东，那么广东有权单方决定横琴合作区执行委员会的内设机构及人员编制问题。

最后，横琴合作区执行委员会的"三定"规定由中共广东省委决定与横琴合作区的"粤澳共商共建共管共享"原则并不冲突。在现行的制度框架下，完全能够将澳门特别行政区政府的意见吸收到"三定"规定之中。从"三定"规定的制定程序看，广东省机构编制委员会拟订"三定"规定的制定要求后，可授权横琴合作区执行委员会起草"三定"规定的草案，并将草案提交横琴合作区管理委员会审议。横琴合作区管理委员会和执行委员会都是粤澳联合组建的机构，由其起草、审议初稿可以充分吸收澳门方面的意见。"三定"规定草案正式形成后，广东省机构编制委员会办公室须向有关方面征求意见，可以专门向澳门方面征求意见。广东省机构编制委员会办公室在向广东省机构编制委员会、中共广东省委报送"三定"规定草案稿时，可对澳门方面意见的采纳情况作特别说明。因此，由中共广东省委决定横琴合作区执行委员会的"三定"规定并不会导致澳门方面意见被排斥。

"三定"规定一般包括如下内容：（1）部门（单位）的名称、设立依据、隶属关系、机构性质和规格等；（2）部门（单位）的主要职责；（3）内设机构的名称和职责；（4）人员编制和领导职数，"三定"规定的解释、调整、施行日期等；（5）其他需要专门明确的事项。① 本书主要讨论机构的设立依据以及职责的配置。"三定"规定中的职责条款并非"三定"规定的新设条款，而是法律法规、部门规章以及规范性文件的相关条款的具体化。由于横琴合作区条例尚未出台，本书只在《关于横琴粤澳深度合作区有关管理体制的决定》的框架下讨论"三定"规定的职责条款。

（二）横琴合作区执行委员会的"三定"规定

《关于横琴粤澳深度合作区有关管理体制的决定》有关横琴合作区执行委员会的表述一共有三个句子，依次如下：第一句是"合作区管理委员会下设执行委员会"；第二句是"合作区执行委员会是承担合作区经济和民生管理职能的法定机构，依法履行国际推介、招商引资、产业导入、土地开发、项目建设、民生管理等相关行政管理和公共服务职能，负责合作区具体开发建设工作"；第三句是"广东省人民政府及其有关部门、珠海市人民政府及其有关部门将有关省级、市级管理权限依法授权或者委托给合作区执行委员会及其工作机构行使"。

第一句源自《横琴粤澳深度合作区建设总体方案》，一字未改，规定的是横琴合作区管理委员会和执行委员会的关系。"下设"一词表明横琴合作区管理委员会与执行委员会之间存在一个上下关系，即命令服从关系、决策和执行的关系。管理委员会是决策机构，执行委员会是管理委员会的执行机构。这里的"上下关系"主要是针对《横琴粤澳深度合作区建设总体方案》的贯彻落实而言的。换言之，在贯彻落实《横琴粤澳深度合作区建设总体方案》这件事上，横琴合作区执行委员会必须接受管理委员会的领导。

第二句是一个概括授权条款。由于第三句的存在，第二句的概括授权只针对区（县）一级行政管理权。第二句的前半句将横琴合作区执行委员会定义为"承担合作区经济和民生管理职能的法定机构"。结合第三句，第二句的前半句的含义是，在横琴合作区的范围内，就区（县）一级行政管理权而言，凡是与经济和民生管理有关的行政管理权皆划归横琴合作区执行委员会。第二句的后半句中的

---

① 参见《"三定"规定制定和实施办法》第十一条。

第三章 横琴合作区治理体制法理解析及制度完善

"负责合作区具体开发建设工作"表明,第二句的前半句概括性地授予横琴合作区执行委员会的行政管理权应当与贯彻落实《横琴粤澳深度合作区建设总体方案》有关。第二句中的"依法履行"表明,横琴合作区执行委员会履行第二句概括授予的行政管理权,须遵守内地的法律法规。

第三句有两层含义:第一层含义,"执行委员会及其工作机构"的用语表明横琴合作区执行委员会可以设立工作机构,负责具体的工作;第二层含义,广东省人民政府及其有关部门、珠海市人民政府及其有关部门可以将"有关省级、市级管理权"依法授权或委托给横琴合作区执行委员会及工作机构。所谓"有关"是指与贯彻落实《横琴粤澳深度合作区建设总体方案》有关,与此无关的"省级、市级管理权"则不宜授权或委托给横琴合作区执行委员会及其工作机构。

根据以上分析,可获得如下两个结论:第一,横琴合作区执行委员会及其工作机构是横琴合作区的非常规行政机关,行使区(县)级人民政府的部分职权以及广东省人民政府和珠海市人民政府依法授予或委托的省级行政管理权和市级行政管理权。目前,横琴合作区执行委员会仍然沿用广东省和珠海市为原横琴新区管理委员会制定的放权清单。为贯彻落实《横琴粤澳深度合作区建设总体方案》,广东省和珠海市应更新放权清单。第二,横琴合作区执行委员会及其工作机构行使的行政管理权以贯彻落实《横琴粤澳深度合作区建设总体方案》为限,与此无关的行政管理权仍保留给广东方面,无须授予执行委员会及其工作机构。从横琴合作区执行委员会各机构公布的工作职责来看,一些与贯彻落实《横琴粤澳深度合作区建设总体方案》无关的行政管理权也被授予了横琴合作区执行委员会及其工作机构。例如,生态环境保护、文化(含新闻出版、广播电视)、体育等领域的行政管理权因无关贯彻落实《横琴粤澳深度合作区建设总体方案》而无须转让给横琴合作区执行委员会及其工作机构。

目前,横琴合作区执行委员会设立了行政事务局、法律事务局、经济发展局、金融发展局、商事服务局、财政局、统计局、城市规划和建设局、民生事务局。这些机构是原横琴新区管理委员会体制的延续。

横琴合作区成立后，其执行委员会调整了行政处罚权和行政强制权的配置，把市场监督管理、知识产权管理、安全生产监督管理、农业农村管理、生态环境管理、水务管理、卫生健康管理、气球施放管理、自然资源管理、城市管理、市政管理、城市燃气管理、交通运输管理、文化（含广播电视、新闻出版、版权）管理、体育管理、旅游管理、宗教管理、民政管理、商务管理、统计管理方面的行政处罚权和行政强制权全部集中由商事服务局行使，相关主管部门不再行使。① 这几乎是将全部的行政处罚权和行政强制权集中到商事服务局，有助于探索建立一支专业的综合执法队伍，有助于"探索决策权与执行权相对分离、审批权与处罚权相互制约的管理机制"②。然而，商事服务局除了行政处罚权和行政强制权，还拥有市场管理、食品安全、药品管理、价格管理、安全生产等领域的行政决策权和审批权。由商事服务局集中行使全部的行政处罚权和行政强制权并未完全实现审批权与处罚权的分离。为此，应当将全部的行政处罚权和行政强制权从商事服务局剥离出来。由于行政处罚和行政强制往往涉及法律的适用，可能引发行政复议与行政诉讼，因此，宜将全部的行政处罚权和行政强制权集中到法律事务局，或者设立一支由法律事务局代管的综合执法队伍。

总之，在《关于横琴粤澳深度合作区有关管理体制的决定》的框架下，对于横琴合作区执行委员会的"三定"规定，本书有两条建议：第一，与贯彻落实《横琴粤澳深度合作区建设总体方案》无关的职责保留给广东省政府横琴办，确保横琴合作区执行委员会将全部的精力集中在贯彻落实《横琴粤澳深度合作区建设总体方案》上；第二，将全部的行政处罚权和行政强制权集中到横琴合作区横琴合作区执行委员会下设的法律事务局。

---

① 在横琴合作区执行委员会各工作机构公布的职责中并不包含民政，严格说商事服务局不得执行民政管理方面的行政处罚权和行政强制权。

② 青锋：《行政处罚权的相对集中：现实的范围及追问》，载《行政法学研究》2009年第2期，第14页。

（三）广东省政府横琴办的"三定"规定

广东省政府横琴办乃是广东省政府的派出机构，其"三定"规定应当由广东省机构编制部门制定。由于广东省政府横琴办已经设立，可以推测，广东省已经为其制定了"三定"规定。而目前，广东省政府横琴办的"三定"规定未在互联网公开。这给本书研究带来了一些难度，但并非不能研究。

《关于横琴粤澳深度合作区有关管理体制的决定》有两句话涉及广东省政府横琴办：第一句是"广东省在合作区设立派出机构"；第二句是"派出机构在职权范围内履行属地管理职能，配合合作区管理委员会和执行委员会推进合作区开发建设"。

第一句指明了广东省政府横琴办的管辖范围及其与广东省政府的关系。第二句规定的是广东省政府横琴办的职责，包括两个部分：一是属地管理职能，二是配合横琴合作区管理委员会和执行委员会的工作。据此，广东省政府横琴办的职责主要取决于对"在职权范围内履行属地管理职能"的理解。"在职权范围内"是一种没有任何实质内容的表达。"属地管理职能"虽然具体确定，但由于横琴合作区执行委员会各工作机构的职能也属于"属地管理职能"，因此实际上"属地管理职能"一词无法确定广东省政府横琴办的职责。在无法理解"在职权范围内履行属地管理职能"这一表述的情况下，研究广东省政府横琴办的职责有两种方式。

一种方式可以回到《横琴粤澳深度合作区建设总体方案》表述。根据该方案，广东省委和广东省政府的派出机构"集中精力抓好党的建设、国家安全、刑事司法、社会治安等工作"。这些职能实际上涉及三种权力：党的建设属于管党治党的权力，刑事司法属于司法权，国家安全和社会治安属于行政权。另外，这里的"等"字不宜解释成"等内等"，应解释成"等外等"。解释成"等内等"，意味着属地管理职能只限于党的建设、国家安全、刑事司法和社会治安，而国家监察将被排除在属地管理职能外；解释成"等外等"，则能将国家监察纳入属地管理职能。

另一种方式可以回到实践。从实践的角度看，中央垂直管理部门的职责、公安局的职责、横琴合作区执行委员会的职责不归入广东省政府横琴办。中央垂直管理部门的职责不归入广东省政府横琴办，是因为它们不属于属地管理职能。公安局的职责不归属于广东省政府横琴办，是因为横琴合作区公安局是作为珠海市公安局的分局而存在，它的设立依据是《公安机关组织管理条例》第六条。[①] 横琴合作区执行委员会的职责不归入广东省政府横琴办，是因为它们之间存在分工的关系。

将横琴合作区执行委员会各工作机构公布的职责与珠海市香洲区政府各部门公布的职责进行对比，可以发现，执行委员会各工作机构公布的职责中欠缺下述部分：

> 档案管理和地方志有关工作；社区矫正相关工作；帮教安置工作，社会综合治理工作；指导、管理基层司法行政工作、基层法律服务和人民调解工作；拟订粮食和物资储备基础设施建设规划并组织实施；统筹军民融合有关工作；统筹海防工作；负责人民防空工作的组织实施、综合协调及其相关的组织管理，统筹协调全区地下空间开发、建设和使用管理工作；消防管理工作；审计相关工作；各级各类学校党的基层组织建设、精神文明建设、群团工作；教育系统的纪检监察、党风廉政建设工作；教育系统意识形态工作；指导居民委员会建设及居民自治工作，指导监督居务公开工作；社会组织党的建设工作；制定社会组织发展政策并实施；儿童福利工作；殡葬管理工作；退役军人事务相关工作；侨务相关工作。

其中，粮食和物资储备相关工作、地下空间开发管理工作、审计工作、居民委员会建设及居民自治工作、社会组织管理工作、儿童福利工作，以及殡葬管理工作都可以授予横琴合作区执行委员会的工作机构。但档案工作、社会矫正工作、司法行政工作、军民融合工作、

[①] 有一种观点认为，《公安机关组织管理条例》第六条授权"设区的市公安局根据需要设置公安分局"违背了人民代表大会制度的精神。参见石启飞《公安机关设立存在的问题及完善》，载《辽宁警察学院学报》2016年第3期。

横琴合作区治理体制法理解析及制度完善

海防工作、人民防空工作、消防工作、各级各类学校的党的基层组织建设等工作、教育系统的纪检监察和党风廉政建设工作、教育系统意识形态工作、退役军人事务工作、侨务工作应保留给广东方面。

在职责问题上,还存在层级问题。保留给广东方面的行政职责,或者说不由横琴合作区执行委员会及其各工作机构行使的职责,在纵向上可以分为省一级行政管理权、市一级行政管理权和区(县)一级行政管理。可以确定的是,区(县)一级行政管理权毫无疑问归属广东省政府横琴办,因为珠海市没有在横琴合作区设立区(县)一级的行政管理机关。由于广东省政府横琴办是广东省的派出机构,因此珠海市应当把相应的市一级行政管理权转授给广东省政府横琴办。要特别注意的是,对于横琴合作区执行委员会及其工作机构行使的那些行政管理权,相应的市一级行政管理权原则上仍然保留给珠海市。至于省一级行政管理权,广东省政府横琴办原则上不享有,除非广东省政府及其组成部门另有授权或委托。

以上分析对广东省政府横琴办"三定"规定的启示在于:第一,广东省政府横琴办的行政管理权并不局限于国家安全和社会治安,凡是横琴合作区执行委员会及其工作机构不行使的区(县)一级行政管理权都归属于广东省政府横琴办;第二,从事权的角度看,广东省政府横琴办不仅有部分区(县)一级行政管理权,还有部分市一级行政管理权;第三,广东省政府横琴办有配合横琴合作区管理委员会和执行委员会工作的职责。

四、关于"放权"问题

《关于横琴粤澳深度合作区有关管理体制的决定》允许"广东省人民政府及其有关部门、珠海市人民政府及其有关部门将省级、市级管理权依法授权或者委托给合作区执行委员会及其工作机构行使"。授予或委托的权力主要是贯彻落实《横琴粤澳深度合作区建设总体方案》所需要的省级行政管理权和市级行政管理权。为了便于讨论,本书将授权与委托统称为"放权",即权力下放。放权的目的在于通过权力下放扩大横琴合作区的自主权,调动其贯彻落实《横琴粤澳深度合作区建设总体方案》的积极性。

（一）两种放权的法律方式

这里的授权与委托不同于行政法教材中的授权与委托。行政法教材中的授权与委托是指将行政权授予或委托给社会组织，是一种外部行政；这里的授权与委托是指将行政权授予或委托给行政机构，是一种内部行政。实践中，有时也把授权称作"直接下放"，委托称作"委托下放"。

作为一种放权方式，这里授权不是指"第一次授权"，即权力设立意义上的授权。第一次授权一般是指法律法规或规章在创设一种权力的同时把它配置给特定的机关。这种授权与权力设立同时发生。这里的授权是指"第二次授权"，即"行政主体（授权人）在法律、法规许可的条件下，通过合法的程序和形式，将自己行政职权的全部或部分转让给有关组织（被授权人），后者据此以自己的名义行使该职权，并承受该职权行为的法律制度"[①]。换言之，某机关将其从法律法规规章那里获得的权力授予其他机关。第二次授权实质上是一种转授权，与委托存在相似性。它与委托的区别在于，授权要求被授权者以被授权者自己的名义行使权力，相应的法律责任归属被授权者（发生争议时，行政诉讼被告为被授权者）；而委托则要求被委托者以委托者的名义行使权力，相应的法律责任归属委托者（发生争议时，行政诉讼被告为委托方）。从形式的角度看，行政机关可以通过规章或规范性文件的手段将它的行政管理权转授或委托给下级机构。

在行政实践中，授权与委托都是行政机关向下级放权的方式。这两种放权方式也被司法实践所认可。

2017年10月18日，南宁市政府作出《南宁市人民政府关于印发下放广西—东盟经济技术开发区国土资源行政管理事项目录的通知》（南府发〔2017〕18号），该文件主要内容为："市人民政府决定将国有建设用地使用权划拨批准等8项行政管理权

[①] 胡建淼：《有关中国行政法理上的行政授权问题》，载《中国法学》1994年第2期，第80页。

限委托下放给开发区行使,决定将无偿收回闲置的非农建设占用耕地等6项行政管理权限授权下放给开发区行使。""下放开发区的国土资源行政管理事项,由开发区管委会负责组织实施,并在开发区办结。其中,授权事项以开发区管委会名义实施管理,委托事项以市人民政府名义实施管理,加盖'南宁市人民政府国土资源行政审批专用章(广西—东盟经济技术开发区)'。"该文件确定收回国有土地使用权事项由南宁市政府委托开发区管委会实施,在开发区内办结。[①]

在横琴新区时期,珠海市人大常委会于2010年9月17日通过了《珠海经济特区横琴新区管理委员会行使部分市一级行政管理权的规定》(以下简称《珠海市放权规定》),这是以经济特区法规的形式进行放权。广东省人民政府于2012年4月20日通过了《广东省第一批调整由横琴新区管理委员会实施的省级管理权限事项目录》,并于2017年1月26日通过了《中国(广东)自由贸易试验区各片区管委会实施的第二批省级管理事项目录》。本书将两份目录合称《广东省放权规定》。这是以政府规章的方式进行放权。这两个放权规定是为了落实《横琴总体发展规划》而制定的,故而,有必要根据《横琴粤澳深度合作区建设总体方案》对两个放权规定进行修改,或制定新的放权规定替代旧的规定。

(二)珠海市制定新的放权规定

《珠海市放权规定》的第一个特色是,它由珠海市人大常委会以经济特区法规的形式加以规定。经济特区法规的特征在于对法律进行变通,但《珠海市放权规定》中称得上变通的唯有第三条第四项。它授权横琴新区管理委员会实行一级财政管理,是对《中华人民共和国预算法》第三条的"一级政府一级预算"规定的变通。然而,在目前的财政体制下,各开发区在不变通《中华人民共和国预算法》的条件下就能直接建立"准一级财政",即"在程序或形式上不具有一级财政地位。但是,在财政分权的内容上,已经获得了一级财政的

---

① 参见广西壮族自治区高级人民法院,(2020)桂行终1003号行政判决书。

事权和财权"①。

《珠海市放权规定》的第二个特色是，它是一个框架性规定，需由珠海市政府以规章或规范性文件的方式进行细化。珠海市政府先后印发了《珠海市 2015 年市级行政管理事权下放目录》《珠海市 2016 年市级行政管理权事权下放目录》《珠海市 2017 年市级行政管理权事权下放目录》和《2017 年珠海市简政放权、放管结合、优化服务改革方案》，珠海市人力资源和社会保障局印发了《关于下放"设立民办职业培训机构"审批事项规范行政审批工作的通知》，珠海市安全生产监督管理局印发了《关于〈金属冶炼建设项目安全设施设计审查〉行政许可事项下放的公告》，珠海市住房和城乡规划建设局印发了《关于下放建筑工程施工许可、建设工程夜间施工许可审批权限有关问题的通知》。

总之，珠海市以"框架性法规＋规章或规范性文件"的模式进行放权。

就珠海市人民政府及其有关部门放权具体内容而言，宜在参考《珠海市放权规定》、珠海市政府及其部门制定的放权文件，围绕《横琴粤澳深度合作区建设总体方案》展开。

在横琴新区时期，珠海市政府在 2015 年、2016 年和 2017 年先后出台了三个放权目录，将市编办、市人力资源和社会保障局、市国土资源局、市环境保护局、市住房和城乡规划建设局、市海洋农业和水务局、市市政和林业局、市工商行政管理局、市安全生产监督管理局、市民族宗教事务局、市民政局、市交通运输局、市公路局、市公安局、市商务局、市气象局等部门的若干行政管理权下放给了横琴新区管理委员会及其工作机构。这三次放权有两个特点：一是放权范围超出了《珠海市放权规定》所规定的"土地、规划、建设、交通、环保、水务等与建设项目相关的行政管理权"；二是大部分放权并不是只针对横琴新区，而是同时针对横琴新区以及珠海市的其他行政区。

---

① 周小付、包思颖、邵景德：《非一级政府经济开发区的"准一级财政"现象研究》，载《财政科学》2020 年第 9 期，第 77 页。

从《横琴粤澳深度合作区建设总体方案》的内容看，新的放权规定应重点考虑医疗卫生、市场监管、数据、旅游、金融、出入境等领域的行政管理权的下放。

（三）广东省的放权清单

广东省没有采纳珠海市的放权模式，而是以清单的方式直接列明全部的放权事项。与珠海市不同的是，广东省将放权事项分为下放实施（授权）和委托下放（委托），而珠海市的放权几乎全部是直接下放（授权）。

广东省的放权清单由"下放实施的省级管理事项"和"委托实施的省级管理事项"两份清单构成。"下放实施的省级管理事项"清单将外商投资、政府投资、工程建设、新闻出版、企业登记等方面的部分省级管理权授予原横琴新区管理委员会；"委托实施的省级管理事项"清单则将外商投资建筑工程的部分省级管理权以及外国专家来华工作许可权委托给了横琴新区管理委员会。

对于广东省的放权，本书认为应采纳的是"框架性规定＋放权清单"模式。这是因为横琴合作区执行委员会是粤澳共同组建的机构，它既不是《地方组织法》意义上的行政机构，也不是一级政府依法设立的派出机构，而是一种新型的行政机构。框架性规定可由《横琴合作区条例》加以规定，具体包括如下内容：

【概括授权】广东省人民政府及其有关部门、珠海市人民政府及其有关部门可以将省级、市级行政管理权依法授权或者委托给横琴合作区执行委员会及其工作机构。

【程序】省级、市级行政管理权的授予或委托，由横琴合作区执行委员会商广东省政府有关部门、珠海市人民政府有关部门后联合提出放权清单，报省政府、市政府批准。

【内容】放权清单的编制应当密切围绕贯彻落实《横琴粤澳深度合作区建设总体方案》展开，并兼顾"放管服"改革的需要。

【监督】广东省人民政府及其有关部门及珠海市人民政府及

其有关部门对横琴合作区执行委员会及其工作机构行使相关权力进行监督。

就广东省人民政府及其有关部门放权清单的具体内容而言，还是应当紧紧围绕贯彻落实《横琴粤澳深度合作区建设总体方案》展开。

第三节　其他国家机构设立的合法性及制度完善

除了行政机构外，横琴合作区还设立了珠海市人大常委会横琴办、横琴纪检监察工委、人民检察院和人民法院。其中，珠海市人大常委会横琴办及横琴人民法院的设立存在合法性瑕疵。此外，横琴合作区执行委员会及其下设工作机构的成立以及澳门官员的加入带来了监察方面的难题。

一、珠海市人大常委会横琴办设立的合法性

这是一个老问题。在横琴新区时期，珠海市人大常委会就已经在横琴设立珠海市人大常委会横琴办。该机构是否具有合法性，取决于对《地方组织法》第五十九条前三款的理解。该条款内容如下：

> 第五十九条　常务委员会根据工作需要，设立办事机构和法制工作委员会、预算工作委员会、代表工作委员会等工作机构。
> 省、自治区的人民代表大会常务委员会可以在地区设立工作机构。
> 市辖区、不设区的市的人民代表大会常务委员会可以在街道设立工作机构。工作机构负责联系街道辖区内的人民代表大会代表，组织代表开展活动，反映代表和群众的建议、批评和意见，办理常务委员会交办的监督、选举以及其他工作，并向常务委员会报告工作。

首先，显而易见的是，《地方组织法》第二款和第三款无法为珠海市人大常委会横琴办提供合法性依据。

其次，《地方组织法》第五十九条第一款所规定的"常务委员会根据工作需要，设立办事机构"无法为珠海市人大常委会设立横琴办提供合法性。有一种观点认为，该条款所规定的"常务委员会根据工作需要，设立办事机构"，可以为设区的市人大设立派出性的办事机构提供法律依据。① 然而各级人大常委会的办事机构特指各级人大常委会的办公室或办公厅，这意味着"常务委员会根据工作需要设立办事机构"不能成为设区的市人大常委会设立派出机构的法律依据。

最后，《地方组织法》第五十九条第一款所规定的常委会根据工作需要设立其他工作机构，无法为珠海市人大常委会横琴办提供合法性。在该条款规定了常务委员会根据工作需要设立其他工作机构后，《地方组织法》第五九条还通过第二款和第三款规定"省、自治区的人民代表大会常务委员会可以在地区设立工作机构""市辖区和不设区的市的人民代表大会常委会可以在街道设立工作机构"，却唯独不规定设区的市人大常委会在其辖区内的特定区域设立派出性工作机构，这是有意禁止。在2005年修改《地方组织法》的过程中，有全国人大常委会委员曾呼吁参照街道设立人大工作机构的规定，在开发区设立人大机构。② 立法者并未采纳这种意见。

本书认为，珠海市人大常委会设立横琴办具有合法性。尽管立法者在2015年没有采纳规定在开发区设立人大机构的意见，但不能由此推出立法者反对此事，只能推出立法者对此事保持沉默。有研究者指出，立法者未采纳规定开发区设定人大机构的意见，是因为在开发区设立人民法院、人民检察院等体制性问题还未理顺，相关问题还需要在实践中继续探索和深入研究。③ 从体系解释的角度看，《地方组

---

① 参见姚自昌《省人大派出机构的法律思考》，载《甘肃理论学刊》1992年第1期。
② 参见陈丽平《车光铁委员：开发区人大工作应统筹考虑》，载《法制日报》2015年8月27日，第3版。
③ 参见苏艺《我国各级政府派出机关的宪法学研究》，华东政法大学，2017年博士学位论文。

织法》第五十九条第一款与第二、第三款的关系可解释为一般规定与例示规定的关系。也就是说，后两款只是列举了两种具有代表性的情形，并未禁止地方各级人大常委会在后两款所规定的情形外设立派出性工作机构。

二、横琴人民法院设立的合法性

这亦是一个老问题。横琴新区时期的法院系根据最高人民法院的批复而设立，横琴新区法院院长由珠海市人大常委会任命。横琴合作区成立后，经最高人民法院批复，横琴新区法院于2021年12月起更名为横琴粤澳深度合作区人民法院（下文简称"横琴合作区法院"）。横琴合作区法院院长由广东省人大常委会任命。2021年12月1日，广东省十三届人大常委会第三十七次会议任命了横琴合作区法院的首任院长。由于横琴合作区不是一级行政区，其地位相当于开发区，而学理上认为开发区法院的设立不具有合法性，因此，横琴合作区法院的设立不具有合法性。本书将认为，合作区法院的设立具有合法性。这里的合法性包括合宪性在内。

从既有的研究看，开发区设立法院违法的理由有二：其一，开发区不是一级行政区，不得设立法院；其二，最高法院批复设立开发区法院侵犯了全国人大及其常委会的专属立法权。[1]

（一）司法管辖区无须与同级的行政区完全重合

理由一的逻辑是：根据《中华人民共和国宪法》和《中华人民共和国人民法院组织法》的有关规定，除省内按地区设立的和直辖市内设立的中级人民法院外，地方各级人民法院与同级人大相对应，由其产生，对共负责，受共监督，向其报告工作。开发区不是一级行政区，不得设立人大，既然没有同级人大，自然就不得设立同级人民法院。[2]

有学者针对理由一提出了不同的意见。从历史解释和体系解释的

---

[1] 参见刘松山《开发区法院是违宪违法设立的审判机关》，载《法学》2005年第5期。
[2] 参见刘松山《开发区法院是违宪违法设立的审判机关》，载《法学》2005年第5期。

第三章 横琴合作区治理体制法理解析及制度完善

角度看,司法管辖区与行政区并非必须一一对应,但开发区人民法院的设立仍然因违反《中华人民共和国人民法院组织法》第二十四条而具有合法性瑕疵。

本书赞成司法管辖区与行政区并非完全是一一对应的关系,但不同意该学者的论证理由。该学者的论证理由如下:从文义解释的角度看,《中华人民共和国宪法》第三十条规定的"行政区域"包含有司法管辖区的含义,故而,在规范的意义上,不宜将司法管辖区与行政区完全并立起来;但从历史解释的角度看,在现行《中华人民共和国宪法》通过前,不同于其第三十条规定的县级行政单位——旗、自治旗、特区和林区——就已经存在,这些不属于行政区的行政单位设有基层人民法院表明,司法管辖区与行政区可以分离;再从体系解释的角度看,《中华人民共和国宪法》其他条文并未规定地方各级人民法院必须与行政区完全一一对应。①

本书同意司法管辖区并非必须与行政区相对应,但本书不同意该学者的论证理由。一方面,历史解释和体系解释须受文义解释的约束。历史解释和体系解释不得超出文义。假如从文义解释能得出司法管辖区与行政区一一对应的结论,那么就不能通过历史解释和体系解释中得出司法管辖权与行政区并立的结论。另一方面,旗、自治旗、特区和林区属于一级行政区。该学者认为"旗、自治旗、特区和林区不属于行政区"的理由是,《中华人民共和国宪法》第三十条就我国的行政区划进行了完全列举,而旗、自治旗、特区和林区不在列举范围内。根据《行政区划管理条例实施办法》(民政部规章)第二十五条,旗、特区、林区的行政区划管理相当于县的,自治旗的相当于自治县的。再结合《中华人民共和国宪法》第三十条、第九十五条和第一百一十二条的规定看,行政区划的核心特征在于设有人民代表大会和人民政府,而旗、自治旗、特区、林区都设立了人民代表大会和人民政府,甚至还设立了监察委员会、人民检察院、人民法院等机构。故而,可以说,旗、自治旗、特区和林区不但属于行政区,而且

---

① 参见邹亦《困境与出路:开发区人民法院设立的合法性检视》,载《四川师范大学学报(社会科学版)》2020年第2期。

是一级行政区。况且，《中华人民共和国宪法》第三十条是对行政区的不完全列举，如果承认该条文是一种完全列举，将会带来两个理解上的困难：第一个困难是，为什么制宪者在该条文完全列举了行政区后，又在其下一条列举特别行政区；第二个困难是，必须宣布旗、自治旗、特区和林区的存在违宪。由于它们在1982年修改宪法时就已经作为一级行政区存在，并一直存在至今，宣布它们违宪则违反了合宪性推定原则。①

既然该学者的论证理由不能成立，那司法管辖区与行政区并非完全一一对应的理由何在？《中华人民共和国宪法》第九十五条第一款规定，省、直辖市、县、市、市辖区、乡、民族乡、镇设立人民代表大会和人民政府，该法第一百一十二条又规定自治区、自治州、自治县设立人民代表大会和人民政府。这两个条文规定的行政区和该法第三十条列举的行政区完全一致。由此可见，各级行政区必须设立人民代表大会和人民政府。《中华人民共和国宪法》第一百二十九条虽然规定设立地方各级人民法院，但各级人民法院如何设置则是由《中华人民共和国人民法院组织法》加以规定的。例如该法第二十条、第二十二条和第二十四条规定：

第二十条　高级人民法院包括：
（一）省高级人民法院；
（二）自治区高级人民法院；
（三）直辖市高级人民法院。
第二十二条　中级人民法院包括：
（一）省、自治区辖市的中级人民法院；
（二）在直辖市内设立的中级人民法院；

---

① 合宪性推定原则是指"任何一个违宪审查机关的权力都是相对的，特定机关行使违宪审查权时应考虑审查对象涉及的各种因素，要在合理的范围内有节制地行使违宪审查权，以减少可能引起的社会矛盾和社会震动。当判断某一项法律或行为是否违宪时，如没有十分确实、有效的依据认定其违宪则应尽可能推定其合宪，做出合宪性判断，避免违宪判决"。参见韩大元《论宪法解释程序中的合宪性推定原则》，载《政法论坛》2003年第2期，第4-5页。

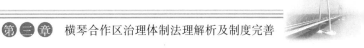

（三）自治州中级人民法院；

（四）在省、自治区内按地区设立的中级人民法院。

第二十四条　基层人民法院包括：

（一）县、自治县人民法院；

（二）不设区的市人民法院；

（三）市辖区人民法院。

从上述三个条文来看，地方各级人民法院的设立确实高度依赖行政区。依上述三个条文设立的地方各级人民法院在管辖范围方面也基本与行政区保持一致，但并不能因此认为，地方各级人民法院的设立必须和行政区一一对应。

首先，"在直辖市内设立的中级人民法院""在省、自治区内按地区设立的中级人民法院"表明中级人民法院的设立并不以存在同级的行政区为条件。

其次，如果承认地方各级人民法院的设立必须和行政区一一对应，那么，《中华人民共和国人民法院组织法》第二十条第（一）项和第二十四条第（二）项之间存在无可调和的矛盾。根据该法第二十二条第（一）项的规定，省辖市应设立中级人民法院；据此，不设区的地级市和省辖的县级市应设立中级人民法院。而根据第二十四条第（二）项的规定，不设区的市应设立基层人民法院；据此，不设区的地级市和省辖的县级市应当设立基层人民法院。也就是说，不设区的市如果设立中级人民法院，则违反第二十四条；如果设立基层人民法院，则违反第二十二条。从现实中的情况来看，不设区的地级市有只设立基层人民法院的，如儋州市作为海南省辖的地级市只设立了基层人民法院；有同时设立中级人民法院和基层人民法院的，如东莞市、中山市和嘉峪关市作为省辖的不设区的市同时设立了中级人民法院和基层人民法院。为了解决规范之间的矛盾，也为了避免对目前的人民法院组织体系造成较大的冲击，必须对《中华人民共和国人民法院组织法》第二十二条和第二十四条进行再解释：中级人民法院和基层人民法院的设立虽然在很大程度上依赖同级的行政区，但不是必须与同级的行政区相对应。

最后，假如承认《中华人民共和国人民法院组织法》上述三个条文含有地方各级人民法院与行政区完全一一对应的内涵，则《全国人民代表大会常务委员会关于新疆维吾尔自治区生产建设兵团设置人民法院和人民检察院的决定》在新疆生产建设兵团设置的三级人民法院（基层人民法院、中级人民法院和新疆高级人民法院生产建设兵团分院）就与上述三个条文相互抵触了。有人可能会这样辩解，前述决定和《中华人民共和国人民法院组织法》的那三个条文构成例外与一般的关系，是否要存在例外情形取决于全国人大常委会决定。要是如此拙劣的解释能够成立，那人们不禁要问了，例外情形的判断标准是什么。总之，不能用例外与一般的关系来解释新疆生产建设兵团的三级人民法院与新疆维吾尔自治区的三级人民法院之间的关系。新疆高等人民法院生产建设兵团分院相当于高级人民法院的事实表明，高级人民法院的设立并不是与省级行政区一一对应的。

基于以上三个理由，可以得出结论：地方各级人民法院的设立与同级行政区之间并不存在一一对应的关系。由此可推论：地方人民法院的管辖区并非必须与同级的行政区完全重合。既然如此，将一个基层人民法院的司法管辖区割出一部分，交给其他人民法院或一个新设立的人民法院管辖，就并没有被《中华人民共和国宪法》和《中华人民共和国人民法院组织法》所禁止。

（二）最高人民法院没有侵犯全国人大常委会的专属权力

反对者可能会认为，尽管司法管辖区可以与行政区适当分离，但设立开发区（合作区）法院仍然不具有合法性。理由如下：这些人民法院未被《中华人民共和国人民法院组织法》第二十四条所列举，所以不属于普通法院，只能将它们归入专门人民法院（以下简称"专门法院"）。但根据《中华人民共和国人民法院组织法》第十五条，专门法院的设置由全国人大常委会规定，所以由最高人民法院批复设立专门法院则侵犯了全国人大常委会的专属立法权。河南省人大常委会在1994年向全国人大常委会法制工作委员会提出法律询问时就承认："由于郑州矿区不是按行政建置成立的，矿区管委会也不是一级政府,所以郑州矿区法院只能作为专门法院,不能是基层人民法院。"①

将开发区（合作区）法院归入专门法院是不对的。专门法院是指"对某类专业性案件进行集中管辖和专门审理的法院"②。我国已经设立的军事法院、金融法院、知识产权法院、海事法院等专门法院也表明,专门法院以管辖以某一类案件为职责,而普通法院则管辖特定案件类型外的全部案件类型。由此可见,专门法院的设立就是以案件的类型来分割的,即将特定类型的案件从普通法院的管辖范围中剥离出来,交给专门法院管辖。开发区（合作区）法院通常管辖辖区内一般性的初审民商事案件、行政案件、刑事案件以及行政非诉执行案件,据此,它们通常属于普通法院。有人误将开发区（合作区）法院看作专门法院,是因为他们仍然固执地认为普通法院依托行政区而设立,一些准确定义专门法院的研究者也怀有这种执念。③

实际上,设立开发区（合作区）法院,不是依案件类型进行分类的,而是据案件发生空间进行分割的。权力总是在一定的空间内产生作用。从权力层级的角度看,某一种权力在权力金字塔中级别越高,它作用的空间范围就越广阔。这是依据空间的叠加关系对权力进行纵向分割的。此外,还可以依据空间之间的并列关系对权力进行横向分割,即将整个空间分割成多个独立的小空间,从而为每个小空间配置一个属性相同、层级相同的权力。设立开发区（合作区）法院属于司法权的横向空间分割。由于《中华人民共和国宪法》和《中华人民共和国人民法院组织法》并不要求普通法院的设立与行政区一一对应,因此这样据空间进行权力分割具有合法性。问题在于,这

---

① 刘松山:《开发区法院是违宪违法设立的审判机关》,载《法学》2005 年第 5 期,第 30 页。

② 程琥:《论我国专门法院制度的反思与重构》,载《中国应用法学》2019 年第 3 期,第 177 页。

③ "在我国,专门法院与地方各级人民法院不同,专门法院不是按照行政区划设置,而是依照其自身所涉及事务或地域的特点进行设置。"参见程琥《论我国专门法院制度的反思与重构》,载《中国应用法学》2019 年第 3 期,第 177 页。"这种依据宪法、法律规定按照行政区域由人大产生的地方各级人民法院是我国的普通法院。"参见尹楠《我国普通法院设置研究》,中共中央党校,2017 年博士学位论文,第 9 页。

个据空间进行分割的权力归谁行使?

有一种观点认为,一方面,《中华人民共和国宪法》和《中华人民共和国立法法》将人民法院的产生、组织和设置规定为全国人大及其常委会的专属立法权;另一方面,最高人民法院与下级人民法院之间的关系是业务上的监督与被监督、指导与被指导的关系。① 根据这种观点,这种据空间分割的权力应归全国人大常委会行使,不能由最高人民法院行使。换言之,由最高人民法院行使便是侵犯了全国人大常委会的专属权力。

由最高人民法院对司法权进行空间分割,虽然会涉及人民法院的产生、组织和设置问题,但并不会破坏全国人大及其常委会制定的相关规则。

就法院的产生而言,各开发区(合作区)法院是由其所在的地级市人大常委会或省级人大常委会产生。有一种观点认为,《中华人民共和国人民法院组织法》第四十三条表明,只有省、自治区内按地区设立的中级人民法院以及直辖市内设立的中级人民法院可以由上一级的人大常委会产生,其他地方人民法院须由同级人大及其常委会产生。② 该法第九条规定的"地方各级人民法院对本级人民代表大会及其常务委员会负责并报告工作"似乎也能证明前述观点。这种理解表面上似乎合理,实则不然。这种理解人为割裂了《中华人民共和国人民法院组织法》与《中华人民共和国宪法》的关系。《中华人民共和国宪法》第一百三十三条规定,地方各级人民法院对产生它的国家权力机关负责。从这一规定来看,地方各级人民法院不是必须由同级人大及其常委会产生,也可以由上级人大及其常委会产生。如果将《中华人民共和国人民法院组织法》第九条和第四十三条置于《中华人民共和国宪法》第一百三十三条的框架下,则《中华人民共和国人民法院组织法》的相关条款应当解释成对一般情形的重申,它们并不禁止上级人大常委会产生下级人民法院。

就法院的组织而言,开发区(合作区)法院虽然在内部组织上

---

① 参见刘松山《开发区法院是违宪违法设立的审判机关》,载《法学》2005年第5期。
② 参见刘松山《开发区法院是违宪违法设立的审判机关》,载《法学》2005年第5期。

往往会进行创新,不同于一般的普通法院,但是这种创新仍然是法律所允许的创新,并未破坏《中华人民共和国人民法院组织法》有关人民法院的审判组织的规定。

就法院的设置而言,开发区(合作区)法院并未改变基层人民法院、中级人民法院和高级人民法院构成的地方法院组织体系。虽然开发区(合作区)法院未被《中华人民共和国人民法院组织法》第二十四条列举,但司法管辖区与行政区无须完全重合表明该和文的列举乃是一种不完全列举。

由最高人民法院对司法权进行空间分割并不违反全国人大常委会规定的产生规则、组织规则和设置规则,那么,侵害全国人大常委会专属权的说法自然也就无法成立。实际上,它意味着对司法权进行空间分割的权力并不属于全国人大及其常委会。即便如此,对司法权进行空间分割的权力归属于最高人民法院吗?

可以确定的是,对司法权进行空间分割的权力不属于地方。对域外国家制度的研究能证明这一点。无论是联邦制国家,还是单一制国家,司法权都被排除在分权理论的内涵与制度设计外,而遵从司法统一原则,从司法权的设置和法官任命权的设计等方面,极力防止地方染指司法权运作,从国家结构形式的宏观设计上确保司法独立。①

在我国,司法权本质上也是中央事权。习近平总书记曾指出,"我国是单一制国家,司法权从根本上说是中央事权。各地法院不是地方的法院,而是国家设在地方代表国家行使审判权的法院"②。由此可见,在我国,对司法权进行空间分割应由国家为之。

那么,该由国家层面的哪个机关来进行分割呢? 近年来,有研究者从党的文件的角度论证这一权力应由最高法院行使。党的文件是国家法律的前形态③,能作为开发区法院的设立依据。研究者指出,1996年,中共中央办公厅印发的《关于地方各级人民法院机构改革

---

① 参见李倩、李晓新《国家结构形式中的司法权配置问题研究》,载《政治与法律》2012年第10期,第31页。

② 中共中央文献研究室编:《习近平关于全面依法治国论述摘编》,中央文献出版社2015年版,第78页。

③ 莫于川:《如何理解改革要"于法有据"?》,载《民主和法制》2014年第18期。

的意见》（中办发〔1996〕16号）规定："地方各级人民法院要依法设置，因特殊需要设置的人民法院，基层人民法院需经高级人民法院审核，报省、自治区、直辖市机构编制主管部门审批；中级人民法院和高级人民法院的设置需经最高人民法院审核，报中央机构编制主管部门审批。"[1] 另有研究者指出，中共中央办公厅印发的《地方各级人民法院机构改革意见》（中办发〔2001〕9号）能为开发区法院提供依据。该意见规定："因特殊需要设置人民法院，由高级人民法院商有关部门同意后，报最高人民法院审批。"[2] 这两份文件的全文目前虽尚未公开，但在一些地方志里被提到过，因此，可以推定这两份文件是存在的。以上两份党的文件并未经过人大转化制定为法律法规，但基于中国共产党的领导地位，该两份文件具有非常高的权威性，足以证明开发区法院的设立具有正当性。

在党内法规体系是社会主义法治体系重要组成部分的时代背景下，以上分析有一定道理。另外，根据《中国共产党机构编制工作条例》的有关规定，党中央集中统一领导全国机构编制工作。[3] 据此，中共中央办公厅印发的文件能够为最高人民法院审批地方人民法院的设立提供规范依据。总之，由最高人民法院批复设立开发区（合作区）法院不仅没有侵犯全国人大常委会的专属权力，而且具有合法性。

三、横琴合作区公职人员的监督问题

对属地机构公职人员的廉政监督，由内地纪检监察部门负责，当无疑问，本书不予讨论。本书讨论的是，如何对横琴合作区管理委员会、执行委员会及其工作机构的公职人员进行廉政监督。这些公职人员中既有内地公务员，也有澳门公务员。随着琴澳一体化发展的深入

---

[1] 尹楠：《我国普通法院设置研究》，中共中央党校，2017年博士学位论文，第14页。
[2] 梁冰、魏俊哲：《董必武法学思想与当代中国司法改革——以开发区法院设立、运行与改革为视角》，载《董必武法学思想研究文集》第161、163页。
[3] 参见《中国共产党机构编制工作条例》第五条。

推进，在横琴合作区执行委员会各工作机构任职的澳门公务员数量可能增加。这使得对横琴合作区公职人员的监督成为一个问题。

(一) 三种监督模式

从逻辑的角度看，有三种监督模式，依次为内地监督模式、横琴合作区监督模式以及粤澳分别监督模式。

第一种是内地监督模式。横琴合作区管理委员会、执行委员会及其工作机构的公职人员统一由内地的国家监察委员会进行廉政监督。国家监察部门负责监察横琴合作区管理委员会，广东省监察部门负责监察横琴合作区执行委员会，横琴纪检监察工委负责监察横琴合作区执行委员会各工作机构。

内地监督模式的依据在于——属地管理。《中华人民共和国监察法》第三条和第十五条要求将内地"所有行使公权力的公职人员"纳入各级监察委员会的监察范围。横琴合作区管理委员会、执行委员会及其工作机构的公职人员，无论拥有何种身份，他们在横琴合作区所行使的公权力在所有权的意义上都归属于内地，属于内地"行使公权力的公职人员"。为了遵从"一国两制"基本国策，对于在横琴合作区担任公职的澳门公务员，内地监察部门只监察他们为横琴合作区履职的行为，不监察他们为澳门特别行政区政府履职的行为。

用内地监督模式监察在横琴合作区任职的澳门公务员至少存在两个问题。其一，是否违反了粤澳合作的精神。地位平等是合作得以进行的一个基本条件，将为横琴合作区服务的澳门公务员纳入广东监察部门的监察范围，不符合粤澳地位平等的精神。其二，用内地监督模式在横琴合作区任职的澳门公务员虽然没有直接破坏"一国两制"，但仍然有侵犯澳门特别行政区政府管辖权的嫌疑。实际上，澳门公务员在横琴合作区的职务行为不仅是为横琴合作区履职的行为，而且是为澳门特别行政区政府履职的行为，因为他们是受澳门特别行政区政府委派进入横琴合作区任职的。所以，澳门特别行政区政府对澳门公务员在横琴合作区的履职行为具有管辖权。在内地，如果地方干部派往异地挂职，那么，对该名干部的监察与处理原则上应由派出地方的纪检监察部门负责。

第二种模式是横琴合作区监督模式。横琴合作区管理委员会设立一个新的监督机构，监督横琴合作区执行委员会及其工作机构的公职人员。横琴合作区管理委员会的成员通常由粤澳高级官员兼任，他们由粤澳有关机关分别监督。设立新机构的优势在于可以将监察、检察、审计、公安等部门整合在一起，形成一种"大部制"的廉政监督模式。深圳市前海深港现代服务业合作区（以下简称"前海合作区"）采用的就是这种监督模式，设立前海廉政监督局，由深圳市纪检监察部门的人员以及市检察院、市公安局、市审计局的派驻人员共同组成。这种模式"在不改变现有权力格局的同时能够实现监督力量的优化配置"[1]。横琴合作区可以借鉴这种监督模式，同时兼采澳门廉政监督的长处，组建一个全新的监督监督机构。

横琴合作区监督模式的依据在于——属人管理。横琴合作区执行委员会及其工作机构的人事权在粤澳共同组建的横琴合作区管理委员会，而不是归属于粤澳任何一方。换言之，横琴合作区执行委员会及其工作机构的公职人员服从的对象乃是其管理委员会。

横琴合作区监督模式的建立需要解决两个问题。首先，设立一个新的监督机构需要法律的授权。深圳前海廉政监督局由《深圳经济特区前海深港现代服务业合作区条例》授权组建。横琴合作区和前海合作区不一样，前海合作区并未向香港方面分享了行政管理权，而横琴合作区向澳门方面分享行政管理权。在横琴合作区组建一个新的廉政监督机构，还涉及须对党内法规及相应的法律进行变通。其次，须切断横琴合作区执行委员会及其工作机构的公职人员与粤澳之间的公务员身份关系。尽管横琴合作区执行委员会及其工作机构的公职人员服从的乃是横琴合作区管理委员会，但是他们在身份关系上先是分别归属于粤澳，然后才是归属于横琴合作区。更重要的是，他们的前一个身份乃是其获得第二个身份的前提条件之一。如果切断他们与粤澳之间的公务员身份关系，横琴合作区对他们进行廉政监督就难以落到实处。

第三种模式是粤澳分别监督模式。粤澳分别监督各自派往横琴合

---

[1] 谷志军、陈科霖：《协同治理与廉政治理现代化：基于深圳前海廉政监督局的研究》，载《党政研究》2016年第3期，第110页。

作区执行委员会及其工作机构的公务员，双方甚至可以同时往横琴合作区派驻监督人员或机构。

粤澳分别监督模式的依据在于——粤澳合作建设横琴合作区。粤澳双方乃是共同合作建设横琴合作区，横琴合作区执行委员会及其工作机构的公职人员也是双方共同委派，因此，粤澳应各自监督其所派的人员。粤澳分别监督模式的问题在于，由于粤澳在公务员的管理、监督和处分方面存在不同，两套规则体系在横琴合作区执行委员会及其工作机构同时发生作用，可能会影响粤澳人员之间的工作团结，甚至会影响横琴合作区日常工作的开展。另外，澳门往内地派驻廉政监督机构在内地执行澳门法律需要得到全国人大常委会的授权。

（二）粤澳合作监督执行委员会及其工作机构的公职人员

本书认为，采取何种模式进行监督取决于横琴合作区执行委员会及其工作机构的公职人员的身份归属。

在横琴合作区执行委员会及其工作机构的公职人员分别拥有粤澳公务员身份的前提条件下，由粤澳分别对各自的公务员进行相应的廉政监督。横琴纪检监察工作以及澳门廉政公署可以分别向横琴合作区执行委员会及其工作机构中派驻监督人员，分别监督内地公务员和澳门公务员。由于澳门法律不得在内地适用，因此澳门廉政监督人员如果发现须对澳门公务员进行刑事处罚，澳门有关部门可以通过"个案协查机制"请求内地有关部门提供司法协助。内地与澳门之间的区际司法活动目前通过"个案协查机制"开展，最高人民检察院在珠海市设立了个案协查办公室，专门负责对接澳门的区际司法协助活动。①"个案协查机制"的不足在于效率低。为配合横琴粤澳合作区建设，可以针对公务员职务犯罪建立效率更高的协助机制。宜由中央授权广东方面直接与澳门建立区际司法协助机制。

横琴纪检监察工委在对横琴合作区执行委员会及其工作机构进行监督的过程中，如果发现澳门公务员职务行为涉嫌违法犯罪的线索后，应当及时将相应的线索移交给澳门方面，并配合澳门方面进行调

---

① 参见张亮、刘松涛《粤港澳大湾区区际刑事司法协助制度的构建》，载《苏州大学学报（法学版）》2022年第1期，第136、139页。

查取证。这种协助的实现离不开区际司法协助机制的建立。

横琴合作区执行委员会行政事务局的一项职责是"负责执委会人事管理、机构编制、薪酬福利、教育培训、考核奖惩等工作"。由此来看,横琴合作区执行委员会未来可能建立一套区别于粤澳双方的人事管理制度。在此基础上,横琴合作区执行委员会及其工作机构的公职人员未来可能切断和粤澳双方的公务员身份关系,而仅仅与横琴合作区之间形成公务员身份或劳动关系。如果出现这种局面,横琴合作区管委会可以设立一个廉政监督机构,对横琴合作区执行委员会及其工作机构的公职人员进行监督。新的廉政监督机构仍然要坚持粤澳合作的精神,其组织、职责及人员等问题应以粤澳共商为条件。

即便横琴合作区执行委员会及其工作机构的公职人员切断了与粤澳双方的公务员身份关系,但由于粤澳合作区的一些事务需要粤澳双方有关部门的配合,因此,粤澳双方仍然难免向横琴合作区执行委员会及其工作机构派驻工作人员,对这些人员的监督仍然需要粤澳双方配合。

第四节 社会组织参与社会治理的制度构建

如果不局限于从国家视角观察治理,而是从社会视角观察治理,那么,"社会治理中的行动者就是一个由政府、非政府组织和其他社会自治力量构成的行动者系统"[①]。换言之,对于治理体制的分析,不仅要观察政府组织,还要观察社会组织。以政府为主的基层治理模式具有权威性高、组织严密、控制力强的特点,这些特点使得民众在基层治理中能够迅速地动员起来,但这种模式使得政府在基层治理中往往直接面对民众,故应避免出现沟通不畅的情况;而以社会组织为核心的模式虽有利于实现更充分的沟通协商,但无法快速动员民众。

---

① 张康之:《论主体多元化条件下的社会治理》,载《中国人民大学学报》2014年第2期,第3页。

第三章 横琴合作区治理体制法理解析及制度完善

一、横琴合作区需要社会组织参与社会治理

在内地，基层治理主要依靠政府和基层群众自治组织，社会组织的参与度较低。实际上，基层群众自治组织在社会治理中处于从属于政府的地位，甚至有研究者认为，基层群众自治组织实质上是一级政府组织。① 因此，内地的基层社会治理主要靠政府。澳门则是一个"社团社会"，"社会团体担当着保障弱势群体、培养邻里互助精神、推动社区参与、缓解社会矛盾等多项重要角色"，它们在基层治理中"发挥着关键性的束流作用"，是沟通政府和居民的桥梁。② 换言之，澳门的基层治理主要依靠社会组织。

从粤澳合作发展的角度出发，不仅要在政府层面开展粤澳合作，还要在社会组织层面开展粤澳合作。实际上，早在2010年，就有专家提出通过政府的力量促进横琴社区和社会组织的发育、形成和建设，具体包括两个阶段：第一个阶段是"政府培育＋社会组织协助阶段"，第二个阶段是"社会组织主导＋政府协调阶段"。③ 经过数十年的发展，横琴的社会组织建设取得了一些成就，但横琴合作区的成立对横琴社会组织发展提出了新要求。未来将有更多澳门居民迁入横琴合作区居住与生活，横琴与澳门的民间交流也将进一步加深，因此，两地民间社会之间需要进一步的交流。这就要求横琴必须对社会组织的发展进行培育。从治理体制的角度看，不仅要将澳门政府纳入横琴合作区的治理体制，还要将澳门的社会组织也纳入进来。

目前，横琴合作区已在从事相关的工作。一方面，允许澳门的社会组织"试水"向横琴提供服务。2021年11月26日举办的"2021横琴粤澳深度合作区社会服务机遇与挑战"研讨会披露，截至2021

---

① 参见黄柳建《再议村民委员会作为一种社会组织》，载《法治研究》2020年第3期。
② 参见许亚敏《澳门社会组织、社工在社会治理和服务中的作用及启示》，载《中国民政》2018年第3期，第53页。
③ 参见中共中央党校课题组《分层治理 实现两种制度对接融合——关于建设横琴新区新型社会管理体制的调研报告》，载《中共珠海市委党校珠海市行政学院学报》第2010年第2期，第38页。

年 9 月 30 日，澳门街坊会联合总会广东办事处横琴综合服务中心累计为琴澳两地居民提供 83428 人次服务，举办活动 1582 场。另一方面，增强琴澳两地社会组织之间的对话交流。为助力澳门社团更快融入横琴合作区的发展，横琴合作区于 2022 年 1 月 12 日举办澳门社会组织项目管理与评估分享交流会；2 月 17 日举办"横琴粤澳社会组织财务管理和公信力建设"，推进琴澳两地政府购买社会组织服务项目的财务管理规则衔接。

横琴合作区构建社会组织参与社会治理的制度，可以从两个方面着力：一方面是培育横琴本地的社会组织，并为其构建参与社会治理的制度；另一方面是为澳门社会组织参与横琴社会治理构建制度。

二、培育横琴本地社会组织

自党的十八届三中全会通过的《中共中央关于全面深化改革若干重大问题的决定》提出"创新社会治理体制""激发社会组织活力"以来，社会组织参与社会治理的现象开始增加。为鼓励社会组织参与社会治理，财政部和民政部在 2016 年联合制定了《关于通过政府购买服务支持社会组织培育发展的指导意见》，要求在"同等条件下优先向社会组织购买民生保障、社会治理、行业管理、公共慈善等领域的公共服务"。这是鼓励社会组织参与社会治理。民政部 2021 年 9 月印发的《"十四五"社会组织发展规划》更加重视社会组织在社会治理中的作用，一方面要求"发挥社会组织在扩大公众参与、推动民主协商、化解社会矛盾、传播法治文化等方面的积极作用，更好参与基层社会治理"；另一方面则要求"围绕基层社会治理与服务急需，鼓励地方政府支持社会组织参与社会服务"。

此外，地方也出台了措施鼓励和规范社会组织参与社会治理。广东省民政厅在 2020 年制定了《广东省推进民政领域基层社会治理体系和治理能力现代化的若干措施》。该文件提出，一方面，要大力培育发展社区社会组织，探索对社区社会组织分类管理，探索以乡镇（街道）为责任主体的管理体制；另一方面，要推动社区社会组织融合发展，鼓励社区社会组织依法有序参与城乡社区治理。广东省人大常委会在 2022 年 1 月通过《广东省平安建设条例》，将"完善基层社会治理机制"规定为广东省平安建设主要任务之一，并要求行业协会、商会等社会组织通过行业自律和协助主管部门的方式支持广东省平安建设，政府则通过购买服务的方式支持社会组织发挥其功能。

为促进广东省社会组织的发展，广东省民政厅制定了《广东省培育发展社区社会组织专项行动实施方案（2021—2023 年）》。该方案要求 80% 以上的街道（乡镇）至少有一个枢纽型社区社会组织，发挥枢纽型社区社会组织联系服务管理本地区社区社会组织的作用，引导社会组织开展社区志愿服务活动、社区慈善活动、社区协商活动、社区治理活动和精神文明创建活动。

横琴合作区应在民政部和广东省的政策框架下，积极培育横琴本地的社会组织，尤其是社区社会组织，引导它们参与基层社会治理。

第一，就培育本地社区社会组织而言，有两种方式：一种是自上而下，另一种是自下而上。所谓自上而下是指"政府自上而下地有计划、有目标、有条件地赋予基层组织一定的参与权力，同时也将相应权力连带责任落实到基层"①。这种方式的优势在于政府能够进行及时的指导，劣势是不利于调动居民的积极性。所谓自下而上是指政府不加干预，由民间自行组织社会组织。理论界对社会组织培育提出了"去行政化"的主张。这种方式有利于发挥居民的积极性，但不利于监管和引导。在我国，这种方式主要存在于理论中。针对实然与应然之间的冲突，有研究者主张在社会组织培育必须以"紧密联系的社区"为目标框架和价值面向，以实现社区生产中自上而下与自下而上的结合。②

横琴合作区在培育本地社区社会组织时，应当坚持将紧密联系社区作为选择培育对象的原则和指导方针。在选择培育对象时，应注重从社区中已经存在的未经登记备案的非正式的社会组织中选择。在培

---

① 赵琼、徐建牛：《再组织化：社会治理与国家治理的联结与互动——基于对浙江省社区社会组织调研的思考》，载《学术研究》2022 年第 3 期，第 76 页。
② 参见王杨《"元网络"策略：社区社会组织培育效果的理论解释》，载《中国行政管理》2022 年第 1 期。

育方式上,可以通过政府购买服务的方式将部分基层职能转移给社区社会组织。对于未被列入培育对象的非正式的自发民间组织,可以通过枢纽型的社区社会组织与它们保持联系,并将它们吸收到基层治理的体系框架之中。

第二,构建本地社会组织参与社会治理的制度。此种制度建设可以从两个方面展开。一方面,构建社区社会组织参与社区治理的制度,主要通过购买服务和民主协商两种方式将社区社会组织纳入社区治理的范围。在购买服务方面,可以由政府、社区居委会与社区社会组织签订公共服务协议,由社区社会组织承担社区的部分公共事务,如托幼、家政维修、纠纷调处等。在民主协商方面,政府和社区居委会在作出相关决策的过程中,应当听取各社区社会组织的意见,与他们进行协商。另一方面,构建行业协会、商会等服务范围更加广泛的社会组织参与社会治理的制度。凡是可以通过行业自律完成的事情,政府不应以管理者的身份进行干预,而应以监管者的身份进行监督。

三、鼓励澳门社会组织参与治理

在社会组织参与社会治理方面,可以鼓励澳门的社会组织参与进来。一方面,可以为横琴合作区社会组织参与社会治理形成示范效应;另一方面,可以适应澳门居民迁入横琴的现实状况。

2019年11月,澳门街坊会联合总会已经在横琴设立一个综合服务中心。该中心引进澳门社工人才、服务项目和服务理念,为横琴社会提供长者、社区、家庭、青少年等数十项社会服务。实际上,除了澳门街坊会联合总会,澳门还存在澳门工会联合总会、澳门妇女联合总会和澳门中华教育会等大型社会组织。未来,可以鼓励这些社会组织在横琴合作区设立服务中心,为横琴提供社会服务。在鼓励澳门社会组织为横琴提供社会服务的基础上,还可以通过购买服务和民主协商的方式将他们吸收进横琴的社会治理体制中。

第四章　横琴合作区公法规则衔接模式构建[①]

《横琴粤澳深度合作区建设总体方案》带来的一些公法问题可以通过法律解释的手段获得解决，但更多的公法问题则须通过创制规则的手段予以解决。在创制规则时，要注重内地规则与澳门规则的衔接。有一种观点认为，规则衔接是指"甲、乙两个法律规则并存，在具体适用时则根据设定的条件选择适用甲法律规则或者乙法律规则"[②]。这种规则衔接是准据法的选择，并不是《横琴粤澳深度合作区建设总体方案》所需要的规则衔接。本书的规则衔接，是指无论是一方单独调整规则还是双方共同调整规则，必须以促进人员、资金、货物等各类资源要素在横琴与澳门之间更自由、更高效地流通为目的。换言之，规则要服务于琴澳一体化。目前，"广东已启动11项关键领域规则相互衔接研究，已实现食品安全、疫苗等重点领域的标准互认，在医师、教师、导游等8个重点领域做出职业资格互认或便利化安排"[③]。

[①] 本章的部分内容据朱最新教授发表在《法治论坛》2021年第4期的《粤港澳大湾区规则衔接的现状、困境与路径完善》一文修改而成。

[②] 伍俐斌：《横琴粤澳深度合作区法律规则衔接问题初探》，载《2012年全球湾区发展国际学术会议论文集》，第155页。

[③] 盛力：《以制度创新引领横琴粤澳深度合作区建设》，载《2012年全球湾区发展国际学术会议论文集》，第9页。

第一节　粤港澳大湾区规则衔接的现实分析及优化

粤港澳大湾区目前的规则衔接制度虽无法满足横琴合作区发展的全部需要，但仍然可以为横琴合作区提供较多的借鉴。

一、粤港澳大湾区规则衔接的现实路径

为解决规则冲突，中央、地方和社会组织围绕规则衔接进行了探索，形成了中央为主，地方为辅，社会补充的规则衔接路径。

（一）规则衔接的中央探索

我国是单一制国家。从法律规定和传统来看，粤港澳大湾区规则衔接涉及三个省级行政区划的规则衔接，主要是中央职权。因此，中央先后采取法律自我变革、央地行政协议、中央区域规划、司法协助、中央指令等方式，对三地相关规则衔接进行了有益的创新性探索。

法律自我变革，是指国家通过立法实施高水平自我开放，与世界高标准商事规则接轨，从而实现粤港澳大湾区规则衔接。如国家以《中华人民共和国外商投资法》取代《中华人民共和国中外合资经营企业法》《中华人民共和国外资企业法》《中华人民共和国中外合作经营企业法》，建立了"准入前国民待遇加负面清单"管理制度，以及投资保护和保障内外资平等竞争制度。这就"意味着中国外商投资体制从内外资'双轨制'基本转向'单轨制'的根本性变革"[①]，从而与港澳"单轨制"相衔接。因而，法律自我变革是粤港澳大湾区规则衔接的重要路径。但内地的许多法律制度是中国特色的，并不存在向世界高标准规则看齐问题。而且向世界高标准规则看齐并不等于完全一致，更不等于与港澳完全趋同。因此，法律自我变革并不能

[①] 宁红玲：《粤港澳大湾区法制协调及其实现路径——以外商投资法制为视角》，载《华南理工大学学报（社会科学版）》2021年第1期，第3页。

第四章 横琴合作区公法规则衔接模式构建

从根本上解决规则衔接问题。

央地行政协议，是指以中央或者中央部委为一方主体与粤港澳三地政府签署的致力于推进区域协调发展的一种区域协议，主要有两个形式：一是中央与港澳直接签订协议。例如，2003年，内地与港澳分别签订了CEPA（即《内地与香港关于建立更紧密经贸关系的安排》《内地与澳门关于建立更紧密经贸关系的安排》），并陆续签订了10个补充协议。2015年、2017年、2018年、2020年，内地与港澳分别签订了CEPA的升级版——CEPA、服务贸易协议、投资协议、经济技术合作协议、货物贸易协议及相关修订协议。2017年，香港与澳门也签订了CEPA。多个CEPA的签署不仅促进了三地间新型的、更紧密的经贸关系，而且使粤港澳三地经贸规则在一定程度上实现了衔接。二是中央与粤港澳三地签订协议，如2017年，国家发展和改革委员会与粤港澳三地政府在香港签署了《深化粤港澳合作推进大湾区建设框架协议》。这种方式与CEPA相比，在程序上尊重了广东和珠三角九市的参与权利。央地行政协议在一定程度上实现了商贸规则的有效衔接，但也带来了诸如货物贸易的原产地规则、服务提供者的条件和标准、保障措施和争端解决机制、与贸易有关的知识产权、公司定义等法律冲突问题。①

中央区域规划，是指国家对特定区域公共事务预先部署的一种规划，如2019年中共中央、国务院印发的《粤港澳大湾区发展规划纲要》。中央区域规划并不是直接的行为规范，并不必然实现规则衔接。然而，"规划是在对组织的共同目标通盘考虑和加以分解的前提下，对各个群体的活动内容、任务数量，以及质量标准、时限进行明确划分和规定，从而为各个群体设立具体目标"②。规划的实施使各群体在特定时间内只需关注自身具体目标的实现，就可以完成共同目标。这在一定意义上减少了相关的交易成本和制度冲突，有助于制度的衔接。而且"区域规划首要关注的对象依旧应该是拆除行政壁垒

---

① 参见慕亚平、代中现、慕子怡等《CEPA协议及其实施中的法律问题研究》，法律出版社2009年版，第187－305页。

② 李祚、孙航主编：《组织行为学》，辽宁大学出版社2006年版，第237页。

和藩篱"①。因此,中央区域规划在一定程度上可以实现规则衔接,是粤港澳大湾区规则衔接的一种特殊方式和特殊路径。

司法协助,是指粤港澳大湾区规则衔接的重要路径和方式。2006年,内地与香港签署了《关于内地与香港特别行政区法院相互认可和执行当事人协议管辖的民商事案件判决的安排》,明确"内地人民法院和香港特别行政区法院在具有书面管辖协议的民商事案件中作出的须支付款项的具有执行力的终审判决,当事人可以根据本安排向内地人民法院或者香港特别行政区法院申请认可和执行"。2017年、2019年,内地与香港又分别签署了《关于内地与香港特别行政区法院相互认可和执行婚姻家庭民事案件判决的安排》和《关于内地与香港特别行政区法院相互认可和执行民商事判决的安排》。这两个安排生效后,"两地法院90%左右的民商事判决有望得到相互认可和执行"②。因此,通过深化司法互助,"可完成协调粤港澳不同法域间的民商事判决异地'流通',而无须进行上位法或国家层面的制度规则统一而达到法律制度体系协调的目的"③,实现规则的有效衔接。

中央指令,是指中央以决定、批复等形式直接决定大湾区特定领域或特定区域具体规则适用的一种方式。中央指令主要限于两种情况:一是涉及中央权限事务作出的决定。如因两地间出入境管制属于央港关系事项,不属于香港高度自治范围。2017年,全国人大常委会关于批准《内地与香港特别行政区关于在广深港高铁西九龙站设立口岸实施"一地两检"的合作安排》的决定,在香港西九龙站实施"一地两检",设立内地口岸区,由内地依照内地法律和该安排实施管辖。二是共同开发的内地特定区域作出的决定。如在珠澳跨境工业区开发建设中,国家发布了《国务院关于设立珠澳跨境工业区的

---

① 蔡国兆:《"长三角尴尬"犹存,"制度悖论"亟待解决》,载《经济参考报》2007年2月26日。
② 文雅靖:《如何协调粤港澳大湾区法律制度体系》,载《开放导报》2019年第2期,第57页。
③ 文雅靖:《如何协调粤港澳大湾区法律制度体系》,载《开放导报》2019年第2期,第57页。

第四章 横琴合作区公法规则衔接模式构建

批复》（国函〔2003〕123号）、《珠澳跨境工业区珠海园区管理办法》等决定，明确规定"珠海园区作为珠海保税区的延伸区，由海关监管，实行保税区政策。珠海园区生产的最终产品如在国内销售，按照保税区货物内销相关规定办理；澳门园区生产的最终产品输往内地，按照《内地与澳门关于建立更紧密经贸关系的安排》框架项下相关原产地规则确定其原产地；两个园区生产的产品出口到国外的，按进口国（地）的原产地规则确定原产地"，从而实现规则对接。

（二）规则衔接的地方探索

为推动区域协调发展发展，粤港澳三地政府非常重视规则衔接，均采取了多种方式探索三地规则的有效衔接。

地方行政协议，"是政府间平等合作的一项法律机制"[1]，虽然不是粤港澳大湾区规则衔接最理想的选择，但却是最现实的选择。实践中，粤港澳大湾区政府常常通过区域政府联席会议制度或者区域部门协商的方式订立行政协议，以解决合作中的难题，实现规则的有效衔接。前者如2018年第20次粤港合作联席会议签署的《粤港劳动监察交流及培训合作机制协议》《粤港科技创新交流合作安排》等七项协议[2]；后者如2017年广东省住建厅与香港发展局签署的《加强粤港建筑及相关工程服务合作意向书》等。

地方区域规划，是指两个或两个以上行政主体通过平等协商、联合制定的对跨区域公共事务预先部署的一种规划。如2012年，粤港澳三地联合制定的《粤港澳基础设施建设合作专项计划》《共建优质生活圈专项规划》等专项规划，以及澳门与广州南沙合作规划、澳珠协同发展规划等。地方区域规划的价值关注点是区域利益的一致性以及区域主体的"共赢"，寻求主体间共同利益的最大化。[3] 因此，与中央区域规划相比，地方区域规划在一定程度上更容易实现规则衔

---

[1] 叶必丰：《行政协议：区域政府间合作机制研究》，法律出版社2010年版，第1页。

[2] 参见《粤港合作联席会议第二十次会议在香港举行》，见中华人民共和国香港特别行政区政府政制及内地事务局官网（https://www.cmab.gov.hk/gb/press/press_3965_print.htm）。访问日期：2021年1月3日。

[3] 参见李煜兴《区域行政规划研究》，法律出版社2009年版，第46页。

接，是粤港澳大湾区规则衔接的一种特殊方式和特殊路径。

单方开放，是指"开放主体（内地政府）制定对港澳法律规则的单方、自主行为，即不需要开放对象（香港、澳门特别行政区）做出相应承诺的制度开放行为"①。如深圳前海首创"港籍调解"与"港籍陪审"制度、成立全国首家粤港澳联营律师事务所；率先开展粤港澳联营律师事务所改革试点；借鉴香港廉政公署的体制，在全国率先探索建立"前海廉政监督局"，集纪检、监察、检察、公安和审计"五位一体"廉政监督新体制等。②广州市越秀区人民法院、南沙区人民法院积极探索涉外商事案件"内地＋外籍（港澳台）"调解员的"双调解"模式。这些具有独创性法治创新成果，不仅完善了内地法治，而且减少了大量交易成本，已成为粤港澳大湾区规则衔接的重要路径探索。

共建机构管理，即粤港澳三地政府通过协议设立统一机构，由该机构依据统一的区域性规则进行管理，从而实现规则衔接。如在港珠澳大桥共建共管中，粤港澳三地政府签署了三地协议，设立了港珠澳大桥管理局，制定了《港珠澳大桥管理局章程》，有效地消弭了三方在港珠澳大桥管理上的分歧，为大桥的建设、管理提供了最基本的法律指引，实现了相关规则的有效衔接，是粤港澳大湾区规则衔接的创新性探索。

（三）规则衔接的社会组织探索

社会组织以其相对独立性、灵活性等优势，正在以区域民间协议的形式推动三地规则衔接。所谓区域民间协议，是区域社会组织作为签约主体签署的致力于推进粤港澳大湾区社会组织交流、合作的一种区域协议，是近年来大湾区规则衔接的一种新路径。如2018年广东省注册会计师协会与香港会计师公会签署了《粤港会计师事务所合作联盟协议》，发起成立粤港会计师事务所合作联盟，就信息互换、

---

① 文雅靖：《如何协调粤港澳大湾区法律制度体系》，载《开放导报》2019年第2期，第58页。

② 参见巴曙松《粤港澳大湾区协同创新机制研究——基于自由贸易组合港模式》，厦门大学出版社2019年版，第249页。

第四章 横琴合作区公法规则衔接模式构建

人员互派、优势互补、业务拓展等展开合作；2019 年，粤港澳大湾区研究院、香港"一国两制"研究中心、澳门发展策略研究中心三地的智库签署《粤港澳大湾区智库联盟框架协议》，发起成立智库联盟，共同开展重大课题研究，促进理论创新和成果共享，为大湾区建设贡献智慧力量，等等。

二、粤港澳大湾区规则衔接困境的原因分析

经过多年探索，粤港澳三地初步形成了"中央为主，地方为辅，社会补充"的规则衔接路径。其中，中央规则衔接，并非专门的规则衔接，而是在促进内地与港澳经济共同繁荣、发展，让港澳共享国家改革发展红利的政策推动中的附带产品，因此，中央规则衔接呈现碎片化状态。地方规则衔接，因内地央地权限并不明晰，基本上是在中央宏观政策指引下展开的。由于中央宏观政策没有辐射的范围，因而规则衔接表现并不如意。社会组织规则衔接是近年来的新发展维度，但其规则衔接大都限于浅层次的交流合作层面，并未深入至具体制度衔接层面。因此，粤港澳大湾区现行规则衔接路径虽已取得一定成效，但从实践需求看，规则衔接远未完成，更谈不上体系化，规则冲突日常隐现。粤港澳大湾区规则衔接产生这些困境的原因，主要在于规则衔接受到诸多因素限制。

（一）中央进行规则衔接的多重限制

在单一制国家中，"地方行政区从来不是一个政治实体，不具有任何主权特征""国家只有一部宪法，其法律由中央立法机构统一制定，任何地方性的法规都不得与中央制定的法律冲突"[①]。因此，区域协调发展所需法律制度基本上由中央提供。然而，粤港澳大湾区基于"一国两制三法域三个单独关税区"的特殊区情，能由中央提供的统一的法律非常有限，而且在规则衔接方面也受到多重限制。

世界贸易组织（WTO）协议的限制。粤港澳大湾区分属三个单

---

① 董立坤：《中央管治权与香港特区高度自主权的关系》，法律出版社 2014 年版，第 12 页。

独关税区。香港、澳门作为单独关税区"意味着其需要维持关境的存在，有各自独立的贸易制度和关境措施，因此内地、香港和澳门相互间的经贸往来都要受到这些制度的约束"①。而且加入 WTO 时，《中华人民共和国加入议定书》第四条规定明确规定："自加入时起，中国应取消与第三国和单独关税区之间的、与《WTO 协定》不符的所有特殊贸易安排，或使其符合该协定。"这就意味着 WTO 协议对我国中央进行规则衔接产生了国际法上的限制。

  港澳基本法的限制。"一国两制"是党领导人民进行的一项创新。港澳基本法将其转化为具体的法律制度，既明确中央对港澳的全面管治权，又赋予港澳高度自治权，是处理中央全面管治权与特别行政区高度自治权关系的宪制性法律依据。因此，中央进行规则衔接必须遵循港澳基本法的约束。港澳基本法对中央进行规则衔接的限制主要体现在两个方面：一是根据宪法和港澳基本法的规定，国家制定的全国性法律只有列入港澳基本法附件三（即《在香港特别行政区实施的全国性法律》）的才能在港澳实施；二是粤港澳大湾区建设中的地方事务，由于其并不涉及国防外交等中央事权，也不涉及中央与港澳的关系，因此，其属于港澳高度自治权范畴。

  形式取向的限制。规则衔接的形式取向，是指实现规则衔接所采用的表达形式。我国是一个单一制国家，地方权力来自中央授予，中央与地方的地位并不对等。"在一个讲究对等交流的文化传统里，只有相同或相似身份、相同行政级别才有平等的话语权，才能进行平等协商。"②"中央与地方协商管理模式主要存在于联邦制国家"③，在单一制国家中是一种例外。如果中央与港澳通过平等协商来实现规则衔接成为一种常态，会给世人一种两者是平等主体的错觉，从而影响规则衔接实现粤港澳大湾区融合发展之目标。同时，法律不是主观意

---

① 钟立国：《CEPA 框架下粤港澳大湾区建设法律制度的协调与完善》，载《广东财经大学学报》2020 年第 5 期，第 90 页。

② 王春业：《粤港澳大湾区法治建设论纲》，载《法治现代化研究》2020 年第 4 期，第 106 页。

③ 谢平：《中国地方政府债券发行管理制度研究》，中国经济出版社 2018 年版，第 49 页。

第四章 横琴合作区公法规则衔接模式构建

志的产物,而是利益博弈的结果。"那些认为只要运用人的抽象推理能力,便能够建构出普遍有效的和完善的法律制度及其所有细节的观点是错误的。"① 中央与港澳进行规则衔接,作为粤港澳大湾区当事者之一的广东却不在其中,其结果可能会与粤港澳大湾区发展的现实需求存在差距,从而影响规则衔接的实效。例如自 2003 年 CEPA 签订以来,内地与港澳之间的经贸合作关系紧密度加强,但"大门开、小门不开"问题仍未彻底解决②。

(二) 地方进行规则衔接的限制

现代社会中,区域协调发展可以在经济、社会等方面带来可持续性的收益。地方政府作为多方利益的代表者,天然具有推动区域规则衔接的动力。然而,在粤港澳大湾区,地方政府规则衔接却受到诸多因素的限制。

理念差异。理念是行动的先导,是制度构建的前提。理念差异必然影响粤港澳三地的规则衔接。粤港澳大湾区三地的理念差异主要体现在两个方面:一是发展理念不同。虽然粤港澳大湾区三地都主张构建服务型政府,但香港特别行政区政府强调"有限政府",在经济干预方面实行"积极不干预政策","不能透过直接参与经济活动和干预市场来主导经济发展的方向";③ 与之相比,广东虽然市场经济日渐成熟,也已摒弃"唯 GDP 论",但各级政府强调"有为政府",通过宏观调控等对经济活动干预相对较多,对经济发展方向具有一定影响力。二是法治理念不同。港澳相对比较注重形式法治,强调法的规范价值和法的安定性;内地相对注重实质法治,强调法的正义性和合目的性,要求"让人民群众在每一个案件中都感受到公平正义"。因而,在粤港澳大湾区很多规则衔接措施无法快速有效落实。

行政级别差异。在粤港澳大湾区十一个城市中,香港、澳门是依法享有"高度自治权"的特别行政区,广州是副省级省会城市,深

---

① [美] E. 博登海默:《法理学:法律哲学与法律方法》,邓正来译,中国政法大学出版社 1999 年版,第 454 页。
② 文雅靖:《如何协调粤港澳大湾区法律制度体系》,载《开放导报》2019 年第 2 期。
③ 参见刘云刚、侯璐璐、许志桦:《粤港澳大湾区跨境区域协调:现状、问题与展望》,载《城市观察》2018 年第 1 期。

圳市是享有副省级城市的行政地位、直辖市的财政权的计划单列市，佛山、惠州、江门、肇庆等四市则是设区的市，中山、东莞是不设区的地级市，深圳和珠海是经济特区且享有经济特区权限。香港、澳门在国家中的地位远远高于粤港澳大湾区其他九个城市。"在一个讲究对等交流的文化传统里……不同身份和有差异的行政级别，很难有平等的协商和协作。"① "城市'论资排辈'，政府交往强调级别对等，任何一方谋求主导地位的期望都将造成合作机制运作上的阻碍，致使其流于空谈。"② 因此，行政级别差异对粤港澳大湾区规则衔接活动构成了非常微妙的障碍。

　　权限差异。粤港澳大湾区三地的权限差异很大：一是行政管理权限不同。依据港澳特别行政区基本法规定，香港、澳门享有行政管理权和中央授予的其他权力，可依法自行处理特别行政区行政事务。而依据宪法规定，广东省和珠三角九市政府必须接受国务院的统一领导，不具有自行处理本地区行政事务的权力。二是立法权限不同。依据香港、澳门特别行政区基本法规定，香港、澳门享有立法权，其立法虽须报备，但备案不影响法律生效，且只有法律涉及中央管理事务及中央和港澳关系时，全国人大常委会才有权将有关法律发回并使之立即失效。全国性法律除列于基本法附件三者外，不在香港、澳门实施。广东省的立法必须遵守法律保留和不抵触原则。而佛山、中山、东莞、惠州、江门、肇庆等六市立法不仅要遵守法律保留和不抵触原则，而且仅限于"城乡建设与管理、环境保护、历史文化保护"等事项，且需经省级权力机关批准才能生效。珠海、深圳虽享有经济特区立法权，可变通法律，但与香港、澳门相比，创新性空间仍然狭小。三是司法权不同。香港、澳门依法享有独立司法权和终审权，除国防、外交等国家行为无管辖权外，所有案件均有审判权。而在广东，广东省高级人民法院监督广东地方各级人民法院的审判工作，广

---

　　① 王春业：《粤港澳大湾区法治建设论纲》，载《法治现代化研究》2020年第4期，第106页。

　　② 朱孔武：《粤港澳大湾区跨域治理的法治实践》，载《地方立法研究》2018年第4期，第4页。

第四章 横琴合作区公法规则衔接模式构建

东省最高人民检察院领导广东地方各级人民检察院的工作。权限是规则衔接的权力基础,直接关系到规则衔接中所能起到的作用以及作用大小。

(三)社会组织规则衔接的限制

社会组织规则衔接是近年来粤港澳大湾区规则衔接的一种新路径。然而,由于特殊区情,粤港澳大湾区社会组织规则衔接受到诸多因素的限制,难以有效有序推进,更不用说产生外溢效应。

组织发展不平衡。粤港澳大湾区社会组织发展很不平衡。截至2020年11月,广东省社会组织统计数据显示:广东省本级有社会组织3341个,广州市有8114个,深圳市有10866个,珠海市有2445个,东莞市有4668个,佛山市有5159个,中山市有2280个,江门市有3489个,惠州市有3360个,肇庆市有2391个,粤港澳大湾区广东部分合计有社会组织46113个。[①] 澳门居民素有结社的传统,仅有6.761万人口的澳门,截至2019年6月社团数目已超过9200个,包括艺术文化、科学及科技等16种类型[②],比人口1490.44万的广州的社会组织数量还多,仅次于深圳。香港社团数量众多。截至2018年,人口742.8887万的香港,根据《社团条例》登记注册的社团高达37170个[③],此外,还有众多根据《公司条例》注册登记的社会组织。

角色定位存在差异。由于制度差异,粤港澳三地对应社会组织的角色定位也存在差异。以律师协会为例,粤港澳三地律师协会都是律师的自律组织,享有律师会员登记、考核、纪律管辖以及律师权益保障等职权,但粤港澳三地律师协会角色定位存在差异:一是机构的差异。内地一个行政区内只有一个律师协会,香港则分设香港律师会和

---

① 参见《2020年11月广东省社会组织统计数据》,见广东社会组织网(https://main.gdnpo.gov.cn/home/index/indexStatistics/2020-11-01),访问日期:2021年1月13日。
② 澳门基金会:《澳门记忆·社会组织》,见澳门记忆网页(https://www.macaumemory.mo/category_55c32131ed86f568b3751d48),访问日期:2021年1月14日。
③ 香港社会服务联合会:《香港社会指标》,见香港社会指标网页(https://www.socialindicators.org.hk/chi/indicators/strength_of_civil_society/3.1),访问日期:2021年1月14日。

香港大律师公会，澳门分设澳门律师公会和澳门律师业高等委员会。二是职责存在差异。内地律师执业许可由司法行政部门负责，相应惩处也主要由司法行政部门负责，律师协会并不负责律师执业许可；香港则由香港律师会和香港大律师公会分别受理律师和大律师的执业申请，经终审法院批准获得执业证书；澳门由"澳门律师公会负责律师注册、制定律师执业规范等，澳门律师业高等委员会则专司律师纪律管辖并负责对违纪律师的惩罚事项"①。另外，港澳社会组织"多处于政府与民众的中间地位，是政府与民众沟通的中介和桥梁以及双方角力的缓冲区域"②，具有相对独立性，在公众中有着高度信赖感。相比之下，广东社会组织多属于政府的助手或者"延伸之手"，独立性不强，公众信赖感有待加强。

  政府态度有差别。港澳政府对社会组织态度是鼓励扶持、合作共赢、规范监督。如在香港，社会组织最重要资金来源渠道是政府提供的资助。港澳政府通过各种政策加以引导、给予经费资助扶持和发展社会组织，通过设立"社区投资共享基金""可持续发展基金""专业服务发展资助计划""创新及科技基金"等一系列措施以及契约外包、政府购买等方式来加强与社会组织的合作。③ 同时，港澳政府先后制定了社团条例、公司条例、税务条例、合作社条例等有关社会组织的注册、运行、筹款、监管等系列法律，强化社会组织的法律规制。香港"社会组织尤其是慈善公益类社会组织和获得政府津贴补助的社会组织都会自觉遵守政府法律以及主动接受政府和社会的监督"④。在港澳，政府与社会组织之间相互独立、相互信任、相互合作、相互监督，和谐共存。而在广东，政府对社会组织态度复杂，"一方面认识到社会组织在社会治理中的重要性，另一方面对之宏观

---

① 齐延安主编：《当代中国律师管理概论》，山东大学出版社2014年版，第300页。
② 靳环宇：《香港社会组织的特征及对内地的启示》，载《中国社会组织》2013年第8期，第52页。
③ 参见马玉丽、李坤轩《社会组织参与社会治理的经验与启示———以美国、台湾地区、香港地区为例》，载《临沂大学学报》2020年第4期。
④ 靳环宇：《香港社会组织的特征及对内地的启示》，载《中国社会组织》2013年第8期，第52页。

鼓励、微观防范依然存在"①。在政府与社会组织合作中,政府倾向于选择与自身有联系的社会组织作为合作伙伴,出现了形式化、内卷化等问题,从而影响社会组织的独立和效率。虽然国务院先后制定了《社会团体登记管理条例》《民办非企业单位登记管理暂行条例》等行政法规,但政府的扶持措施、监管并未完全实现规范化和法治化,制度规定与实践操作存在距离。

三、粤港澳大湾区规则衔接的路径优化

粤港澳三地现有规则衔接路径虽已取得成效,但也存在诸多问题与困境,无法满足粤港澳大湾区深度融合发展的规则需求。从粤港澳大湾区深度融合发展实践需要出发,有必要优化现有规则衔接路径,以便形成一条"中央主导、地方主体、社会参与、多元互动"的最优路径,推动粤港澳大湾区规则的有效衔接,实现粤港澳大湾区的融合发展。

(一)中央主导:粤港澳大湾区规则衔接的宪制要求

粤港澳大湾区发展战略是需要综合运用政治、经济、社会、科技、教育、文化等力量确保的一个国家级发展战略。法治工程是粤港澳大湾区发展战略的"骨干工程"和保障机制。而规则衔接是构建粤港澳大湾区法治保障的关键内容。因而,粤港澳大湾区规则衔接需要中央统一领导。同时,宪法和港澳特别行政区基本法共同构成了粤港澳大湾区规则衔接的宪制基础。中央主导也是粤港澳大湾区规则衔接的宪制要求。

中央主导规则衔接是宪法要求。宪法明确规定中央与地方职权划分"遵循在中央的统一领导下充分发挥地方主动性、积极性的原则",全国人大常委会有权"撤销省、自治区、直辖市国家权力机关制定的同宪法、法律和行政法规相抵触的地方性法规和决议",国务院有权"改变或者撤销地方各级国家行政机关的不适当的决定和命

---

① 韩小凤、赵燕:《公共服务供给侧改革中政府与社会组织关系的再优化》,载《福建论坛(人文社会科学版)》2020年第10期,第196页。

令","最高人民检察院领导地方各级人民检察院和专门人民检察院的工作","最高人民法院监督地方各级人民法院和专门人民法院的审判工作","国家监察委员会领导地方各级监察委员会的工作"。从宪法规定可以看出，粤港澳大湾区规则衔接无论在立法、执法、监察方面，还是在司法方面，中央都享有相应的决定权、监督权。

中央主导规则衔接符合港澳特别行政区基本法规定。根据宪法和港澳特别行政区基本法规定，全国人大有权"决定特别行政区的设立及其制度"；全国人大常委会享有解释港澳基本法，监督港澳特别行政区立法，以及作出新授权等权力；国务院拥有依法管理与港澳特别行政区有关的外交事务、向行政长官发出指令等权力；中央军事委员会领导香港驻军、履行防务职责；等等。从港澳特别行政区基本法规定可以看出，中央拥有对港澳全面管治权，既包括中央直接行使的权力，也包括授权港澳依法实行高度自治。即使是授予港澳的高度自治权，中央也依法享有监督权。可见，中央依法享有宪法和港澳特别行政区基本法赋予的全面管治权和宪制责任，中央主导粤港澳大湾区规则衔接，是推进粤港澳大湾区发展的宪制要求。

（二）地方主体：粤港澳大湾区规则衔接的现实选择

中央主导规则衔接，强调中央对规则衔接方向和目标的把控，而并不意味着中央包揽规则衔接。实践中，"科层制必然存在的信息不对称和信息传递过程中的扭曲与失真，使中央政府很难拥有真实、全面、及时的跨区域公共事务的治理信息"①。中央规则衔接受到WTO协议、港澳特别行政区基本法以及社会影响等多重因素限制，直接发挥作用有限，难以及时回应粤港澳大湾区融合发展的规则需求。地方政府是地方利益的代表，是区域利益最大化的追求者。粤港澳大湾区发展战略是国家战略，区域整体利益对每一位地方来说都有一种责任或约束，对每一个地方官员而言，是其必须考量的晋升指标，也是一种责任和义务。"共同体的每个成员所负有的一项义务就是使共同体的利益优先于他的自我利益，不论两者在什么时候发生冲突都一

---

① 刘亚平、颜昌武：《区域公共事务的治理逻辑：以清水江治理为例》，载《中山大学学报（哲学社会科学版）》2006年第4期，第95页。

样。……社会责任并不要求人们放弃对个人自我利益的追求。但他们必须用与共同体利益相一致的方式去追求。"① 正如吉尔兹所言:"法学和民族志,正如航海术、园艺、政治和诗歌一样,都是具有地域性意义的技艺,因为他们的运作依凭的乃是地方性知识。"② 地方政府"接地气",与社会接触密切,拥有真实、全面、及时的跨区域公共事务治理信息,从而其规则衔接具有充分的信息基础和社会基础。在区域合作过程中,遇到哪些问题,需要什么样的法制,通过什么样的法治路径来解决,只有处于该地域范围内的立法主体更清楚。③ 在粤港澳大湾区,加强各地合作是提升粤东海三地治理体系和治理能力现代化的有机组成部分与重要体现。规则衔接是提升粤港澳大湾区国家治理体系和治理能力现代化的基础性工程。因而,中央不仅不能独揽粤港澳大湾区规则衔接,而且不应当成为规则衔接的主体。地方成为规则衔接主体是粤港澳大湾区规则衔接的现实选择。

(三)社会参与:粤港澳大湾区合作治理在规则衔接中的体现

"大量的公共池塘资源问题,既不能依赖国家也不能通过市场来解决,人类社会的自组织和自治,是公共事务管理更为有效的制度安排。"④ 因而,现代社会治理是一种政府、社会组织、私人部门共同参与的合作治理。这种治理机制"既避免了完全市场化的不稳定和高额的交易费用,又因为没有组成纵向一体化的科层制组织而节省了组织成本"⑤。此外,该治理机制有利于保障各种社会治理主体广泛有序、有效地参与各种社会治理活动,提高治理成效,促进社会公平、和谐,从而实现善治。因此,粤港澳大湾区建设中的政府、社会组织、私人部门等各种社会治理主体以平等身份参与社会治理,提供

---

① [英]米尔恩:《人的权利与人的多样性——人权哲学》,夏勇等译,中国大百科全书出版1995年版,第52页。
② 转引自杜新丽、宣增益主编《国际私法》,中国政法大学出版社2017年版,第302页。
③ 参见王春业《论地方联合制定行政规章》,载《中国行政管理》2011年第4期。
④ 王兴广、韩传峰、田萃等:《社会组织参与区域合作治理进化博弈模型》,载《中国人口·资源与环境》2017年第8期,第29页。
⑤ 张紧跟:《当代中国地方政府间横向关系协调研究》,中国社会科学出版社2006年版,第126页。

公共服务，已成为粤港澳大湾区社会各种社会力量成长的必然结果。在粤港澳大湾区合作治理中，规则衔接涉及经济、社会、文化、科技等方方面面。据穗港澳三地规则对接课题组不完全统计，围绕人流、物流、资金流、信息流四个方面梳理出了47个规则衔接问题。① 面对众多规则衔接问题，政府规则衔接常常难以及时满足现实需要。而且"由于粤港澳大湾区三法域的特殊性，仅仅依靠政府推进，忽视社会和民间力量的推动以及其演进的自身规律和本土性，将会欲速则不达"②。社会组织是现代国家治理体系不可或缺的有机组成部分，是建构粤港澳大湾区社会治理秩序的重要支撑力量。社会组织深知其相关领域发展的制度需求、制度缺失和制度冲突，能够及时找寻到最适合现实需要的规则衔接。而且，社会组织主要是按各自章程规定进行合作，只要符合章程要求，不违反法律禁止性规定，其合作都是合法的。因此，在粤港澳大湾区建设中，粤港澳三地社会组织规则衔接可以发挥软法的灵活性效应，有效克服法律障碍，突破法律对政府规则衔接的限制，找寻到最适合现实需要的规则，从而推动粤港澳大湾区法治的和谐。此外，《粤港澳大湾区发展规划纲要》也明确要求"充分发挥行业协会商会在制定技术标准、规范行业秩序、开拓国际市场、应对贸易摩擦等方面的积极作用"。

（四）互动机制：粤港澳大湾区多元规则衔接的制度保障

中央主导是大湾区规则衔接的宪制要求，但中央规则衔接受到WTO协议、港澳特别行政区基本法以及社会影响等诸多因素限制；地方主体是粤港澳大湾区规则衔接的现实选择，但粤港澳大湾区地方政府不仅存在理念、行政级别和权限的差异，而且其区域利益不受限制也会影响到国家整体利益；社会组织参与是粤港澳大湾区合作治理在规则衔接中的体现，但社会组织立命安身之本是"基于服务群体、受益主体的视角去考虑问题，满足特定群体的特定需求，突出自身特

---

① 参见邓世豹《穗港澳三地规则对接促进生产要素便捷流动研究报告（2019）》，第7-21页。

② 荆洪文：《粤港澳大湾区法治一体化路径研究》，吉林大学，2019年博士学位论文，第75页。

有的优势和功能"①。中央、地方、社会组织三者在粤港澳大湾区规则衔接中发挥着不同的效用,三者效用合起来是做加法,还是做减法,很大程度上取决于是否存在良性互动机制。三者之间只有在制度上形成良性互动,克服各自缺陷,粤港澳大湾区规则衔接才能取得事半功倍的效果。因此,必须构建中央主导、地方主体、社会组织参与三者相互促进、优势互补的良性互动机制,为粤港澳大湾区多元规则衔接提供制度保障。

四、粤港澳大湾区规则衔接路径的保障机制

粤港澳大湾区规则衔接的实现路径,不仅需要中央、地方、社会组织等多元参与主体明确各自的角色定位,更需要强有力的实施机制提供支撑与保障。

(一) 中央主导规则衔接的实施机制

中央主导,是指中央在大湾区规则衔接中起着统领全局的规划者、监管者作用,各方面尊重中央的设计和决定。从制度改革入手,定目标、立规则、授权力、强监督,应当是今后实施中央主导规则衔接的努力方向。

定目标,即中央根据不同阶段国家和粤港澳大湾区发展需要,确定粤港澳大湾区的战略定位和发展目标。定目标虽然不是直接进行规则衔接,但目标是行动的指路明灯。粤港澳大湾区发展目标,是规则衔接的目的所在。定目标在一定程度上明确了规则衔接的范畴。如中共中央、国务院印发的《粤港澳大湾区发展规划纲要》对大湾区战略定位以及到2035年发展目标的明确,无疑确定了今后一段时间内粤港澳大湾区规则衔接的目的与范畴。

立规则,即中央制定规则予以制度衔接。基于粤港澳大湾区特殊区情,中央通过制定规则予以制度衔接的方式有限,主要有两种方式:一是国家法自我变革,即国家通过高水平自我开放和与世界高标

---

① 康晓强:《社会建构的逻辑中国社会组织发展论纲》,中国政法大学出版社2017年版,第203页。

准商贸规则接轨，从而实现粤港澳大湾区相关制度的趋同。如前述《中华人民共和国外商投资法》及其配套法规的制定。二是 CEPA。作为自由贸易协定，CEPA 是打破 WTO 协议对粤港澳大湾区经贸往来束缚、突破三地之间关境障碍、有效衔接三地法律不可或缺的制度性工具。中央应当充分"利用 CEPA 平台，逐步将经济、社会、科教、环境等贸易与非贸易议题纳入合并后的 CEPA 规范范围，制定必要的规则，从而达到协调三地法律的目的"①。

授权力。以地方为主体是粤港澳大湾区规则衔接的现实选择。但广东省各市缺乏相应的立法权力。"法律是事实的公认。经济越活跃、发展程度越高的地区，对立法的需求也越强烈。"② 粤港澳大湾区发展迫切需要破除市场互联互通、生产要素高效便捷流动的制度障碍。然而，"一国两制三法域"下的粤港澳大湾区建设是一项前无古人的崭新事业，规则衔接涉及社会的方方面面。在此背景下，中央主导规则衔接的作用有限，必须对地方赋权与增能以发挥其主体作用。为此，全国人大应当通过决定授权广东省和广州市、深圳市、珠海市与《粤港澳大湾区发展规划纲要》相适应的权力，以便通过地方变通立法、区域立法等立法创新，有效实现规则衔接。

强监督。权力运行必须在监督之下，才能保证其运行的秩序化、规范化、法治化。对以地方为主体的规则衔接，也必须有相应的监督机制，才能保证规则衔接有助于粤港澳大湾区战略定位和发展目标的实现，有助于国家整体利益的实现。对以地方为主体规则衔接的监督机制主要有两种：一是审批机制，即对涉及《中华人民共和国立法法》规定的法律保留事项和宪法、组织法规定为国务院职权事项方面的规则衔接，应当报全国人大常委会或者国务院批准；二是备案审查机制，即对上述之外法律、行政法规以及中央政策的变通，应当报全国人大常委会或者国务院备案审查。

---

① 钟立国：《CEPA 框架下粤港澳大湾区建设法律制度的协调与完善》，载《广东财经大学学报》2020 年第 5 期，第 99 页。

② 陈俊：《一国两制下法域法律冲突之协调》，载《国际经济合作》2007 年第 6 期，第 91 页。

第四章 横琴合作区公法规则衔接模式构建

(二) 地方主体规则衔接的实施机制

地方主体,是指粤港澳大湾区规则衔接活动应当以地方为中心。实现地方主体,除了上述全国人大授权广东省和广州市、深圳市、珠海市与《粤港澳大湾区发展规划纲要》相适应权力外,还应当从三个方面进行完善相关实施机制。

第一,建立健全珠三角一体化统筹协调机制。珠三角一体化是粤港澳大湾区融合发展的基础。一体化的珠三角在粤港澳大湾区中更具有话语权,更具有示范作用;珠三角一体化也会在一定程度促进粤港澳大湾区规则衔接。然而,珠三角一体化还有一定发展空间。因此,广东省应当建立健全省政府领导,珠三角九市参与的珠三角一体化统筹协调机制,制定《广东省珠江三角洲地区一体化条例》,积极推进珠三角一体化,将珠三角一体化作为粤港澳大湾区融合发展的起点。

第二,建立健全广深珠先行示范机制。在粤港澳大湾区,广州是国家级中心城市,具有良好法的治创新经验,深圳是建设中国特色社会主义先行示范区,珠海是比邻澳门的经济特区,其他是一般的地级市。各地在粤港澳大湾区建设中作用各有不同,制度融合需求也有先有后。"如果各个船只为航行准备的充分程度并不相同,那么,就应当允许各个船只根据自身的准备情况而决定起航日期,不应该武断地确定一个统一日期而强行起航。"① 因此,应当建立健全广、深、珠先行示范机制,根据中央授权,让广州、深圳、珠海依据授权和自身需要先行进行规则衔接,从而为整个粤港澳大湾区规则衔接提供借鉴和示范。

第三,建立健全粤港澳大湾区规则衔接协商机制。协商机制是粤港澳大湾区地方主体规则衔接的基本制度,是粤港澳三地政府规则衔接的主要制度平台。粤港澳大湾区内规则衔接协商机制离不开各项具体运行机制,而具体运行机制的效果在很大程度上直接决定了规则衔接协商机制的效果。粤港澳大湾区规则衔接协商机制作为一个子系统,至少应当包括以下内容:一是建立粤港澳大湾区协商委员会,由

---

① 孙笑侠、钟瑞庆:《"先发"地区的先行法治化———以浙江省法治发展实践为例》,载《学习与探索》2010年第1期,第80页。

粤港澳大湾区 12 个立法机关或政府派出人数相等、表决权相同的代表组成。协商委员会下设立法、执法、司法三个小组，主要职责是对粤港澳大湾区规则冲突与矛盾进行协商形成决议报相应立法机关批准，开展区域立法协调、行政执法协助（调）、司法协助等。二是建立粤港澳大湾区区域信息交流共享机制。信息共享有助于区域资源协同，实现区域政府治理的最优化效果，也有助于减少规则冲突，实现规则衔接。为此，粤港澳大湾区应当"建立多渠道的、多层面的信息交流共享机制。各方可以通过签订信息共享合作协议及保密责任书，明确各方在信息资源互通共享方面的工作机制，打通行政地区壁垒和部门壁垒"①，充分发挥信息在规则衔接、政府治理中的作用。三是建立大湾区区域利益补偿机制。利益是规则冲突背后的"幽灵"。规则衔接往往涉及利益的让渡。"集体行动是以理性计算为基础，不仅要计算实际收益，还会重视相对收益。前者要看成本收益比，后者关注的是集体行动成本在各参与者之间分担的公平性情况，两者对于地方政府来说同等重要。能否实现利益最大化，至少不损害自身利益是地方政府是否参与集体行动的内在动力和原因所在，而成本分担的公平与否影响着地方政府参与集体行动的积极性和主动性。"② 要使规则衔接有序运行，粤港澳大湾区协商委员会应当协调粤港澳三地各方利益，采取税收优惠、财政补贴、转移支付、人员培训或者技术服务等措施，构建公平合理的区域利益补偿机制。四是建立区域立法备案机制。粤港澳大湾区内某个立法机关制定的法规有可能涉及区域合作的，在生效前须向粤港澳大湾区协商委员会进行备案，避免在湾区内产生新的规则冲突。当备案的规则可能损害另一方利益时，粤港澳大湾区协商委员会应当协调修改或者启动利益补偿机制予以解决。

（三）社会参与规则衔接的实施机制

社会组织参与粤港澳大湾区规则衔接是一种新的探索。为充分发

---

① 柳建启：《粤港澳大湾区立法协调机制研究》，载《长春教育学院学报》2019 年第 7 期，第 37 页。

② 吴春华：《当代中国行政管理》，天津教育出版社 2010 年版，第 45 页。

第四章 横琴合作区公法规则衔接模式构建

挥其作用,应当构建相应的实施机制。

健全珠三角社会组织培育机制。科学制定社会组织相关法律法规,明确政府与社会组织的权责分配,"分地域、分领域、分功能深化社会组织管理体制改革,降低社会组织的准入门槛,建立完善备案注册、登记认可和公益认定三级准入制度,以制度创新拓展社会组织的发展空间"①,完善社会组织内部治理机制,健全政府扶持机制,规范、引导、培育、监督珠三角社会组织稳定健康发展,为社会组织参与粤港澳大湾区规则衔接提供组织保障。

建立健全粤港澳大湾区社会组织协商机制。社会组织参与粤港澳大湾区规则衔接是社会共治与自治有机结合的产物,粤港澳三地社会组织如何实现规则衔接是社会组织自主自觉的活动。政府的作用主要在于四个方面:一是搭建粤港澳大湾区社会组织协商平台。由于粤港澳三地法律制度差异,社会组织发展差异较大,加之信息不畅通,三地社会组织有时很难找到对应的社会组织。政府利用其优势搭建协商平台,无疑有助于粤港澳三地社会组织的规则衔接。二是优化相关管理措施,实现粤港澳三地社会组织规则衔接的便利化。由于"一国两制"原因,社会组织人员在出入境等方面受到诸多限制,无形中增加了规则衔接的交易成本。优化出入境等相关管理措施,将降低交易成本,促进粤港澳三地社会组织的交流与合作。三是引导、推动跨区域商事纠纷解决机构的建立。政府应当放松相关规制,回应粤港澳大湾区融合发展带来的多元化快捷解决纠纷的诉求,有序引导、推动粤港澳三地相关商事纠纷解决机构跨区域设立分支机构或者合作建立商事纠纷解决机构。这不仅有助于粤港澳大湾区建设专业化、国际化、体系化的跨区域商事纠纷解决机构,从而有效解决大湾区的商事纠纷,而且在无形中化解了粤港澳三地商事规则的矛盾与冲突,实现相关规则有效衔接。四是赋予区域民间协议效力。区域民间协议是粤港澳大湾区规则衔接的新路径、新方式。国家应当在法律上赋予区域

---

① 高红、张志勤:《备案制与我国基层社会组织发展创新》,载《中共青岛市委党校青岛行政学院学报》2012年第5期,第50页。

民间协议社会自治规范的同等效力①,从而促进这种规则衔接新方式有序有效发展。

(四) 规则衔接互动的实施机制

粤港澳大湾区规则衔接单纯依靠中央、地方或者社会组织的任何一方都难以完成。构建相应的规则衔接互动实施机制,是中央、地方或者社会良性互动,形成合力的关键一环。

备案审查机制是维护法制统一和尊严,减少大湾区规则冲突,优化大湾区营商环境的客观需要。大湾区规则衔接备案审查机制除了广东省的立法机关依据《中华人民共和国立法法》等相关法律规定进行立法备案外,还应当包括以下内容:一是粤港澳大湾区所有地方协议[包括地方行政协议、地方人大(议会)协议等,下同]都应当报全国人大常委会和国务院备案审查;二是珠三角九市所有地方协议都应当报广东省人大常委会和省政府备案审查;三是所有区域民间协议都应当报所在地的省政府或者市政府备案审查。

多元参与机制,是科学、合理地规则衔接过程,是粤港澳大湾区规则衔接功能和作用得以发挥的重要保障。在规则衔接过程中,多元参与机制是兼顾各方需求,凝聚共识的制度保障:一是建立健全中央规则衔接的地方参与机制,积极引导香港、澳门、广东省及珠三角九市参与中央规则衔接的研究、协商、起草过程,在沟通与交流中把中央规则衔接过程与地方利益诉求表达过程有机结合起来。二是建立健全地方规则衔接的社会参与机制,积极引导粤港澳大湾区社会组织、企业等参与地方规则衔接的研究、协商、起草过程,在沟通与交流中把地方规则衔接过程与社会公众利益诉求表达过程有机结合起来。三是建立健全社会组织规则衔接的公众参与机制,积极引导粤港澳大湾区社会组织成员、社会公众参与规则衔接的研究、协商、起草过程,在沟通与交流中把社会组织规则衔接过程与成员利益诉求表达过程有机结合起来。

开放协调的示范法机制是欧盟、美国构建区域性规则,实现规则

---

① 参见朱最新《法律多元与府际合作治理双重视角下的自治规范研究——兼论自治规范与国家法的关系》,载《法治社会》2017年第1期。

第四章 横琴合作区公法规则衔接模式构建

衔接的主要路径。"他山之石，可以攻玉。"粤港澳大湾区可以借鉴美国、欧盟经验，结合粤港澳大湾区实际，建立健全开放协调的示范法机制，以实现规则的有效衔接：一是粤港澳大湾区协商委员会就共同关心的议题邀请相关法律专家以及商会、行业协会等社会组织拟定示范法。在这一过程中，要特别强调公开和公众参与，以保证运作过程透明和示范法的科学性，从而有助于粤港澳大湾区立法机关及时获取示范法真实有效的信息，有助于示范法获得公众的认可，推动示范法的实现。二是粤港澳大湾区立法机关以示范法作为立法时的指南，借鉴或采纳示范法，在各自制度框架下寻求适合自己市情、区情的立法，以便更好地实现示范法的目标。三是由粤港澳大湾区协商委员会对湾区立法机关借鉴或采纳示范法进行过程监督并做出相应评估，评出最佳立法实践，倡导其他立法机关共同学习。如有必要，粤港澳大湾区协商委员会可以对示范法做出适当调整，并对湾区立法机关提出相应政策建议，形成湾区立法机关之间互相学习、相互借鉴和积极创新的良好氛围，形成示范法与湾区地方立法的良性循环互动，从而实现粤港澳大湾区规则的有效衔接。

第二节 内地区域协同立法及其决定性因素

为应对区域经济一体化发展以及环境治理的需要，内地不存在隶属关系的行政区之间也存在规则衔接的需求。内地各行政区近年开始通过协同立法的方式满足规则衔接需求，也取得了一些成果。例如，沪苏浙皖三省一市协同制定了《关于促进和保障长江流域禁捕工作若干问题的决定》，京津冀三地近年就五十多部法规进行了协同立法[1]，湖北恩施州人大常委会与湘西州人大常委会协同制定了《湘西土家族苗族自治州酉水河保护条例》，白山市人大常委会、通化市人大常委会、桓仁满族自治县人大常委会协同制定了《桓仁满族自治

---

[1] 参见《6年、50多部法规！京津冀协同立法成果丰硕》，见河北人大官网（http://www.hbrd.gov.cn/system/2020/04/28/100293200.shtml），访问日期：2021年8月26日。

县浑江流域水环境保护条例》。各地在开展协同立法工作的过程中，形成了一些沟通协调机制，这对横琴合作区建设的规则衔接工作具有重要的启发意义。

一、区域协同立法沟通协调机制及其效果

东北三省早年曾建立过协同立法制度，但未取得立法成果。而京津冀和长三角地区的区域协同立法工作在一定程度上已经制度化。

（一）东北三省

2006年的《东北三省政府立法协作框架协议》为三省政府法制办创设了协同立法工作的实施程序。

第一，东北三省政府法制办主任联席会议。东北三省政府法制办每年年底召开一次联席会议，研究确定立法协作项目和论证项目。根据目前的公开资料，无法确定此联席会议举办过几届。但可以确定的是，该联席会议现在已经不再举办。联席会议可以确定三类立法协作项目：第一类是三省成立联合工作组进行联合立法；第二类是一省牵头组织起草，其他两省配合；第三类是三省独立立法，立法成果三省共享。2006年的该联席会议确立了九个第二类立法协作项目："黑龙江省负责完成《行政许可监督条例》和《国家机关机构和编制管理条例》，论证《公民医疗权益保障条例》；吉林省负责完成《行政决策实施办法》《鼓励、扶持非公有制经济若干规定》，论证《促进就业条例》；辽宁省负责完成《企业信用信息管理办法》《个人信用管理办法》，论证《突发公共事件应急条例》。"[1]

第二，立法联合工作组。针对第一类立法协作项目，即"政府关注、群众关心的难点、热点、重点立法项目"[2]，三省政府法制办

---

[1] 钱昊平：《立法协作：东北三省的尝试》，载《人大建设》2006年第10期，第41页。

[2] "按照框架协议，东北三省政府的立法协作将采取三种方式：对于政府关注、群众关心的难点、热点、重点立法项目，三省将成立联合工作组；对于共识性的立法项目，由一省牵头组织起草，其他两省予以配合；对于三省有共识的其他项目，由各省独立立法，而结果三省共享——这被分别概括为紧密型、半紧密型和分散型的协作。"徐元锋：《东北三省首推政府立法协作》，载《人民日报》2006年7月18日，第10版。

应成立联合工作组。但根据目前公开的资料,东北三省政府法制办从未成立过有关立法的联合工作组。

第三,通报—听取意见。通报—听取意见机制服务于第二类立法协作项目。三省政府法制办在实施第二类立法协作项目的过程中,应当互相通报法规和规章的讨论稿,并听取对方的意见。例如,黑龙江省在完成《行政许可监督条例(讨论稿)》起草工作后,就将该条例提供给辽宁省和吉林省听取意见。①

在《东北三省政府立法协作框架协议》之下,三省政府法制办完成了不少立法协作项目。2012年9月,辽宁省政府法制办监督协调处处长对记者表示:"经过几年努力,三省政府法制部门围绕促进东北老工业全面振兴的主题,在促进科技进步、装备制造业和非公有制经济发展、构建诚信社会、应对突发事件及维护社会稳定、食品安全、新农村建设、农民工权益保护等领域的22个立法项目已全部完成。"②

然而,协同立法并未取得实际的立法成果。以2006年的九个立法协作项目为例,其中只有三个转化成了法规或规章:《行政许可监督条例》于2007年由黑龙江省人大常委会通过;《就业促进条例》分别于2009年、2012年由吉林省人大常委会、辽宁省人大常委会通过;《企业信息征集发布使用办法》分别于2007年、2008年由黑龙江省人民政府常务会议、辽宁省人民政府常务会议通过,《企业信用信息管理办法》于2012年由吉林省人民政府常务会议通过。③从这

---

① "2006年7月中旬,《行政许可监督条例(讨论稿)》由黑龙江省完成,并提供给辽宁省和吉林省听取意见。"参见钱昊平《立法协作:东北三省的尝试》,载《人大建设》2006年第10期,第41页。

② 范春生、林培旭:《东北三省法制办协作已完成22个立法项目》,见中国法院网(https://www.chinacourt.org/article/detail/2012/09/id/548411.shtml),访问日期:2021年8月16日。

③ 根据目前公开的资料,只能获得2006年确定的九个立法协作项目的信息,无法获得其他立法协作项目的具体信息。

几部法规或规章的内容来看,"一法通三省"的立法协作目标并未实现。① 具体来说,即便没有立法上的协作,这些法规或规章也能制定出来。实际上,东北三省立法协作的贡献在于,先立法的省为后立法的省提供了一个可供参考的文本。这种参考不属于协同立法。法规或规章的文本是要向社会公开的,即便东北三省政府法制办不进行协作,这种参考也能实现。以就业促进立法为例,江西省并未与吉林省、辽宁省进行立法协作,但江西省的就业促进条例在结构上与吉林、辽宁的条例是一致的。

(二) 京津冀

2014年4月,河北省人大常委会法工委向北京市、天津市人大常委会法工委提出关于加强京津冀协同立法的倡议。为开展协同立法,京津冀三地人大常委会分别通过了《关于加强京津冀人大协同立法的若干意见》,京津冀协同立法工作联席会议还通过了《京津冀人大立法项目协同办法》《京津冀人大法制工作机构联系办法》《京津冀人大立法项目协同实施细则》等文件。这些文件为协同立法创设了实施程序。

第一,京津冀协同立法工作联席会议。该会议又被称为"京津冀协同立法座谈会"或"京津冀人大立法协同工作机制",由京津冀三地人大常委会领导同志参与,每年至少举办一次,三地人大常委会轮流举办。截至2021年6月,该会议已举行八次(见表4-1)。从已经召开的八次会议来看,京津冀协同立法工作联席会议的主要任务是商定协同立法工作的实施程序,商定协同立法项目,并研究讨论协同立法工作中的重要问题。

---

① 辽宁省发起立法协作的初衷就是希望解决东北三省的法规规章不统一的问题。"这两年,吉林省'外逃'车辆严重,养路费大量流失。'这就是各地立法不一致造成的。'……'在东北,类似的事情很多。比如,禽类屠宰收费也没有统一标准。'张满良说,通过立法协作,可以在一定程度上解决这些问题……根据《东北三省政府立法协作框架协议》,由一省负责的立法项目,经过充分征求他省意见,可能基本上不作改动就能通行三省。"参见钱昊平《立法协作:东北三省的尝试》,载《人大建设》2006年第10期。

表4-1 历次京津冀协同立法工作联席会议

时间	次序	与会人员	主题
2015年3月	第一次	京津冀三地人大常委会领导同志和法制工作机构有关负责人	讨论并原则通过了《关于加强京津冀人大协同立法的若干意见》
2016年2月	第二次	京津冀三地人大常委会领导同志和法制工作机构有关负责人	讨论了"推进京津冀协同发展首都城市立法问题研究"课题报告
2017年2月	第三次	京津冀三地人大常委会领导同志和法制工作机构有关负责人	讨论并原则通过了《京津冀人大立法协同办法》,选定了2017年三省市协同立法项目
2017年9月	第四次	全国人大常委会法工委副主任张勇,京津冀三地人大常委会领导同志以及京津冀三地人大常委会法制工作机构负责同志	讨论了《京津冀协同发展立法引领和保障研究报告》,讨论并原则通过了《京津冀人大法制工作机构联系办法》
2018年7月	第五次	京津冀三地人大常委会领导同志,全国人大常委会法工委立法规划室主任岳仲明	就京津冀三地人大立法规划和年度立法计划编制情况、《京津冀人大立法项目协同实施细则》及环保条例、机动车污染防治条例立法协同工作初步方案进行了沟通交流
2019年8月	第六次	全国人大常委会副主任许安标,京津冀三地人大常委会领导同志	总结京津冀三地五年来的协同立法工作,交流讨论机动车和非道路移动机械污染防治立法协同项目

续表 4-1

时间	次序	与会人员	主题
2019年9月	第七次	全国人大常委会法工委副主任武增，京津冀三地人大常委会领导同志，京津冀三地人大法制、城建环保工作机构负责同志	讨论并原则通过《京津冀人大关于协同推进强化公共卫生法治保障立法修法工作的意见》，交流协同开展机动车和非道路移动机械排放污染防治条例执法检查情况
2021年6月	第八次	全国人大常委会法工委副主任李宁，京津冀三地人大常委会领导同志	交流协同推进强化公共卫生法治保障立法修法工作意见的落实情况和协同推进北京冬奥会、冬残奥会的法治保障工作

资料来源：参见汪娟《困境、突围、前瞻——地方人大区域协同立法断想》，载《人大研究》2020年第11期；《第四次京津冀协同立法工作座谈会在津召开》，见天津北方网（http://news.enorth.com.cn/system/2017/09/15/033740437.shtml）；《京津冀人大立法工作协同座谈会召开》，见搜狐网（https://www.sohu.com/a/241095528_695612）；《京津冀协同立法工作联席会议在石召开》，见河北新闻网（http://hbrb.hebnews.cn/pc/paper/c/201908/09/c145263.html）；《京津冀协同立法工作座谈会在津召开》，见平安天津（https://baijiahao.baidu.com/s?id=1678251130569164107&wfr=spider&for=pc）；《京津冀人大立法协同工作机制会议在京召开》，见北京日报客户端（https://baijiahao.baidu.com/s?id=1703080858259487107&wfr=spider&for=pc）。访问日期：2022年7月30日。

第二，京津冀人大法制工作机构联席会议。这里的人大法制工作机构包括人大法工委和人大常委会法制工作机构。京津冀人大法制工作机构一般每年召开两次联席会议，由京津冀三地轮流负责召集和组织；也可以根据实际需要或有关方面的建议，临时召集三地人大法制工作机构联席会议。京津冀人大法制工作机构联席会议主要负责讨论以下议题："（一）沟通三省市立法工作的情况，提出需要提交京津冀协同立法座谈会讨论的重点议题；（二）总结三省市本年度立法工作协同的实施情况和协同立法项目落实情况，拟定提交京津冀协同立法工作座谈会讨论的立法协同工作报告；（三）交流下一年度立法计划的总体思路，相互通报立法计划项目的初步考虑，研究提交京津冀协同立法工作座谈会讨论的协同立法项目建议；（四）沟通交流三省市法制工作机构的立法、规范性文件审查监督等工作的经验和体会；（五）交流探讨三省市地方立法干部培训等队伍建设的经验和共同关心的有关问题；（六）其他需要共同协商的议题。"[1] 在这些议题中，前三项议题都属于协同立法的内容。

京津冀三地人大法制工作机构召开联席会议的次数较多。从2018年7月到2019年12月间，三地人大法制工作机构就召开联席会议五次。[2] 其中，三次法制工作机构联席会议的具体内容见表4-2。从这三次会议的内容来看，京津冀人大法制工作机构联席会议除了对接京津冀协同立法工作座谈会，还负责研究讨论协同立法项目中的具体问题，推进协同立法项目。

表4-2 京津冀人大法制工作机构联席会议

时间	与会人员	会议内容
2018年8月9日	京津冀三地人大法制工作机构、京津冀三地环保主管部门、河北省政府法制办、河北大学课题组的有关领导和同志	讨论机动车污染防治条例的协同立法问题

---

[1] 参见《京津冀人大法制工作机构联系办法》第六条。
[2] "自2018年7月至2019年12月间，三地人大常委会领导共同召开立法工作协同座谈会两次，法制工作机构召开联席会议五次。"参见《三地出台条例治理重型柴油车等污染 京津冀协同立法护蓝天》，载《人民日报》2020年1月21日，第14版。

续表 4-2

时间	与会人员	会议内容
2019年4月3日	京津冀三地人大常委会立法工作机构、政府司法部门、生态环境部门及科研院校机构有关负责同志和工作人员	机动车和非道路移动机械排气污染防治协同立法，2019年度京津冀协同立法联席会议主题，2020年京津冀协同立法项目
2020年8月25日	京津冀三地人大常委会法制工作机构负责人和有关同志	通报有关公共卫生领域立法修法工作安排，交流推动落实相关工作；通报和交流三地人大常委会机动车和非道路移动机械排放污染防治条例协同开展执法检查工作情况

资料来源：《京津冀人大立法联席会议召开推进机动车污染防治协同立法》，见河北人大官网（http://www.hbrd.gov.cn/system/2018/08/09/019019738.shtml）；《京津冀三地人大立法工作机构工作会议在廊坊召开》，见河北人大官网（http://www.hbrd.gov.cn/system/2019/04/08/019565044.shtml）；《京津冀三地人大常委会法制工作机构联席会议在天津召开》，见河北人大官网（http://www.hbrd.gov.cn/system/2020/08/26/100428860.shtml）。访问日期：2022年7月30日。

第三，通报—意见征求机制。在联席会议之外，京津冀三地还存在非会议形式的、较为灵活的通报—意见征求机制。在协同立法工作中，通报—意见征求机制在三个层面进行，依次是人大常委会主管领导、法制工作机构负责人、立法项目小组。应当互相通报的立法信息包括：立法规划和立法计划的起草思路与内容，与协同立法项目有关的参考资料、主要制度安排等重要立法信息，人大常委会组成人员在审议协同立法项目所涉法规草案时提出的重大修改意见，协同立法项目实施后的评估结果，其他立法信息资料及新通过的地方性法规。在信息通报中，有的属于单向的告知，并不要求信息接收方给出反馈意见，如有关立法参考资料的通报；有的通报需要信息接收方给予反馈，如在五年立法规划和年度立法计划征求意见的过程中，京津冀三

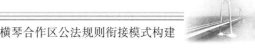

第四章 横琴合作区公法规则衔接模式构建

地应当互相通报,并听取对方的意见;当人大常委会组成人员在审议协同立法项目所涉法规草案时提出重大修改意见的,京津冀三地应当互相通报,并进行协商。

依赖于上述三种制度化的沟通机制,京津冀三地人大常委会实现了从立法规划和年度立法计划、法规起草、立法进度、法规内容的协同。协同立法首先在立法规划和年度立法计划的层面展开。目前,京津冀三地人大主要在两个环节进行沟通协调:一是在立法规划和计划开始拟订阶段,三地互相通报总体思路;二是在征求意见阶段,三地互相征求意见,同步安排协调推进的立法项目。从立法规划和年度立法计划就开始进行沟通协调有两个作用:一是便于协商确定协同立法项目,二是便于协同立法进度。协同立法项目由京津冀人大立法工作联席会议商定后,还须由三地的人大法制工作机构提交各自的人大常委会主任会议研究决定。

协同立法项目正式确定后,协同立法工作将围绕具体的项目展开。京津冀三地人大法制工作机构会就协同立法项目面临的主要问题进行交流,明确需要共同研究解决的共性问题,并确定协同立法项目的实施方案。实施方案包括责任分工、共同研究方式和内容、三级沟通协调机制沟通要求、各阶段工作进度安排、研究成果及方式运用等内容。[①] 这个实施方案目的主要是实现在法规起草和法规内容上的协同。为了实现在法规起草上的协同,《京津冀人大立法项目协同办法》第九条对协同立法项目的起草进行了规定:一是一方起草,其他两方密切配合;二是联合起草、协同修改;三是三方商定基本原则,分别起草。为了实现在法规内容上的协同,《京津冀人大立法项目协同办法》第十条规定了需要趋同的内容以及可以有差异的内容:涉及因功能定位不同或本地特色的内容,三方可以充分体现各自的功能定位和地方特色,但涉及京津冀三方区域合作、联防联控、联合执法的内容,确需统一标准的,三方应当趋同。[②] 如果草案内容涉及应由同级党委决策的有关重大体制和重大政策的内容,三方在报同级党

---

① 参见《京津冀人大立法项目协同实施细则》第六条。
② 参见《京津冀人大立法项目协同办法》第十条。

委决策前,可以就需要协调的问题进行协商。① 草案进入审议程序后,如果人大常委会组成人员提出重大修改意见,三方应当以简报的形式互相通报,并根据需要及时启动会商机制。②

(三) 长三角地区

早在 2007 年,苏浙沪两省一市人大常委会法工委、政府法制办、法学会等九家单位负责人共同签署了《苏浙沪立法工作协作座谈会会议纪要》。随后,上海市人大常委会法工委与苏浙两省人大常委会法工委多次协商,试图进行协同立法,但未能取得实质性的进展。③ 到了 2009 年,沪苏浙两省一市人大常委会联合制定了《沪苏浙人大常委会主任座谈会制度》,但协同立法仍然波澜不惊。④ 到了 2014 年,为了防止大气污染,沪苏浙皖人大常委会协同制定了《大气污染防治条例》,三省一市的条例都分别规定了区域大气污染防治协作。随后,沪苏浙皖三省一市人大常委会开始为协同立法建章立制:2014 年,沪苏浙皖人大常委会主任座谈会通过了《沪苏浙皖人大常委会主任座谈会制度》;⑤ 2018 年,沪苏浙皖人大常委会主任座谈会上,三省一市人大常委会负责同志签署了《关于深化长三角地区人大工作协作机制的协议》和《关于深化长三角地区人大常委会地方立法工作协同的协议》;2018 年 11 月,沪苏浙皖三省一市人大常委会分别通过了《关于支持和保障长三角地区更高质量一体化发展的决定》,对协同立法提出了要求。至此,协同立法在长三角地区实现了制度化。

第一,沪苏浙皖人大常委会主任座谈会。就与会人员而言,沪苏浙皖主任座谈会由三省一市人大常委会主任或者常务副主任和与会议

---

① 参见《京津冀人大立法项目协同办法》第十一条。
② 参见《京津冀人大立法项目协同办法》第十二条。
③ 参见毛新民《上海立法协同引领长三角一体化的实践与经验》,载《地方立法研究》2019 年第 2 期。
④ 参见汪彬彬《长三角区域立法协同研究》,载《人大研究》2021 年第 3 期。
⑤ 参见《沪苏浙皖人大常委会主任座谈会纪要》,见江苏省人大常委会官网(http://www.jsrd.gov.cn/tszs/csjxz/201501/t20150114_155118.shtml),访问日期:2021 年 8 月 30 日。

议题相关的分管副主任组成,三省一市人大常委会秘书长,办公厅、研究室及有关委员会负责同志列席会议。就运行机制而言,该主任座谈会每年举行一次,由三省一市人大常委会办公厅轮流主办,会议主题由三省一市人大常委会秘书长在会前协商确定。为有效举办该主任座谈会,三省一市人大常委会秘书长分别牵头,各自设立了联络组,承担和落实座谈会明确的合作事项,提出座谈会议题和交流合作项目的建议,讨论协商座谈会的其他筹备工作。

沪苏浙皖人大常委会主任座谈会的主要任务包括:(1)结合本地实际,学习贯彻中央和全国人大有关精神;(2)交流年度工作计划实施和重点工作开展情况;(3)分析新形势下人大工作面临的新情况新问题,探讨人大领域改革创新中遇到的共性问题;(4)就地方立法、监督和代表工作中需要协同联动的问题进行协商。

其中,第四点包含了区域协同立法的内容。

从2014年至今,沪苏浙皖三省一市几乎每年(2017年除外)都举行人大常委会主任座谈会。

2014年的沪苏浙皖主任座谈会以"推动人民代表大会制度与时俱进"为主题,针对区域性大气污染、流域性水污染防治方面的地方立法和执法监督问题进行了沟通协商,并达成了共识。①

2015年的沪苏浙皖主任座谈会主要就加强县乡人大工作和建设进行了交流,未涉及协同立法问题。

---

① "在区域大气污染防治立法方面,可先由沪苏浙皖人大就法规规范的主要问题共同协商,确定若干核心条款,在此基础上,再由各省市结合本地区实际,分别起草法规草案,由各省市人大审议通过。在太湖水污染防治立法方面,可由沪苏浙皖人大共同争取列入国家立法计划,并联合参与法律草案文本起草工作。在长江水污染防治立法方面,因为涉及沿江十一个省市区,可先由沪苏皖三省市人大分别制定或修改地方性法规,对本区域范围的相关防治工作作出规范,同时请求全国人大加快国家层面立法步伐。在新安江流域水污染防治立法方面,浙皖两省人大可以开展联合调研,积极探索立法协作的形式。在区域生态环境保护监督协作方面,可由沪苏浙皖人大分别组成执法检查组,就大气污染防治和水污染防治相关法律执行情况,联动开展执法检查,推动沪苏浙皖政府建立和落实联防联控机制,促进大气环境和水环境的改善。"参见《沪苏浙皖人大常委会主任座谈会纪要》,见江苏省人民代表大会常务委员会官网(http://www.jsrd.gov.cn/tszs/csjxz/201501/t20150114_155118.shtml),访问日期:2021年8月30日。

2016年的沪苏浙皖主任座谈会提出"加强交流沟通，健全协作机制，推动长三角区域生态环境保护立法协作取得实质性进展"①。

2018年的沪苏浙皖主任座谈会签署了《关于深化长三角地区人大工作协作机制的协议》和《关于深化长三角地区人大常委会地方立法工作协同的协议》，为长三角地区协同立法建章立制。

2019年的沪苏浙皖主任座谈会围绕做好新时代地方人大工作、服务长三角地区更高质量一体化发展的实践与思考开展交流，并商定了2019年度长三角地区人大协作重点工作计划。

2020年的沪苏浙皖主任座谈会就服务疫情防控和经济社会发展及"十四五"规划编制等进行了交流，并商定了2020年度长三角地区人大协作重点工作计划。

2021年的沪苏浙皖主任座谈会围绕长江大保护、长三角地区科技创新共同体建设和固体污染协同治理等问题展开交流，并商定了2021年度人大协作重点工作计划，形成了《2021年度长三地区人大常委会协作重点工作计划》，提出推进数据协同立法、长江传播污染防治协同立法。②

第二，沪苏浙皖人大常委会秘书长座谈会。沪苏浙皖人大常委会主任座谈会的前期工作由三省一市人大常委会秘书长负责。在主任座谈会以召开前，当年度的主任座谈会承办方负责召集秘书长座谈会，三省一市人大常委会秘书长和有关部门负责人参与。该座谈会有时也被称为协调会或沟通协商会。从历次会议来看，该座谈会的主要任务是为沪苏浙皖人大常委会主任座谈会服务。也就是说，有关协同立法的沟通协调须先在秘书长座谈会上进行，然后才有可能提交主任座谈会沟通协调（见表4-3）。

---

① 《沪苏浙皖人大常委会主任座谈会在合肥举行》，见江苏省人民代表大会常务委员会官网（http://www.jsrd.gov.cn/tszs/csjxz/201609/t20160926_433925.shtml），访问日期：2021年8月30日。

② 《关于2021年度长三角地区人大常委会协作重点，这个会议明确了!》，见江苏省人民代表大会常务委员会官网（http://www.jsrd.gov.cn/tszs/csjxz/202107/t20210722_530906.shtml），访问日期：2021年8月30日。

表4-3 历次沪苏浙皖人大常委会秘书长座谈会的基本情况（2016—2021年）

召开时间	会议基本内容
2016年8月	研讨当年的主任座谈会的相关事宜，通过了主任座谈会建议方案，确定主任座谈会的召开时间
2018年6月	研讨当年的主任座谈会的相关事宜，通过了主任座谈会建议方案，确定主任座谈会的召开时间
2019年4月	交流了换届以来三省一市人大常委会机关建设和管理的做法与经验，研讨并原则通过了2019年度长三角地区人大协作重点工作建议方案和主任座谈会方案。三省一市人大常委会办公厅主任、法工委主任也参加了会议
2019年12月	研讨2020年主任座谈会相关筹备工作和长三角地区人大工作协作项目。三省一市人大常委会办公厅、研究室负责同志也出席了会议
2020年3月	研讨了上海市起草的《2020年长三角地区人大协作重点工作建议方案（草案）》和主任座谈会的准备工作。三省一市人大常委会有关副秘书长、委厅室负责同志出席了会议
2021年6月	研讨了安徽省起草的《2021年度长三角地区三省一市人大常委会协作重点工作建议方案（方案）》及主任座谈会的建议方案

资料来源：江苏省人民代表大会常务委员会官网（http://www.jsrd.gov.cn/tszs/csjxz/index_3.shtml），访问日期：2021年8月30日。

第三，沪苏浙皖人大常委会法制工作机构联席会议。该会议也被称为"三省一市立法协作会议"。每年召开，四地轮流承办，也可以临时召开。"从2014年开始，长三角三省一市立法协作会议已经成为惯例……2015年的徐州会议开启了长三角区域水污染防治立法协作进程……"① 沪苏浙皖人大常委会主任座谈会和秘书长座谈会属于决

---

① 毛新民：《上海立法协同引领长三角一体化的实践与经验》，载《地方立法研究》2019年第2期，第54页。

策层面的沟通协调，而沪苏浙皖人大常委会法制工作机构联席会议则属于执行层面的沟通协调。

执行层面的沟通协调并未被人大常委会法制工作机构垄断，有时也由其他的专门委员会与常委会法制工作机构共同负责。例如，从2020年到2021年年初，沪苏浙皖三省一市人大协同制定了《关于促进和保障长江流域禁捕工作若干问题的决定》。这个协同立法项目由三省一市人大农业与农村委员会、常委会法工委共同负责。上海市人大农业与农村委员会、人大常委会法工委共同负责该决定的起草工作与沟通协商工作。《关于促进和保障长江流域禁捕工作若干问题的决定》第四稿起草好以后，上海市人大农业与农村委员会、人大常委会法工委分三路同时赴江苏、浙江、安徽三省上门沟通，听取三省人大常委会对草案的意见建议。第五稿形成后，起草小组再次征求了江苏、浙江、安徽三省人大常委会的意见，并及时修改完善，随后报送全国人大农业与农村委员会、全国人大常委会法工委，寻求全国人大的立法工作指导。最后，上海市人大农业与农村委员会、人大常委会法工委根据全国人大农业与农村委员会、常委会法工委的指导意见，综合江苏、浙江、安徽三省的意见，形成了最终的第七稿，交付沪苏浙皖三省一市人大常委会审议通过。①

第四，长三角地区主要领导座谈会。根据目前的公开资料，长三角地区主要领导座谈会每年举办一次，于2019年首次举办。参加座谈会的是长三角沪苏浙皖三省一市的省（市）委书记和省（市）长，座谈会也会邀请国家有关部委的负责同志出席。长三角地区主要领导座谈会的任务是就长三角一体化发展进行沟通协调，并不直接针对协同立法，但这个座谈会达成的共识对三省一市协同立法具有非常重要的指导意义。自2019年开始，每年的沪苏浙皖人大常委会主任座谈会都会传达长三角地区主要领导座谈会精神，并以此指导沪苏浙皖的协同立法工作。

从协同内容的角度来看，长三角地区的协同立法也包括了立法规

---

① 参见曾德云《经历7次重大改稿数十次修改完善　长江禁捕：长三角协同立法的典范之作》，载《上海人大月刊》2021年第4期。

第四章 横琴合作区公法规则衔接模式构建

划和立法计划协同、法规起草协同、立法进度协同、法规内容协同。

如上所述,东北三省曾经出现过协同立法制度,但并未取得立法成果;京津冀和长三角地区在协同立法实践的基础上,逐渐围绕人大常委会领导同志联席会议形成了一套有关协同立法的制度,这套制度在实践中运行较为良好,取得了不少区域协同立法成果。

二、区域协同立法的决定性因素

较早建立协同立法制度的东北三省未取得区域协同立法成果,但京津冀和长三角地区却取得了不少区域协同立法成果,一些沟通协调机制尚未制度化的地方也取得了协同立法成果,那么,到底哪些因素在影响区域协同立法呢?

第一,区域协同立法工作能否转化为立法成果取决于各地方是否存在共同利益需求。所谓共同利益需求是指,各地利益需求的满足离不开彼此之间的相互配合。

尽管东北三省政府法制办围绕协同立法做了许多工作,但并未取得立法成果。2006年,东北三省政府法制办共同确立了九个立法协作项目,但遗憾的是,这九个立法协作项目并未转化成东北三省共同的立法成果。一个重要的原因是,这些立法项目并不是建立在东北三省共同利益需求的基础上的。实际上,东北三省政府法制办公室并不是为了满足共同的利益需求而开展协同立法工作。在《东北三省政府立法协作框架协议》订立前,东北三省运输车辆收费不同致使吉林和辽宁的货车向收费更低的黑龙江和内蒙古"外逃",最终使得吉林和辽宁损失了大量税费,为了解决税费损失问题,辽宁省政府法制办公室才发起立法协作。[1]

在京津冀地区,协同立法的成果集中在生态环境保护、交通运

---

[1] "一份调查显示:吉林全省货车(包括小型货车在内)有16万~18万辆。2004年1月至2005年7月,当地转往外省的5吨以上大型货车达34306辆,年损失各种税费合计11568.6万元。这些车辆大部分转送内蒙古和黑龙江……目前,辽宁省的外挂车辆约7000辆,去向也主要集中在黑龙江和内蒙古。"参见钱昊平《立法协作:东北三省的尝试》,载《人大建设》2006年第10期,第41页。

输、科技创新与知识产权保护等领域。在这四个领域，区域利益的增长需要区域内部各地方之间的密切配合：生态环境保护是牵一发动全身的问题，其影响是跨行政区域的，单凭一个地方的保护工作，无法扭转整个区域的生态环境状况；在全国各地经济联系日益密切的情况下，交通运输也属全局性的问题，区域性交通利益的增长离不开各地方之间的密切配合；科技创新与知识产权保护也是全局性的问题，需要多方力量相互配合。正是因为京津冀地区要在上述四个领域取得更大的利益离不开三地的相互配合，所以三地才能在这些领域取得协同立法的成果。在长三角地区，协同立法的成果主要体现在大气污染防治、长江禁捕和一体化发展方面。其道理与京津冀地区是一样的，在此不再赘述。

东北三省、京津冀地区和长三角地区从正、反两个方面证明了，协同立法能够取得成果取决于参与协同立法的各方是否存在共同的利益需求。

第二，协同立法工作中沟通协调的有效性对协同立法能否转化为立法成果具有重要影响。

协同立法实质上是一个利益交换和分配的过程，让有权处分利益的主体参与到沟通协调的过程中，让他们围绕利益的分配进行充分有效的沟通，从而有助于提升协同立法工作转化为立法成果的可能性。简而言之，就是要让负责法规起草工作的同志以及立法机关的领导同志参与沟通协调工作，提升沟通协调的有效性。京津冀在人大常委会副主任的层级进行沟通与协调，而长三角三省一市则由人大常委会主任直接参与沟通与协调，这是京津冀和长三角能够取得不少区域协同立法成果的一个重要原因。

第三节　横琴合作区公法规则衔接模式

在借鉴粤港澳大湾区规则衔接路径以及内地区域协同立法的基础上，可以构建横琴合作区公法规则衔接模式。本书所说的公法规则包括行政规范性文件中的规则。

第四章 横琴合作区公法规则衔接模式构建

一、粤港澳大湾区规则衔接路径对横琴的启示

粤港澳大湾区规则衔接对于横琴合作区的启示包括以下两点。

第一，横琴合作区的规则衔接要坚持"中央主导、地方主体、社会参与、多元互动"的路径。中央主导原则在横琴合作区的规则衔接工作中体现在两个方面：一方面，凡涉及中央权力专属事项的规则衔接，应当以中央立法、央地行政协议、中央指令的方式为之；另一方面，各部门和地方在进行规则衔接时应当以《横琴粤澳深度合作区建设总体方案》为指导，凡是落实《横琴粤澳深度合作区建设总体方案》所需要的规则衔接，应纳入规则衔接工作的优先考虑范围。地方主体原则在横琴合作区的规则衔接工作中体现为：除非规则衔接所涉事项乃是中央权力专属事项，否则，应通过广东方面单独立法或粤澳协同立法来推进规则衔接；或者说，能通过低位阶的规则解决问题，就没必要诉诸更高位阶的规则。地方可以通过粤澳行政协议、广东或珠海单方立法以及横琴合作区的"自我立法"来完成。社会参与在横琴合作区规则衔接工作中体现为：广东方面以及横琴合作区出台一些针对澳门的规则，要注意吸收澳门相关社会组织的意见，调动澳门相关社会组织参与横琴合作区建设的积极性。多元互动是指中央、地方以及社会组织在横琴合作区的规则衔接工作中应形成良性互动机制，克服各自的缺陷，推动规则衔接取得事半功倍的效果。

第二，可以为横琴合作区构建一些规则衔接的保障机制，主要包括备案审查机制和多元参与机制。粤澳、珠澳因横琴合作区建设而签订的协议、横琴合作区执行委员会及其工作机构与澳门特别行政区政府有关部门签订的协议，应报送粤港澳大湾区建设领导小组备案审查。重点审查两个方面的内容：一方面，审查协议是否违反法律行政法规；另一方面，审查协议是否符合《粤港澳大湾区发展规划纲要》和《横琴粤澳深度合作区建设总体方案》的精神。多元参与机制的内容包括两点：一是国家为横琴合作区制定相应规则时，积极引导广东以及珠海、横琴合作区、澳门参与相应规则的协商、起草过程，通

过深入沟通和交流在各主体多元的利益诉求中寻得平衡；二是广东以及珠海、横琴合作区、澳门因横琴合作区建设而制定有关规则时，积极引导横琴合作区以及澳门的有关社会组织、企业等参与进来，通过深入沟通和交流在政府代表的公共利益与个体利益中寻得平衡。

二、内地区域协同立法对横琴的启示

内地协同立法对于横琴合作区规则衔接的启示也有两个。

第一，规则衔接应当服务于粤澳共同利益以及国家的整体利益。尽管横琴合作区建设本身就是粤澳共同利益的体现，但是广东省以及珠海市、澳门特别行政区、横琴合作区各自的利益在方向上并非完全一致。例如，更多的澳门单牌车驶入横琴合作区虽可以便利澳门居民入出横琴合作区，但这会给横琴合作区的交通系统带来压力。横琴合作区建设应关照各方利益，在各方利益与整体利益之间实现平衡。另外，还要注意到粤澳共同利益和国家利益之间可能存在不一致的情况，如生态环境保护利益对于横琴合作区与澳门的旅游合作可能构成一定的限制。当国家利益和粤澳共同利益之间的冲突时，应坚持国家利益优先的原则。

第二，建立高效的沟通协调机制。横琴合作区管理委员会、执行委员会由粤澳共同组建，因此，广东、珠海以及澳门能够通过横琴合作区管理委员会和执行委员会这两个平台进行沟通协商。然而，这主要是决策层面的沟通协调，执行层面的沟通协调机制尚未建立。规则的执行部门往往比规则制定部门更熟悉规则运行的真实情况以及规则衔接的具体需要。为加强执行层面的沟通协调，可以在横琴合作区执行委员会及工作机构与澳门特别行政区政府之间建立常态化的沟通协调机制。此外，还可以针对具体的规则衔接项目成立联合工作组，以打破部门之间的"信息孤岛"，实现更加充分的沟通协商。

三、横琴合作区的公法规则衔接方式

在"中央主导、地方主体、社会参与、多元互动"的规则衔接

路径下,横琴合作区的规则衔接可以通过中央立法、单方立法、协同立法、横琴合作区"自我立法"四种方式进行。这里使用的"立法"是一个广义的概念,不仅包括法律法规规章的制定,也包括规范性文件的制定。

(一) 中央立法

贯彻落实《横琴粤澳深度合作区建设总体方案》所需要的一些规则,必须由中央制定。尽管珠海市可以利用经济特区立法权对全国统一的规则进行变通,但是《中华人民共和国立法法》第八条所规定的专属事项不在变通的范围内。① 例如,出入境、海关、税收、金融等领域的规则须由中央有关部门依法调整。要特别注意的是,中央立法原则上只调整内地相关规则,不直接调整澳门的相关规则,因为澳门拥有高度自治权。

尽管中央不能在特别行政区高度自治领域内为澳门制定规则,但中央对特别行政区的全面管治权使得中央可以在高度自治领域对澳门提出要求。② 所谓"提出要求"并不是直接为澳门制定规则,而是为澳门谋划施政方针,由澳门特别行政区以高度自治权的方式加以落实。基于此,中央可以通过"提出要求"的方式影响澳门的规则制定工作,从而推动澳门与内地之间的规则衔接。

由中央进行规则衔接的优势在于权威性高,劣势在于不利于调动地方的积极性,故而,中央应当慎重推进规则衔接,并注意听取地方的意见。可以说,除地方无权制定的规则外,中央不应直接进行规则衔接工作,只需为规则衔接设定目标或方向即可。

---

① "虽然中国社会总体对经济特区立法权的行使给予了很大程度的宽容,但并不意味着经济特区立法就可以突破《中华人民共和国立法法》有关法律保留事项的规定以及其他法律和行政法规基本原则,也不意味着只要不突破这种底线,特区立法就可以信马由缰。"参见黄金荣《大湾区建设背景下经济特区立法变通权的行使》,载《法律适用》2019 年第 21 期,第 75 页。

② "在这些领域基本法授予澳门特别行政区高度自治权,中央可以对这些领域提出要求,但贯彻落实要靠澳门特别行政区。"参见乔晓阳《中央全面管治权和澳门特别行政区高度自治权——在纪念澳门基本法颁布 25 周年学术研讨会上的讲话》,载《港澳研究》2018 年第 2 期,第 6 页。

（二）单方立法

单方立法是指粤澳单方调整或制定规则，从而便于各类资源要素的流通。《横琴粤澳深度合作区建设总体方案》中的大量任务由广东方面单独创制规则即可完成，这是因为《横琴粤澳深度合作区建设总体方案》主要是吸引澳门以及境外资源要素流入横琴合作区。既有研究已经证明，资源要素是单向流动的，其法律制度的供给主体以单方为主。① 广东方面创制规则的形式包括省级地方性法规、经济特区法规、地方政府规章以及规范性文件。如果广东方面的规则并未阻碍有关资源要素进入横琴合作区，而是澳门的规则阻碍有关资源要素流入横琴合作区，则应由澳门修改相应的规则。

要特别说明的是，应注意区分地方性法规和经济特区法规。地方性法规不可以对上位法进行变通，而经济特区法规则可以对上位法进行变通。地方性法规既可以由珠海市制定，也可以由广东省制定，而经济特区法规应由珠海市制定。全国人大常委会在1981年11月授权广东和福建的省人大及其常委会"根据有关的法律、法令、政策规定的原则，按照各该省经济特区的具体情况和实际需要，制定经济特区的各项单行经济法规，并报全国人民代表大会常务委员会和国务院备案"②。尽管授权决议并未被废除，仍然有效，但广东和福建的省人大及其常委会最近一次为辖区内的经济特区制定单行经济法规分别在1997年和1994年，截至2022年7月，均已经超过二十年。

在实践中，澳门也有吸引内地资源要素的需求。对此，主要应由澳门方面进行单方立法，吸引内地资源要素流入澳门。当然，如果内地的规则对生产要素流入澳门形成了阻碍，则"可以通过中央或大湾区内地方给予内地生产要素更多便利的方式提升流动的动力"③，即由内地单独调整规则。

---

① 参见董皞、张强《推进粤港澳大湾区建设的法律制度供给》，载《法学评论》2021年第5期，第103页。

② 《全国人民代表大会常务委员会关于授权广东省、福建省人民代表大会及其常务委员会制定所属经济特区的各项单行经济法规的决议》。

③ 董皞、张强：《推进粤港澳大湾区建设的法律制度供给》，载《法学评论》2021年第5期，第106页。

（三）协同立法

协同立法是指不存在上、下层级关系的立法主体为了实现共同利益进行立法协商，通过立法上的配合实现共同利益。在广东，汕头、潮州、揭阳三市就潮剧的保护和传承取得了区域协同立法成果——《汕头市潮剧保护传承条例》《潮州市潮剧保护传承条例》和《揭阳市潮剧保护传承条例》。这是广东的第一个区域协同立法成果。从实践角度来看，内地目前的协同立法主要追求地方性法规在条文上的一致性。在区域合作发展的大背景下，不同行政区有规则趋同的需求，但区域合作发展并不是要完全消除不同行政区域之间的差异，而是在承认区域差异的基础上通过合作与互补促进公共利益最大化。由于协同立法是一个程序性概念，协同立法本身并不预设任何目的，立法主体可以通过协同立法追求规则的统一性，也可以通过协同立法追求规则的差异性。

因横琴合作区建设而发生的协同立法在两个层面展开：一是广东省与澳门特别行政区之间的协同立法，二是珠海市与澳门特别行政区之间的协同立法。目前，这两个层面的协同立法并未取得成果，一个重要的原因是横琴合作区建设才开始展开。

除了以上两个层面的协同立法，横琴合作区执行委员会及其工作机构可以和澳门特别行政区政府相关部门协同制定一些规则。从较为宽泛的意义上说，这种协同制定规定的行为可以归入协同立法。

（四）横琴合作区"自我立法"

横琴合作区执行委员会及其工作机构乃是横琴合作区的行政机关，行使区（县）一级行政管理权和部分市一级行政管理权、省一级行政管理权。因此，横琴合作区执行委员会及其工作机构有权以规范性文件的形式创制规则，满足横琴合作区的规则衔接需求。要特别说明的是，横琴合作区的"自我立法"只能是制定规范性文件，不包括制定地方性法规或地方政府规章。由横琴合作区以"自我立法"的方式实现规则衔接，更有利于把握规则衔接的需求。

第五章　横琴合作区公法规则优化生成

为贯彻落实《横琴粤澳深度合作区建设总体方案》在税收、出入境、市场准入、民生及数据等领域提出的任务和政策,必须对相关的公法规则进行调整。须加以研究的问题包括:哪些规则需要变动,应以何种形式的规范性文件加以变动,变动内容如何。

第一节　税收优惠政策的细化

《横琴粤澳深度合作区建设总体方案》提出的税收优惠政策因过于抽象或不完整而无法直接在税收行政中适用,只有转化为细则(更具体的规则)才能在实践中实施。在研究细则的具体内容前,必须先解决两个问题:一是在企业所得税领域,实行区域优惠政策是否合法;二是国务院将细则制定权转售是否合法。

一、企业所得税区域优惠政策的合法性问题

《横琴粤澳深度合作区建设总体方案》拟在横琴合作区实行的减税、加速折旧和免税等企业所得税优惠政策,构成区域优惠政策。一些法学专家和财税专家认为,《中华人民共和国企业所得税法》禁止区域优惠政策。在该法出台前,区域优惠政策是常见现象,但"统一后的企业所得税取消了现行企业所得税制规定的经济特区、经济技

术开发区和经济开放区的区域低税率税收优惠政策"①。在《中华人民共和国企业所得税法》出台后,"区域优惠仅余针对民族自治地方和西部大开发"②。以上是法学专家的观点。财税专家甚至认为,在《中华人民共和国企业所得税法》的框架下,区域优惠仅限于针对民族自治地方的优惠。

> 2018年新修订的企业所得税法最大的特色之一就是实行"产业优惠为主、区域优惠为辅"的新税收优惠体系……该法中唯一涉及区域优惠的部分就是第二十九条。即民族自治地方的自治机关对本民族自治地方的企业应缴纳的企业所得税中属于地方分享的部分,可以决定减征或者免征。自治州、自治县决定减征或者免征的,须报省、自治区、直辖市人民政府批准。③

有专家认为,应慎言"以产业优惠代替区域优惠"④,希望在中西部地区实行企业所得税区域优惠政策,以推动中西部地区经济的发展。这实际上是反对在东部地区实行企业所得税区域优惠政策。根据既有的理论学说,《横琴粤澳深度合作区建设总体方案》拟在横琴合作区实行的企业所得税优惠政策因构成区域优惠而不具有合法性。本书不赞成这种观点。

尽管《中华人民共和国企业所得税法》原则上禁止区域优惠政策,但它仍为区域优惠政策保留了一条特殊通道。"区域优惠政策不合法"的逻辑如下:一方面,立法者确立了以"产业优惠为主、区

---

① 廖益新:《中国统一企业所得税制改革评析》,载《中国法学》2007年第4期,第138页。

② 李玉虎:《经济发展与我国区域税收优惠政策比较分析》,载《现代经济探讨》2012年第8期,第27页。

③ 胡伟:《新旧企业所得税税收优惠政策比较》,载《涉外税务》2007年第7期,第42页。

④ 王齐祥、尹合伶、尚红敏:《应慎言"以产业优惠代替区域优惠"》,载《学术界》2012年第3期,第100页。

域优惠为辅"的企业所得税优惠政策体系①；另一方面，只有《中华人民共和国企业所得税法》第二十九条规定可以针对民族自治地方实行区域优惠政策②。由此可见，《中华人民共和国企业所得税法》禁止在民族自治地方以外实行区域优惠政策。上述逻辑因忽视了规定税收优惠的《中华人民共和国企业所得税法》第四章的内部结构而存在瑕疵。

从结构的角度看，《中华人民共和国企业所得税法》第四章从第二十五条到第三十六条，是由两个相互独立的规范群并列组成。第二十五条到第三十五条构成一个规范群，这个规范群在规定税收优惠政策时以"产业优惠为主、区域优惠为辅"为原则，除第二十九条规定了针对民族自治地方的区域优惠外，其他条文都禁止实行区域优惠。可以将这个规范群确立的税收优惠制度称为"普通优惠制度""法定优惠制度"。第三十六条独立于上述规范群，单独构成一个规范群，称为"专项优惠制度"。

> 第三十六条 根据国民经济和社会发展的需要，或者由于突发事件等原因对企业经营活动产生重大影响的，国务院可以制定企业所得税专项优惠政策，报全国人民代表大会常务委员会备案。

第三十六条授权国务院在两种情况下制定企业所得税专项优惠政策。专项优惠政策的特殊性在于须"报全国人民代表大会常务委员会备案"。而普通优惠制度中的第三十五条授权国务院为普通优惠规定具体办法，但不要求报送全国人大常委会备案。备案的意义在于对专项优惠政策突破该法第二十五条到第三十五条的规定进行确认。就普通

---

① 金人庆：《关于〈中华人民共和国企业所得税法（草案）〉的说明——2007年3月8日在第十届全国人民代表大会第五次会议上》，参见北大法宝数据库（https://www.pku-law.com/protocol/22a9ba6a84f093d989c178fa6a7c064fbdfb.html?way=listView），访问日期：2022年8月23日。

② 胡伟：《新旧企业所得税税收优惠政策比较》，载《涉外税务》2007年第7期，第42页。

优惠而言,立法机关已通过第二十五条到第三十五条为其创设了一个具体的政策框架,国务院制定的具体办法只能在这个具体框架下规定优惠的具体办法,否则,不符合税收法定原则。而专项优惠政策须报全国人大常委会备案则表明,专项优惠可以突破第二十五条到第三十五条的规定,否则,没必要报全国人大常委会备案。总之,专项优惠政策须备案表明该法并没有为专项优惠创设一个政策框架,其内容完全由国务院决定。因此,国务院在国民经济和社会发展有需要或发生突发事件时,能够以专项优惠之名实行区域优惠。

除《中华人民共和国企业所得税法》第四章的结构表明区域优惠具有合法性外,立法史也能证明这一点。在《中华人民共和国企业所得税法(草案)》的审议过程中,有人大代表针对区域优惠提出了意见。全国人大宪法和法律委员会在一份报告中指出:

> 有些代表对企业所得税的产业优惠、区域优惠和具体优惠项目还提出了一些其他意见。法律委员会经同财经委员会和国务院有关部门研究认为,关于企业所得税的优惠,除了本法中已经作出明确规定的以外,草案第三十六条规定,国务院根据国民经济和社会发展的需要,可以制定企业所得税专项优惠政策,报全国人大常委会备案。这样规定,较为切合实际,也可以解决一些代表所关注的问题。因此,法律委员会建议对草案关于税收优惠的规定可以不再进一步作修改。①

如果说上面的表述较为隐晦,那么,在另一份报告中,法律委员会直接承认第三十六条允许国务院在法定的优惠项目外创设新的优惠项目:

> 有些代表建议再增加一些税收优惠项目。法律委员会经同财

---

① 《第十届全国人民代表大会法律委员会关于〈中华人民共和国企业所得税法(草案)〉审议结果的报告》,2007年3月12日第十届全国人民代表大会第五次会议主席团第二次会议通过。

经委员会和国务院有关部门研究认为,这些代表建议增加的项目,有些已经包含在草案规定的税收优惠项目中,比如开发可再生能源新产品、新技术的研发费用可以按照草案修改稿第三十条第一项的规定享受优惠,又如综合利用资源生产可再生能源产品可以按照草案修改稿第三十三条的规定享受优惠;有些可以按照草案修改稿第三十六条的规定,由国务院根据国民经济和社会发展的需要,制定专项优惠政策。据此,法律委员会建议可以不再增加新的税收优惠项目。[1]

从实践的角度看,在《中华人民共和国企业所得税法》实施后,国家仍然制定了数项区域优惠政策,包括但不限于:(1)新疆喀什、霍尔果斯特殊经济开发区新办企业定期免征企业所得税;(2)对设在西部地区的鼓励类产业企业减按15%的税率征收企业所得税;(3)广东横琴、福建平潭、深圳前海等地区的鼓励类产业企业减按15%的税率征税;(4)受灾地区农村信用社免征企业所得税;(5)对海南自由贸易港特定产业企业实行减征免征企业所得税的政策及对设海南自由贸易港的企业实行资本性支出加速摊销的政策。全国人大常委会从未对这些区域优惠政策的合法性提出疑问,表明全国人大常委会承认以专项优惠之名行区域优惠之实具有合法性。

综上所述,国务院可以在《中华人民共和国企业所得税法》第三十六条的框架下实行企业所得税区域优惠政策,国务院针对横琴合作区制定的企业所得税优惠政策具有合法性。

二、转授细则制定权的合法性问题

《横琴粤澳深度合作区建设总体方案》中的税收优惠政策都是框架性规定,须进行细化后才能够在实践中实施。例如,"符合条件的

---

[1] 《第十届全国人民代表大会法律委员会关于〈中华人民共和国企业所得税法(草案修改稿)〉修改意见的报告》,2007年3月15日第十届全国人民代表大会第五次会议主席团第三次会议通过。

产业企业""有利于澳门经济适度多元发展的产业""符合条件的资本性支出""旅游业、现代服务业、高新技术产业企业""境内外高端人才和紧缺人才""在合作区工作的澳门居民""澳门税负"等表述需要经过进一步的解释才能适用。"一次性扣除或加速折旧和摊销"则存在一个选择性问题。这些问题应通过制定细则加以解决。细则的制定涉及"哪个部门是制定细则的主体"的问题。对于个人所得税优惠政策,《横琴粤澳深度合作区建设总体方案》提出,由粤澳双方针对享受优惠政策的高端人才和紧缺人才提出一个清单管理办法,提起粤港澳大湾区建设领导小组审定。对于其他税收优惠政策的落实,《横琴粤澳深度合作区建设总体方案》并未提出意见。

  从税法的规定来看,企业所得税、个人所得税、关税和出口退税的优惠政策都应由国务院制定。《中华人民共和国企业所得税法》第三十六条授权国务院制定企业所得税专项优惠政策,第三十五条授权国务院在本法的框架下制定普通优惠的具体办法。《中华人民共和国个人所得税法》第四条授权国务院在本法规定的优惠政策外创设新的优惠政策,同样须报全国人大常委会备案。① 《中华人民共和国海关法》第五十七条允许针对"特定地区、特定企业或者由特定用途的进出口货物"减征或免征关税,但减税或免税的范围和办法由国务院规定。从《中华人民共和国增值税暂行条例》第二十五条的规定看,出口退税规定也由国务院规定。在以上法规中,只有《中华人民共和国增值税暂行条例》第二十五条允许国务院作一个框架性规定,并授权国务院财政、税务主管部门制定更为具体的办法,而《中华人民共和国企业所得税法》《中华人民共和国个人所得税法》《中华人民共和国海关法》中并不存在类似的规定。参考以往的行政经验,对于企业所得税、个人所得税和关税方面的优惠政策,国务院往往只作框架性规定,实施细则由财政部、国家税务总局和海关总署

---

  ① 《中华人民共和国个人所得税法》第四条:下列各项个人所得,免征个人所得税:……(十)国务院规定的其他免税所得。前款第十项免税规定,由国务院报全国人民代表大会常务委员会备案。第五条第二款:国务院可以规定其他减税情形,报全国人民代表大会常务委员会备案。

等部门制定。因此，可以推定国务院已将为横琴合作区相关税收优惠政策制定细则的权力，授予财政部、国家税务总局和海关总署。从权力来源的角度看，税收优惠政策细则制定权乃是立法机关授予国务院的税收优惠政策制定权的组成部分，国务院将立法机关授予它的权力转授给其组成部门，是否合法？

在客观上，国务院把细则制定权转授给拥有更专业的行政知识的部门，是必须的。恰如美国行政法学者盖尔·霍恩所言："正如我们找医生看病或找工程师设计桥梁一样，在社会政策领域，我们必须向专家询问社会问题的答案……我们要么选择相信专家作出的决定，要么就接受政府机器的崩溃。"① 霍恩的意思是，细则制定权的转授乃是形势所迫。然而，必要性和合法性完全是两回事，有关必要性的问题必须在法治的框架下寻找解决的答案。从文义解释的角度看，《个人所得税法》《企业所得税法》和《海关法》并没有授权国务院将优惠政策的细则制定权从优惠政策的制定权中拆分出来转授给下级行政机关。由于这种转授权并不直接处分公民、法人和其他组织的权利义务，因此无须受法律保留原则的约束。这种转授权只要不违反法律优先原则就具有合法性。我国的学理中有一种观点认为，行政机关转授行政权必须有法律、法规的明文许可。② 不过，我国的司法实践并不支持这种观点。由于转授权属于内部行政的范围，法院对其不予审查③，但还是能从个案中看出法院承认转授权的合法性。在胡某诉北

---

① Walter Gellhorn, *Administrative Law——Cases and Comments* (the Foundation Press, 1940), p. 160.

② 行政机关转授行政权的一个条件是"有法律、法规的明文许可。法律、法规明文规定行政机关可以授权的，行政机关方能授权；法律、法规不作规定的，视为无授权许可"。参见胡建淼《有关中国行政法理上的行政授权问题》，载《中国法学》1994年第2期，第81页。

③ 根据《中华人民共和国行政复议法》第二条的规定，公民、法人或者其他组织提起行政复议应当针对侵犯其合法权益的具体行政行为。本案原告申请复议所针对的原国土资源部"下放农用地转用和土地征收法定职责""没有履行承担耕地保护的法定职责"，并非基于特定行政法律关系而产生的具体行政行为，不符合行政复议的法定受理条件。原告针对被诉决定所提行政诉讼，不属于《中华人民共和国行政诉讼法》第十二条规定的人民法院受案范围，一审、二审法院裁定驳回原告的起诉并无不当。参见最高人民法院，(2018)最高法行申10970号行政裁定书。

第五章 横琴合作区公法规则优化生成

京市西城区人民政府案中,法院认为:

> 《北京市城乡规划条例》第六十二条第一款规定,乡镇人民政府、街道办事处应当对本辖区内建设情况进行巡查,发现违法建设行为的,应当予以制止,并依法予以处理。《北京市人民政府关于向街道办事处和乡镇人民政府下放部分行政执法职权并实行综合执法的决定》规定,自2020年7月1日起,原由城管执法部门行使的违法建设等行为的全部行政处罚权、行政强制权,下放至街道办事处和乡镇人民政府并以其名义相对集中行使。根据上述规定,大栅栏办事处具有依法查处辖区内违法建设的法定职责。根据《中华人民共和国行政复议法》第十二条之规定,西城区政府作为大栅栏办事处的一级政府,具有受理针对大栅栏办事处提起的行政复议申请并作出复议决定的职权。①

在该案中,北京市政府将原城管执法部门行使的部分行政处罚权、行政强制权转授给了街道办和乡镇政府,法院并未审查这种转授的合法性,而是直接予以认可。要特别说明的是,《北京市城乡规划条例》第六十二条第一款只是为街道办和乡镇政府创设了制止违法行为的职责,并未允许北京市政府将相关的行政处罚权、行政强制权转授给街道办事处和乡镇政府。

从体系解释的角度看,有一种观点可能认为,立法机关将优惠政策授予国务院乃是将立法权授予国务院,因此,国务院行使此权力应受《中华人民共和国立法法》第十二条第二款的拘束,而该条款禁止转授权。② 本书承认税收优惠政策细则制定权属于立法权的范围,但前述观点对于该条款的理解可谓"只见树木不见森林"。《中华人民共和国立法法》第十二条第二款应和第九条视作一个整体,结合起来进行体系化理解:第九条对第十二条第二款的适用情形具有限制

---

① 参见北京市西城区人民法院,(2021) 京 0102 行初 359 号行政判决书。
② 《中华人民共和国立法法》第十二条第二款:被授权机关不得将被授予的权力转授给其他机关。

139

作用。准确地说，当全国人大及其常委会授权国务院就《中华人民共和国立法法》第八条规定的且未制定法律的事项制定行政法规时，国务院才受第十二条第二款规定的禁止转授权原则的约束。《中华人民共和国个人所得税法》第四条和第五条第二款，《中华人民共和国企业所得税法》第三十六条以及《中华人民共和国海关法》第五十七条授予国务院的优惠政策制定权并不属于"《中华人民共和国立法法》第八条规定的尚未制定法律的事项"，恰恰是已经制定了法律的事项，故而，国务院进行转授权时不受《中华人民共和国立法法》第十二第二款所规定的禁止转授权原则的约束。

从立法史的角度看，《中华人民共和国个人所得税法》曾授权国务院财政部门在法定的减税免税情形之外规定新的减税免税情形，到2018年才被修改为由国务院规定，并要求须报全国人大常委会备案。

> 有的常委委员和有关方面提出，按照税收法定的要求，应纳税所得的范围、减免税均属于个人所得税的税制基本要素，个人所得税法中关于"其他所得范围""其他减免税情形"由国务院财政部门确定或者批准的规定，不符合立法法的有关规定，建议将相关事项尽量在法律中明确，确实无法在法律中明确的，也应由国务院作出规定。宪法和法律委员会经研究，建议对相关内容作以下修改：……将现行个人所得税法第四条第十项、第五条第三项"经国务院财政部门批准免税的所得""其他经国务院财政部门批准减税的"分别修改为"国务院规定的其他免税所得""国务院可以规定其他减税情形"；同时分别增加规定，国务院关于免税、减税的规定，应当报全国人大常委会备案。①

在税收法定原则的条件下，减税免税情形本应由《中华人民共和国个人所得税法》规定，但立法机关却授权国务院规定其他减税免税情形，这是因为存在"确实无法在法律中明确的"减税免税情

---

① 《全国人民代表大会宪法和法律委员会关于〈中华人民共和国个人所得税法修正案（草案）〉审议结果的报告》，2018年8月27日。

形。实际上,《中华人民共和国企业所得税法》也是基于同样的原理授予国务院在普通优惠之外规定专项优惠的权力。既然立法机关无法在法律中明确规定可以成为立法机关将其权力授予国务院的理由,那么,国务院无法在其制定的优惠政策中明确规定也可以成为国务院进行转授权的理由。在域外,美国法院时常审查转授权的合法性,并形成了一系列案例。美国最高法院曾经在 Cudahy Packing Co. v. Holland 案表达了禁止转授权观点。① 但美国最高法院现在的观点是,"当法律对于这一问题没有明文规定时,法院就会允许转授权"②。法院的态度之所以发生这种转变是因为如果让一些不必要、不重要的细节占据级别较高的行政机关过多的时间和精力,反而会阻碍更重要的问题及时得到解决。同样的理由在我国也能成立:如果国务院关注过多的细节问题,那它将不堪重负,没有更多的精力研究国家大事。

综上所述,在规定了税收优惠政策的基本框架后,国务院有权将细则制定权转授给下级行政机关。

三、税收优惠政策细则的主要内容

目前的公开资料显示,横琴合作区税务局已经开始落实《横琴粤澳深度合作区建设总体方案》的有关税收优惠政策。③ 在税收优惠政策的细则尚未出台的情况下,横琴合作区税务局的做法存在合法性瑕疵。为消除合法性瑕疵,规范横琴合作区落实税收优惠政策的行动,应尽快完善税收优惠政策的细则。

(一) 个人所得税优惠政策细则

2022 年 3 月,财政部、国家税务总局印发了《关于横琴粤澳深

---

① [美] 理查德·J. 皮尔斯:《行政法(第 5 版)》第 1 卷,苏苗罕译,中国人民大学出版社 2016 年版,第 103 页。

② [美] 理查德·J. 皮尔斯:《行政法(第 5 版)》第 1 卷,苏苗罕译,中国人民大学出版社 2016 年版,第 104 页。

③ "横琴税务部门负责人表示,将持续宣传好、落实好合作区税收政策,严格把控政策执行风险,充分发挥好中央赋予的税收政策在促进澳门经济适度多元的新产业发展、境内外人才集聚方面的重要作用……"参见钟夏、琴瑞轩《创新打造"非接触式"办税标杆》,载《珠海特区报》2021 年 12 月 17 日,第 B01 版。

度合作区个人所得税优惠政策的通知》（财税〔2022〕3号）。该通知界定了能够享受优惠的个人所得，但未对个人所得税优惠的享受者——"在合作区工作的境内外高端人才和紧缺人才"与"在合作区工作的澳门居民"——进行界定。对于前者，国务院已经在《横琴粤澳深度合作区建设总体方案》授权粤澳双方以清单管理的方式明确"在合作区工作的境内外高端人才和紧缺人才"，并将清单管理办法呈报粤港澳大湾区建设领导小组审定；对于后者，国务院并未授权何机关规定，宜由财政部和国家税务总局加以界定。

横琴粤澳深度合作区经济发展局于2022年2月发布了《横琴粤澳深度合作区享受个人所得税优惠政策高端紧缺人才清单管理申报指南》及相关附件，对"在合作区工作的境内外高端人才和紧缺人才"进行了界定。首先，"在横琴合作区工作"是指"在一个纳税年度内在合作区连续缴纳基本养老保险等社会保险6个月以上"，或"与在合作区注册并实质性运营的企业或单位签订1年以上劳动合同或聘用协议"。其次，"纳入清单管理的高端人才"是指"经合作区执行委员会认定的高层次人才。"最后，"纳入清单管理的紧缺人才"包括学历型人才（须获得境内外本科以上学历及学位）、专业技术人才（具备助理级以上专业技术资格）和技能人才（取得技师以上国家职业资格证书）。这三类人才还须落入《横琴粤澳深度合作区紧缺人才需求目录》列举的范围。

由此可见，横琴合作区紧缺人才的认定标准已经规范化，而高端人才的认定标准尚未实现规范化，主要由横琴合作区执行委员会裁量。从限制自由裁量权的角度考虑，应当尽快明确高端人才的认定标准。制定高端人才的认定标准应遵循两个原则：一是不应从行业的角度限制高端人才的范围，尤其不能局限于《横琴粤澳深度合作区建设总体方案》所列举的行业。认定高端人才的关键在于他们的才能超出寻常，在于他们对社会经济发展可能的贡献，而不应为行业所局限。二是高端人才认定标准可由横琴合作区执行委员会下设的经济发展局提出，但应经横琴合作区执行委员会、管理委员会和粤港澳大湾区建设领导小组审定。实际上，紧缺人才认定标准也应当遵循此程序。

第五章 横琴合作区公法规则优化生成

"在合作区工作的境内外高端人才和紧缺人才"被明确后,横琴合作区个人所得税优惠政策至少还面临两个问题。

第一个问题是,横琴合作区个人所得税优惠政策与粤港澳大湾区内地城市个人所得税优惠政策之间的关系如何。目前,国家和粤港澳大湾区已经出台三个文件,规定了粤港澳大湾区内地城市的个人所得税优惠政策:(1)财政部和国家税务总局于2019年3月印发《关于粤港澳大湾区个人所得税优惠政策的通知》(财税〔2019〕31号);(2)广东省财政厅、国家税务总局广东省税务局等于2019年6月印发《关于贯彻落实粤港澳大湾区个人所得税政策的通知》(粤财税〔2019〕2号);(3)珠海市财政局、国家税务总局珠海市税务局等于2019年8月印发《珠海市实施粤港澳大湾区个人所得税优惠政策人才认定及财政补贴暂行办法》。根据以上文件,在珠三角九市工作的境外高端人才和紧缺人才,其在珠三角九市缴纳的个人所得税额超过其按应纳税所得额的15%计算的税额部分,由珠三角九市人民政府给予财政补贴,该补贴免征个人所得税。此政策与横琴合作区个人所得税优惠政策存在竞合。

本书认为,在横琴合作区个人所得税优惠政策出台后,横琴合作区不适用粤港澳大湾区内地城市个人所得税优惠政策。原因有两个方面:一方面,横琴合作区个人所得税优惠政策的在范围、程度方面比前者更优厚;另一方面,横琴合作区个人所得税优惠政策与粤港澳大湾区内地城市个人所得税优惠政策之间乃是特殊与一般的关系。

粤港澳大湾区内地城市个人所得税优惠政策的实施程序可以给横琴合作区提供一些启发。以珠海市为例,个人所得税优惠政策的实施程序如下:(1)广东省为境外高端人才和紧缺人才的认定标准规定一个框架,珠海市结合本地实际情况细化框架内的若干内容;(2)具体的人才认定工作由市科技创新局、市人力资源和社会保障局负责;(3)市税务局提供人才在珠海市缴纳个人所得税的数据;(4)市科技创新局、市人力资源和社会保障局根据纳税数据核算补贴金额,市财政局将补贴资金转移支付各区,各区收到支付资金后,连同本级财政应负担的补贴资金,一并发放给人才个人。参照此种程序,横琴合作区为"在合作区工作的境内外高端人才和紧缺人才"

实施个人所得税优惠政策的程序可以调整如下：（1）横琴合作区执行委员会制定高端人才和紧缺人才的认定标准，并报送横琴合作区管理委员会和粤港澳大湾区建设领导小组审定；（2）横琴合作区经济发展局负责认定高端人才和紧缺人才，并将人才名单提供给横琴合作区税务局；（3）横琴合作区税务局依名单为行政相对人办理个人所得税优惠。对于"在合作区工作的澳门居民"，国务院未在《横琴粤澳深度合作区建设总体方案》中授权粤澳双方界定，而税收为垂直管理事务，因此，进行界定的权力在财政部和国家税务总局。财政部、国家税务总局《关于广东横琴新区个人所得税优惠政策的通知》（财税〔2014〕23号）将澳门居民定义为"根据澳门特区政府第8/1999号法律取得澳门永久性居民身份的个人"。这种定义可以沿用，但《关于广东横琴新区个人所得税优惠政策的通知》已经失效，宜重新发文予以明确。

第二个问题是，对于"在合作区工作的澳门居民"，计算其个人所得税负超过澳门税负的部分成了一个难题。内地与澳门个人所得税在课征范围和税率方面存在差异。内地个人所得税的课征范围包括：（1）工资、薪金所得；（2）劳务报酬所得；（3）稿酬所得；（4）特许权使用费所得；（5）经营所得；（6）利息、股息、红利所得；（7）财产租赁所得；（8）财产转让所得；（9）偶然所得。其中，项目（1）至（4）为综合所得，起征点为年收入6万元，适用3%～45%的超额累进税率，分为7个档；项目（5）属于经营所得的起征点为一年纯利3万元，适用5%～35%的超额累进税率，分为5个档；项目（6）至（8）则按20%适用比例税率。澳门并未针对个人所得税进行统一立法。查阅内地早期文献发现，澳门个人所得税的课征范围主要包括两种个人收益，一是工作收益，即职业税；二是工商经营收益，即所得补充税，是纯利税。① 实际上，澳门还对出租房屋所得进行课税。对于职业税和所得补充税，澳门都实行超额累进税制：职业税起征点为年收入9.5万澳门，税率为7%～12%，分为6

---

① 参见刘华：《大陆与澳门个人所得税法的比较研究》，载《政治与法律》1996年第3期，第61页。

个档;① 所得补充税的起征点为年收益3.2万澳门元,税率为3%～12%,分为5个档。② 澳门对房屋税实行比例税制:非出租房屋的收益,适用6%的税率;出租房屋的收益,适用10%的税率。③ 在计算个人所得税困难的条件下,有一种简单的处理方法。在课征范围上适用《中华人民共和国个人所得税法》,在起征点和税率上适用澳门税率。就综合所得而言,依澳门职业税计算税负;就经营所得而言,依澳门所得补充税计算税负;就内地个人所得税课征范围项目（6）至（9）项的所得而言,依澳门房屋税10%的税率计算税负。还有第一种更接近政策精神但行政成本更高的方法。横琴合作区税务局将相关的数据传输澳门财政局,由澳门财政局按澳门标准计算税负,然后由横琴合作区税务局按澳门财政局核算的结果进行征税。在粤澳共商共建共管共享的背景下,对在横琴合作区工作的澳门居民采用上述第二种计征个人所得税的方法具有可行性。

（二）企业所得税优惠政策细则

《横琴粤澳深度合作区建设总体方案》未授权横琴合作区制定企业所得税优惠政策细则,故而,宜由财政部和国家税务总局制定。一方面,它们是国家税收主管机关;另一方面,其行政经验也能提供支持理由。在横琴新区时期,国务院于2011年7月出台的《关于横琴开发有关政策的批复》规定了企业所得税优惠政策,并在批复中将细则制定权转授给了财政部。后来,《财政部 国家税务总局关于广东横琴新区、福建平潭综合实验区、深圳前海深港现代化服务业合作区企业所得税优惠政策及优惠目录的通知》（财税〔2014〕26号）规定了企业享受优惠的具体条件。在海南自由贸易港,中共中央、国务院于2020年6月印发的《海南自由贸易港建设总体方案》规定了与《横琴粤澳深度合作区建设总体方案》完全一致的企业所得税优

---

① 参见澳门第12/2003号法律,《修改〈职业税规章〉和〈所得补充税规章〉》第七条。
② 参见澳门第4/2005号法律,《修改〈所得补充税规章〉》第二条。
③ 参见澳门第1/2011号法律,《修改〈市区房屋税规章〉》第六条。

惠政策。①《海南自由贸易港建设总体方案》亦未对企业所得税优惠政策细则的制定进行转授权,但《财政部　国家税务总局关于海南自由贸易港企业所得税优惠政策的通知》对企业所得税优惠政策进行了细化。② 国务院并未改变或撤销前述通知,可以推定国务院以默认的方式进行了授权。

参考海南自由贸易港企业所得税优惠政策细则,可以将横琴合作区企业所得税优惠政策细则的内容规定如下:(1)对注册在横琴合作区并实质性运营的鼓励类产业企业,减按15%的税率征收企业所得税。享受优惠的企业须以指定的产业为主营业务,且其主营业务收入占企业收入总额的60%以上。这里所称实质性运营,是指企业的实际管理机构设在横琴合作区,并对企业生产经营、人员、账务、财产等实施实质性全面管理和控制。(2)区分内外机构。企业仅就其设在横琴合作区的机构的所得适用15%的税率,其设在横琴合作区以外的机构的所得不适用15%的税率。(3)对在横琴合作区设立的旅游业、现代服务业、高新技术产业企业新增境外直接投资取得的所得,免征企业所得税。新增境外直接投资所得的享受免税待遇的条件有两个:一是从境外新设分支机构取得的营业利润,或从持股比例超过20%的境外子公司分回的、与新增境外直接投资相对应的股息所得;二是被投资国(地区)的企业所得税法定税率不低于5%。(4)对在横琴合作区设立的企业,新购置(自建、自行开发)的固定资产或无形资产,单位价值不超过500万元的,允许一次性税前扣除;单位价值超过500万元的,可以加速折旧或摊销。(5)横琴合作区鼓励类产业指导目录。由横琴合作区执行委员会经济发展局编制,但

---

① "从本方案发布之日起,对注册在海南自由贸易港并实质性运营的鼓励类产业企业,减按15%征收企业所得税。对在海南自由贸易港设立的旅游业、现代服务业、高新技术产业企业,其2025年前新增境外直接投资取得的所得,免征企业所得税。对企业符合条件的资本性支出,允许在支出发生当期一次性税前扣除或加速折旧和摊销。"参见中共中央、国务院印发《海南自由贸易港建设总体方案》。

② 参见《财政部　税务总局关于海南自由贸易港企业所得税优惠政策的通知》(财税〔2020〕31号),见国家税务总局海南省税务局官网(http://hainan.chinatax.gov.cn/sx-pd_9_4/01127229.html)。

不得违反国家发展和改革委员会与商务部制定的有关产业目录，且须符合《横琴粤澳深度合作区建设总体方案》的精神。（6）办理程序。企业提出享受企业所得税优惠待遇的申请后，由横琴合作区经济发展局、商事服务局等有关部门对其材料进行审查，随后由横琴合作区税务局进行审查并给予优惠待遇。

（三）进出口税收优惠政策细则

早在2011年，《国务院关于横琴开发有关政策的批复》就将横琴新区设为一个海关特殊监管区域，拟对横琴新区实行特殊的进出口税收政策。财政部、海关总署、国家税务总局制定了《关于横琴开发有关进口税收政策的通知》（财关税〔2013〕17号），财政部和国家税务总局制定了《关于横琴、平潭开发有关增值税和消费税政策的通知》（财税〔2014〕51号），海关总署制定了《海关对横琴新区监管办法（试行）》（2013年制定，2018年修正），落实国务院的批复。根据上述文件的精神，对于货物运输业务而言，横琴新区为海关特殊监管区域，相当于境外：特定货物从内地进入横琴新区，视同出口；从横琴新区进入内地，视同进口；特定货物在境外与横琴新区之间免税往来。

《横琴粤澳深度合作区建设总体方案》提出了更加优惠的进出口税收政策。首先，《横琴粤澳深度合作区建设总体方案》不仅扩大了从境外进入横琴合作区的免（保）税货物的范围，还对规定不予免（保）税货物的权力进行了严格的限制。例如，在横琴新区时期，"生活消费类、商业性房地产开发项目等进口的货物以及法律、行政法规和相关规定明确不予保税或免税的货物"皆不得免税或保税从境外进入横琴；国务院还授权财政部、税务总局、海关总署会同有关部门制定不予免（保）税的具体货物清单则。而在《横琴粤澳深度合作区建设总体方案》的框架下，除法律、行政法规明确规定不予免（保）税的货物及物品外，其他货物及物品皆免（保）税进入横琴合作区。其次，《横琴粤澳深度合作区建设总体方案》有意扩大从内地进入横琴合作区的退税货物的范围。例如，在横琴新区时期，"生活消费类、商业性房地产开发项目等采购的国内货物以及法律、行政法规和相关规定明确不予退税的货物"从内地进入横琴不享受退税待遇。国务院还授权财政部、税务总局、海关总署会同有关部门制定不予退税的具体货物清单。而《横琴粤澳深度合作区建设总体方案》提出研究调整适用退税政策的货物清单，并实行负面清单管理，暗含有扩大退税货物范围的意图。最后，《横琴粤澳深度合作区建设总体方案》对横琴合作区的货物进入内地实行更加优惠的政策。例如，在横琴新区时期，在横琴新区生产或加工的货物进入内地应纳进口环节增值税、消费税，并对该内销货物按其对应进口料件或按实际报验状态征收关税。而《横琴粤澳深度合作区建设总体方案》提出，合作区内企业生产的不含进口料件或者含进口料件在合作区加工增值达到或超过30%的货物，免进口关税进入内地。

为落实《横琴粤澳深度合作区建设总体方案》提出的更加优惠的进出口政策，必须对相应的部门规章和规范性文件进行修改，或制定的规范性文件。

首先，修改《海关对横琴新区监管办法（试行）》第八条、第十条。第八条和第十条原文如下：

> 第八条　除法律、行政法规和规章另有规定外，海关对横琴与境外之间进出的保税货物、与生产有关的免税货物及退税货物实行备案管理，对横琴与境外之间进出的其他货物按照进出口货物的有关规定办理报关手续。
>
> 第十条　除法律、行政法规和规章另有规定外，从境外进入横琴的实行备案管理的货物，不实行进口配额、许可证件管理。
>
> 从横琴运往境外的货物，实行出口配额、许可证件管理。

建议修改如下：

> 第八条　除法律、行政法规另有规定外，海关对横琴粤澳深度合作区与境外之间进出的保税货物、与生产有关的免税货物及退税货物实行备案管理，对横琴粤澳深度合作区与境外之间进出的其他货物按照进出口货物的有关规定办理报关手续。
>
> 第十条　除法律、行政法规另有规定外，从境外进入横琴的

实行备案管理的货物，不实行进口配额、许可证件管理。

从横琴粤澳深度合作区运往境外的货物，实行出口配额、许可证件管理。

其次，财政部、海关总署、国家税务总局须为横琴合作区制定新的有关进口税收政策的规范性文件。参照《关于横琴开发有关进口税收政策的通知》（财关税〔2013〕17号），并结合《横琴粤澳深度合作区建设总体方案》的精神，新的规范性文件的主要内容应包括：从"一线"进入横琴合作区的货物，实行备案管理，给予免（保）税待遇，除非法律、行政法规另有规定。在横琴新区时期，企业将免税、保税的货物（包括用于免税、保税的料件生产的货物）销售给个人的，须按进口货物的有关规定补齐相应进口税款。此规定应予废除。

最后，财政部和国家税务总局须为横琴合作区制定有关增值税和消费税的新的规范性文件。参考《关于横琴、平潭开发有关增值税和消费税政策的通知》（财税〔2014〕51号），并结合《横琴粤澳深度合作区建设总体方案》的精神，新的规范性文件的主要内容应包括：对内地销往横琴的货物，实行增值税和消费税退税政策，不予退税的货物由财政部和国家税务总局以清单的方式予以列举；横琴合作区内的企业之间销售其在本区内的货物，免征增值税和消费税；横琴合作区已享受免税、保税或退税政策的货物销往内地，按照有关规定征收税收；横琴合作区企业生产的不含进口料件或者含进口料件但在横琴合作区的加工增加值达到或超过30%的货物，经"二线"进入内地免征进口关税。

第二节 通关规则的调整

本节分析《横琴粤澳深度合作区建设总体方案》中出入境建设任务的落实。出入境任务会带来管辖权争议和规则调整问题。这些问题的解决需要双方合作解决。

一、内地与澳门的出入境法制

在分析具体的法律问题前,有必要简要介绍内地与澳门的出入境法制。内地的出入境法制由《中华人民共和国出境入境管理法》所创设。该法第十条对中国公民在内地与港澳之间往来、大陆与台湾之间往来实行许可制,具体办法由国务院规定。在该法第 10 条的框架下,国务院还通过《中国公民因私事往来香港地区或者澳门地区的暂行管理办法》(由国务院批准,公安部公布)和《中国公民往来台湾地区管理办法》创设了内地居民往来港澳通行证、大陆居民往来台湾通行证、港澳居民来往内地通行证、台湾居民来往大陆通行证这四个制度。《中华人民共和国出境入境管理法》第十五条对外国人进入内地实行许可制,须依法办理签证。至于外国人进入香港和澳门,该法未作规定,由香港和澳门自行规定。

澳门第 16/2021 号法律《澳门特别行政区出入境管控、逗留及居留许可的法律制度》第二十条对非居民入境实行管控。根据该法的授权,行政长官制定了第 38/2021 号行政法规《澳门特别行政区出入境管控、逗留及居留许可法律制度主要施行细则》。结合前述法律和行政法规,内地居民往来港澳通行证持有者在内地办理"赴澳签注"后,可直接入出澳门,无须提前向澳门治安警察局申请办理签证或预先入境许可。此外,香港永久性居民身份证的持有者以及行政长官批示指定的 81 个国家的公民入境澳门亦无须提前向澳门申请办理签证或预先入境许可。

二、管辖权争议问题

日前,横琴口岸已针对旅客、小客车、货物实行"合作查验,一次放行"的通关模式。"合作查验"的要义是一次查验,数据共享,即进行一次查验,但查验信息由内地与澳门相应的查验单位共享。在这种情况下,如果发现被查验者违反内地法律,由内地管辖;如果发现其违反澳门法律,由澳门管辖。然而,被查验者有可能同时违反内地法律与澳门法律,此时双方都有管辖权,管辖权争议由此而生。在"两地两检"的模式下,这种管辖权冲突根本不存在,但在"合作查验,一次放行"的通关模式下,这种管辖权冲突有可能出现。目前的公开信息显示,内地和澳门之间尚未出现这种管辖权争议。这使得对管辖权的讨论无法进行实证分析,只能在理论上予以探讨。本书针对横琴口岸目前的旅检模式设计了一个假想案例,作为研究对象,以期为将来可能发生的案例提供指导。

假想案例:旅客甲在横琴口岸旅检大厅通过自助查验通道时被双方查验单位同时发现冒用他人身份通关。横琴口岸旅检大厅自助查验通道设置了三道门,一道靠近内地口岸区,一道靠近澳门口岸区,两道门中间还有一道录入指纹信息的门。当旅客通过自助查验通道时,靠近出发口岸区的第一道门负责查验旅客的证件信息;第二道门查验旅客的指纹信息;第二道门的查验完成后,第三道门自动打开,旅客进入目的地口岸区。前两道门收集的数据同时传给双方查验单位。假设旅客在进入第一道门后出第三道门前,被双方查验单位同时发现存在冒用他人身份的嫌疑,应由哪一方管辖?在内地与澳门,冒用他人身份入境出境都属于违法行为,严重者还可能构成犯罪。全国人大常委会制定的《关于授权澳门特别行政区对横琴口岸澳方口岸区及相关延伸区实施管辖的决定》并未规定两道门之间的空间的管辖权归属何方。从出发地查验单位的角度看,旅客尚未通过目的地口岸区的查验门,不能认定为"已进入目的地口岸区",出发地仍享有管辖权;从目的地查验单位的角度看,旅客已通过出发地口岸区查验门,可以认定为"已离开出发地口岸区",应由目的地管辖。

对于上述案例中存在的管辖冲突问题,有三种解决方案。

第一种方案是,以中间那道门作为双方管辖权的分界线。这种方案是用属地管辖的思路解决问题,通过对空间的进一步切割,明确管辖权的归属。此方案的优点是便于操作,缺点是合法性依据不足,破坏了自助查验系统的完整性。《关于授权澳门特别行政区对横琴口岸澳方口岸区及相关延伸区实施管辖的决定》虽授权澳门特别行政区管辖"横琴口岸澳方口岸区及相关延伸区",但并未界定延伸区的具体范围。合作查验意味着双方在查验时都有管辖权。从外在的物理形态看，由三道自助查验门所构成的自助查验系统是一个不可分割的完整系统，宜将自助查验通道视为一个整体，不宜人为分割。从控制权的角度看，自助查验系统由双方共同设立，并由双方共同控制，前两道自助查验门收集的数据亦由双方共享。更直白地讲，内地和澳门的查验权同时作用于自助查验系统的三道门。

第二种方案是，澳门居民由澳门管辖，内地居民由内地管辖。这种方案是用属人管辖的思路解决问题，方案便于操作。然而，除了内地居民和澳门居民可以通过自助查验通道通关，香港居民也可以通过自助查验通道通关。当香港居民在自助查验通道中被双方发现冒用他人身份通关时，此时仍然存在管辖权争议。

第三种方案是，由旅客的出发地进行管辖。这种方案不仅可以无漏洞地解决管辖权冲突问题，还可以避免破坏自助查验通道的整体性。由于自助查验通道是一个统一体，同时接受出发地和目的地的管辖，因此当旅客在进入第一道门后出第三道门以前，出发地和目的地对旅客都具有管辖权。为了避免管辖权冲突，统一由出发地管辖。旅客从内地进入澳门时在自助查验通道被发现冒用他人身份通关，由内地管辖；旅客从澳门进入内地时在自助查验通道被发现冒用他人身份通关，由澳门管辖。

三、构建国际高端人才进出横琴的规则

为了便利国际高端人才进出横琴合作区，一是要明确"国际高端人才"的范围，二是要为他们进出横琴合作区提供更高程度的便利条件。国际高端人才的范围及管理办法由粤澳双方研究提出，提请粤港澳大湾区建设领导小组审定，本书不展开讨论。这里只讨论如何为国际高端人才进出横琴提供更高程度的便利条件。根据《中华人民共和国出境入境管理法》的规定，外国人入出横琴合作区包括入境签证、经口岸入境、停留、经口岸出境等环节。横琴口岸的进出通道目前已较为便利，未来还将更便利。况且，进出通道的便利化目前属于一个技术问题，不存在规则方面的问题。便利国际高端人才进出横琴合作区主要应在入境签证上用功。有三种方法可为解决国际高端

人才的入境签证问题提供参考。

第一种方法是，对为横琴合作区服务的国际高端人才实行免签制度。实务界专家曾提出在海南岛实行外国人免签入境的制度。① 目前，这种构想已经落地，国务院在海南省实行了入境旅游免办签证的制度。在这种背景下，实务专家可能也会主张对为横琴合作区服务的国际高端人才实行免签制度。根据《中华人民共和国出境入境管理法》第十五条和第二十二条，外国人入境原则上必须办理签证，只有国务院才可以规定免办签证的情形。因此，从法律的角度看，只要国务院给予特许，就能针对为横琴合作区服务的国际高端人才实行免签制度。本书不赞成对其实行免签制度。因为从免签制度的适用情形看，免签只针对过境、旅游等短期在我国境内停留的外国人，而为横琴合作区服务的国际高端人才一般是在横琴合作区长期工作并停留。

第二种方法是，为国际高端人才进出横琴合作区创设一种新的签证制度，从程序、入境次数、入境有效期和停留期限等方面给予他们高度便利。从《中华人民共和国外国人入境出境管理条例》第一条和第二条的规定看，外国人入境出境制度由国务院创设，省、自治区、直辖市人民政府负责做好服务和管理工作，不得创设新规则。也就是说，创设新的签证制度须由国务院以行政法规或规范性文件的形式为之。这种方法的优点是有利于提供最大程度的便利，缺点是制度成本较高。

第三种方法是，将为横琴合作区服务的国际高端人才纳入 R 字签证的人员范围。这是在目前的制度框架下解决问题，无须调整签证制度。《中华人民共和国外国人入境出境管理条例》和《外国人才签证制度实施办法》（外专发〔2017〕218 号）创设了"发给国家需要的外国高层次人才和急需紧缺专门人才"的 R 字签证，从程序、有效期、入境次数等方面提供了诸多便利，包括：（1）有效期为 5 至 10 年，可多次入境，并可以为前述人员的配偶及未成年子女签发有效期相同、多次入境的相应种类签证；（2）可加急办理，在 2 个工

---

① 参见龙章安《关于在海南岛实行外国人免签入境的构想》，载《公安研究》2005年第 12 期。

作日内签发签证;(3)免收签证费和急件费。

本书支持第三种方法,这种方案成本较低。然而,依《外国人才签证制度实施办法》第四条,只有符合《外国人来华工作分类标准(试行)》中外国高端人才(A类)标准条件的外国人,才能获得R字签证。《外国人来华工作分类标准(试行)》对A类人才规定了非常严格的认定标准,不一定能满足横琴合作区的实际需要。为此,可由国家外国专家局将经粤港澳大湾区建设领导小组审定的国际高端人才全部列入《外国人来华工作分类标准(试行)》中外国高端人才(A类)范围。

便利国际高端人才在横琴与澳门之间更自由地往来,还需澳门方面配合。如果为横琴合作区服务的国际高端人才不属于香港永久性居民或澳门特别行政区行政长官批示指定的81个国家的公民,则他们进出澳门尚须申请许可。为便利他们在横琴与澳门之间往来,澳门方面应通过行政长官的批示,赋予为横琴合作区服务的高端人才无须提前办理签证或预先入境许可的权利。

四、构建新型智能化口岸的通行规则

《横琴粤澳深度合作区建设总体方案》提出在澳门大学横琴校区与横琴合作区之间设立新型智能化口岸,该任务面临三个与公法有关的问题:(1)设立问题。在内地与澳门目前的法律框架下,该如何设立新型智能化口岸。(2)管理问题。依据内地法与澳门法,如何对新型智能化口岸进行管理。(3)通行问题。哪些人员在何种条件下可以通过新型智能化口岸进出。前两个问题的答案可以在内地与澳门的现行法中寻得,但第三个问题涉及规则的创制。

就设立问题而言,内地应将拟设立新型智能化口岸设立为一类口岸,由广东省政府报经国务院批准。《国务院关于口岸开放的若干规定》(国发〔1985〕113号)将口岸分为一类口岸和二类口岸。从程序的角度看,两类口岸都须由口岸所在的省政府会商军队有关部门后,报国务院审批。从实体的角度看,一类口岸允许中国籍和外国籍人员、货物、物品和交通工具出入口岸,二类口岸只允许中国籍人员、货物、物品和交通工具出入口岸。① 新型智能化口岸设在澳门大学横琴校区与横琴合作区之间,乃为澳门大学横琴校区师生服务,但他们未必都拥有我国国籍,因此,内地应将该口岸设立为一类口岸。依据澳门第16/2021号法律《澳门特别行政区出入境管控、逗留及居留许可的法律制度》第一百条第一款,拟设立新型智能化应由行政长官以行政命令的形式设立。

就管理问题而言,从法律的角度看,拟设立的新型智能化口岸应由内地边检机构和澳门治安警察局分别管理。由于拟设立的新型智能化口岸只涉及人员的出入,依据内地法律,这类口岸应由国家移民局统一领导的边检机构负责管理。依据澳门第16/2021号法律《澳门特别行政区出入境管控、逗留及居留许可的法律制度》第一百条第二款,口岸的出入境事务由澳门治安警察局管理。然而,由于拟设立的新型智能化口岸仅供澳门大学横琴校区师生进出,因此,双方可以通过行政委托的方式将该新型智能化口岸的日常管理职能委托给澳门大学横琴校区,并派员进行指导和监督。

就通行规则而言,内地与澳门可以分别为拟设立的新型智能化口岸制定内容基本一致的通行规则。换言之,双方可以协同制定新智能化口岸通行规则。在内地与澳门目前的出入境法制框架下,通行规则至少应当包括如下内容:(1)只有在澳门大学横琴校区学习或工作的师生才能通过该口岸进出横琴合作区;(2)通行师生无须办理入境许可,只需提交澳门大学横琴校区证件即可通过该口岸;(3)通行师生不得携带内地与澳门禁止携带的违禁品进出横琴合作区。

内地与澳门都针对外国人和澳门居民实施入境许可制度。例如,《中华人民共和国出境入境管理法》第二十二条规定如下:

> 外国人有下列情形之一,可以免办签证:……(四)国务院规定的可以免办签证的其他情形。

《中国公民因私事往来香港地区或者澳门地区的暂行管理办法》

---

① 参见《国务院关于口岸开放管理工作有关问题的批复》(国函〔2002〕14号)。

（由国务院批准，公安部公布）第十四条规定如下：

> 港澳同胞来内地，须申请领取港澳同胞回乡证……
> 不经常来内地的港澳同胞，可申请领取入出境通行证。申领办法与申领港澳同胞回乡证相同。

根据以上法律行政法规可知，对澳门大学横琴校园的师生免入境许可进入横琴合作区乃是国务院的权力。故而，内地有关部门制定的通行规则应经国务院批准。

澳门第16/2021号法律《澳门特别行政区出入境管控、逗留及居留许可的法律制度》第二十条规定：

> 一、非居民入境澳门特别行政区须同时符合以下要件：
> （一）持有护照、旅行证件或为出入境管控的效力获接纳的其他文件；
> （二）透过签证或其他专门的预先程序，又或在豁免该等手续的情况下，在抵达澳门特别行政区时，取得相应的行政许可；
> （三）实际入境澳门特别行政区时被确认不存在法律规定的拒绝入境理由。
> 二、入境澳门特别行政区时，上款（一）项所指的证件或文件剩余的有效期应超过拟在澳门特别行政区逗留的期间加上由补充性行政法规订定的一段最短期间。
> 三、行政长官透过补充性行政法规订定第一款（一）项所指的获接纳的其他文件以及（二）项所指的入境许可预先程序的豁免条件。

据此，非澳门居民进入澳门的豁免条件应当由澳门特别行政区行政长官以补充性行政法规的形式加以订定。因此，澳门方面可由行政长官为澳门大学横琴校区师生制定一个补充性的行政法规。

五、完善会展人员通行规则

《横琴粤澳深度合作区建设总体方案》要求内地和澳门为跨境会展的工作人员、专业参展人员和持有展会票务证明的境内外旅客（以下统称为"跨境会展人员"）办理多次出入境有效签注，从而使得他们能够通过横琴口岸多次在珠澳之间往返。

为实现此任务，须依跨境会展人员所持有的通行证件进行分析。如其所持有的通行证件是内地出入境管理机构签发的往来港澳通行证，那么，在内地与澳门目前的法制框架下，他只需要获得内地出入境管理机构签发的"多次往返签注"就能在会展举办过程中多次经横琴口岸出入澳门。根据《中国公民因私事往来香港地区或者澳门地区的暂行管理办法》第二十二条①，再结合国家移民管理局由公安部管理的制度安排，往来港澳通行证的多次签注规则可由国家移民管理局以规范性文件的形式创设。因此，国家移民管理局应当将跨境会展人员列入往来港澳通行证多次签注的适用情形。

如其持有的通行证件是港澳居民来往内地通行证，那么，因为该通行证的有效期为 5 年或 10 年，且无须另外办理签注，所以，他可凭港澳居民来往内地通行证经横琴口岸多次入出横琴合作区。

如其所持有的通行证件是外国护照，则既需要按照内地法制办理签证，又需要按照澳门法制办理签证，才能在签证有效期内多次经横琴口岸在珠海与澳门之间往返。由于澳门并不限制签证有效期内多次入境，因此澳门无须调整其签证规则。②而在内地，除非与我国订立了签证互惠协议，否则，针对外国人进行的入境签证须遵守《中华

---

① 《中国公民因私事往来香港地区或澳门地区的暂行管理办法》第二十二条规定：……往来港澳通行证有效期五年……每次前往香港、澳门均须按照本办法第六条、第八条、第十条的规定办理申请手续，经批准的作一次往返签注。经公安部特别授权的公安机关可以作多次往返签注。

② 在澳门，一次入境与多次入境区别在于费用不同。参见中华人民共和国澳门特别行政区政府入口网站（https://www.gov.mo/zh-hant/services/ps-1474/ps-1474b/），访问日期：2022 年 2 月 20 日。

人民共和国出境入境管理法》《中华人民共和国外国人入境出境管理条例》和公安部制定的《外国人签证和拘留许可工作规范》（公境2004〔30〕号）等法律法规与规范性文件。这些文件严格限制一次签证多次入境。例如，针对外国游客的 L 字签证，一般以"一个月内两次入境"为限。因此，为使得跨境会展人员中的外国人能够通过一次签证获得在有效期内多次入境的机会，须由国家移民管理局以规范性文件的形式加以规定。

六、完善车辆通行规则

除粤澳双牌车外，澳门机动车（单牌车）原则上不能驶入内地，但可以入出横琴。目前，广东省人民政府制定的规范性文件《澳门机动车入出横琴管理办法》（粤府办〔2020〕21 号）和珠海市人民政府制定的《澳门机动车入出横琴管理细则》（珠府〔2018〕54 号）对澳门机动车入出横琴实行许可制和配额制。第一，机动车所有人限制。《澳门机动车入出横琴管理办法》中所指的入出横琴的澳门机动车的所有人规定为"在横琴工作、生活的澳门居民以及在横琴投资的澳门商户（含在澳门的境外商户）"。该办法还授权珠海市人民政府就机动车所有人作细化规定，但须报广东省人民政府批准并商澳门特别行政区同意后实施。2021 年 3 月，珠海市公布了澳门机动车所有人申请入出横琴的条件，将申请人从"在横琴工作、生活的澳门居民以及在横琴投资的澳门商户（含在澳门的境外商户）"扩张到所有年满 18 周岁的澳门居民，但优先保障前者入出横琴的资格。[①] 第二，车型限制。入出横琴的澳门机动车须为"9 座（含）以下澳门非营运小型载客汽车"。第三，总量配额。经珠澳两地政府协商，2021年 3 月起实施澳门机动车入出横琴第五阶段配额政策，配额总量从

---

① 澳门机动车入出横琴第五阶段申请条件。参见澳门机动车入出横琴综合管理系统网页（https://tgsq.hengqin.gov.cn/#/article/1614568139564-47ce0a643cb447b0aeba20c3ca37b506），访问日期：2022 年 2 月 20 日。

第五章 横琴合作区公法规则优化生成

2020 年的 5000 个增加到 10000 个。① 第四，时间限制。入出横琴的有效期为 1 年，有效期届满后须再次申请入出横琴的许可。

针对澳门机动车入出横琴合作区，《横琴粤澳深度合作区建设总体方案》提出了两个要求：一是全面放开，二是提高入出横琴合作区的便利程度。

在琴澳一体化的背景下，全面放开的要求调整许可制和配额制，允许澳门机动车自由入出横琴合作区。就许可制而言，由于《横琴粤澳深度合作区建设总体方案》只允许澳门机动车入出横琴，不得经"二线"驶入内地，而取消许可制将使得交通行政部门无法监督澳门机动车是否经"二线"驶入内地，因此不应取消许可制。就配额制而言，在主观上，须由广东省人民政府通过修改《澳门机动车入出横琴管理办法》的方式来取消。这是规范性文件的修改问题，可以算作法律问题。在客观上，须确保口岸和横琴交通系统具有相应的承载力，能够承担起取消配额制将给口岸和交通所带来的通行压力。这是一个科学问题。这两个问题的关系是：在口岸和横琴交通系统获得相应的承载力前，不能取消配额制。总之，配额制应当取消，但须先提升口岸和交通系统的承载力。

提高澳门机动车入出横琴的便利程度可以从两个方面用功：一方面是提高通关效率，另一方面是简化许可程序。就通关而言，横琴口岸正在进行相应的建设，未来将实行"一次采集、分别处置、一次放行"的通关模式，进一步提高通关效率。就许可而言，目前，其程序如下，仍较为复杂：（1）行政相对人通过网络系统进行身份认证，并在系统中提交证明其具有申请资格的电子版资料，交警在网络系统中进行预审核；（2）预审核完成后，行政相对人将车辆送指定检验机构（澳门新通达科技实业有限公司）进行检验，检验机构将检验信息推送至网络系统，由交警部门在网上进行审核；（3）审核完成后，行政相对人携纸质版资料赴澳门机动车入出横琴申报大厅办

---

① 参见钱瑜《珠澳往来更便利！澳门机动车入出横琴配额总量增加至 1 万个》，见羊城派（https://baijiahao.baidu.com/s?id=1693011104237356365&wfr=spider&for=pc），访问日期：2022 年 2 月 20 日。

理入出横琴许可，在大厅内完成交警审查、管委会（现为横琴合作区执行委员会）审查、内地海关和边检备案、收集面部和指纹信息等手续后，可以当场获得许可证件；（4）行政相对人在系统下载确认函，前往澳门海关办理备案手续；（5）行政相对人前往澳门机动车入出横琴装验卡服务站装卡。

在澳门机动车入出横琴合作区的配额制取消后，许可程序可简化如下：（1）行政相对人通过网络系统进行身份认证，并提交机动车产权证明和驾驶证等资料（由于配额被取消，具有澳门居民身份即具有申请资格，故而无须提交其他资料）；（2）同原程序（2）；（3）行政相对人携证件前往澳门机动车入出横琴申报大厅办理许可，由横琴合作区执行委员会有关部门进行审查，内地海关和边检等部门进行备案，公安交警部门进行审查并收集指纹和面部信息，而后由公安交警部门当场发给许可证件，并将相关信息通报给澳门海关进行备案；（4）同原程序（5）。为实现许可程序的简化，可由广东省人民政府和珠海市人民政府修改相应的规范性文件。

第三节　市场准入规则的调整

《横琴粤澳深度合作区建设总体方案》要求在横琴合作区实行更加宽松的市场准入制度，通过降低市场准入门槛促进横琴合作区经济的发展。有的任务是针对所有的市场主体，有的则针对特定的市场主体。应通过立法或制定规范性文件的形式建立更加宽松的市场准入制度。

一、为"市场准入承诺即入制"制定实施办法

目前，我国在市场准入问题上实行负面清单制度。该制度在市场准入领域确立了"法无禁止即自由"的原则。[①] 换言之，在负面清单

[①] 参见王利明《负面清单管理模式与私法自治》，载《中国法学》2014年第5期。

以外的领域，市场主体自由入出。实际上，即便没有负面清单制度，法治也要求市场准入领域实施前述原则。负面清单由两个部分构成，一部分是禁止事项，即市场主体不得进入的领域；另一部分是许可事项，即市场主体在获得行政机关的许可后，方可进入的领域。禁止事项和许可事项并不是由负面清单设立，而是由法律、行政法规、国务院决定、地方性法规和省级地方政府规章设立。所谓放宽市场准入，有三种方式：一是将禁止事项或许可事项移出负面清单；二是将禁止事项调整为许可事项；三是对许可事项的实施程序进行优化，提升准入效率。这三种放宽市场准入的方式都需要通过立法的方式进行。前两种方式，尤其是法律行政法规设定的禁止事项或许可事项，须有全国人大常委会或国务院的授权才可以实现。第三种方式乃是要进行程序优化。程序优化须对《中华人民共和国行政许可法》的有关规定进行变通，故而应当由珠海市行使经济特区立法权，为横琴合作区制定"市场准入承诺即入制"的实施办法。

对于市场准入承诺即入制，《横琴粤澳深度合作区建设总体方案》的表述如下：

> 实施市场准入承诺即入制，严格落实"非禁即入"，在"管得住"前提下，对具有强制性标准的领域，原则上取消许可和审批，建立健全备案制度，市场主体承诺符合相关要求并提交相关材料进行备案，即可开展投资经营活动。

"原则上取消许可和审批"似乎表明市场准入承诺即入制以废除行政许可为目标。实则不然。"有原则恒有例外。"当言说者使用"原则上"一词时，他便已承认存在例外。原则和例外并存的思维"是法秩序中各部门法均需面对的问题"①。实在法主要通过"但书条款"提示存在例外；有时则通过"原则上"一词＋"但书条款"提

---

① 易军：《原则/例外关系的民法阐释》，载《中国社会科学》2019年第9期，第91页。

示存在例外，如《中华人民共和国行政复议法》第二十二条①；有时则单靠"原则上"提示存在例外，如《中华人民共和国海南自由贸易港法》第十四条②。存在"但书条款"时，立法者或言说者直接给出了例外的内容，当他们单使用"原则上"一词时，他们并未直接言说例外的内容，往往是因为并不清楚例外的内容而不予言说。因此，《横琴粤澳深度合作区建设总体方案》中的"原则上取消许可和审批"表明，市场准入承诺即入制既可以取消许可，也可以不取消许可，仅对许可的实施方式进行调整。由于废除法律、行政法规、国务院决定创设的许可须由全国人大常委会和国务院授权，因此，珠海市在制定经济特区法规时宜将市场准入承诺即入制的目标定位为优化许可。

另外，《横琴粤澳深度合作区建设总体方案》要求市场准入承诺即入制实施事前的行政备案。在理论上，行政备案的范围"介于行政许可和政府根本不需要管理的事项之间的事项"③。由此可见，备案制适用于不需要事前审批的事项，但《横琴粤澳深度合作区建设总体方案》要求实行的备案制乃是事前备案。《横琴粤澳深度合作区建设总体方案》中的"即可"表明"备案"与"开展投资经营活动"之间存在条件关系，前者是后者的条件。这种条件关系的实现要求"备案"发生在"开展投资经营活动"前。换言之，这里的"备案"是要事前备案。实现备案本质上是行政许可。有观点认为，备案和许可是两回事，因为备案不具有"法律的一般禁止这个前提"④。实际上，备案有多种类型。有一种备案的特征是，"只有在主管机关备案完成之后，申请人才具有从事某项活动的资格或条件"⑤。

---

① 《中华人民共和国行政复议法》第二十二条规定：行政复议原则上采取书面审查的办法，但是申请人提出要求或者行政复议机关负责法制工作机构认为有必要时，可以向有关组织和人员调查情况，听取申请人、被申请人和第三人的意见。
② 《中华人民共和国海南自由贸易港法》第十四条规定：货物由海南自由贸易港进入境内其他地区，原则上按进口规定办理相关手续。
③ 张红：《论行政备案的边界》，载《国家行政学院学报》2016年第3期，第29页。
④ 姜明安主编：《行政法与行政诉讼法》，北京大学出版社2019年版，第223页。
⑤ 朱最新、曹延亮：《行政备案的法理界说》，载《法学杂志》2010年第4期，第64页。

这种备案具有"法律的一般禁止这个前提",属于许可类备案。综上所述,《横琴粤澳深度合作区建设总体方案》中的市场准入承诺即入制所要求的备案就是许可类备案。

海南省正在进行的关于市场承诺准入即入制的立法也表明,市场准入承诺即入制并不是要废除行政许可,而是优化行政许可。海南省先后向社会公布了《海南自由贸易港市场准入承诺即入制管理规定(征求意见稿)》(2021年)和《关于实行市场准入承诺即入制取消部分行政许可的决定(征求意见稿)》(2022年)(以下简称"两份征求意见稿")。两份征求意见稿虽然都声称要废除行政许可,但都将备案制规定为事前备案,并针对未备案即从事相应活动的行为创设了制裁条款。这样的备案制实际上是许可类备案。

总之,市场准入承诺即入制应被理解为行政许可的实施方式。那么,在横琴合作区,市场准入承诺即入制的实施办法由何主体制定?参照海南省的经验,该实施办法应由珠海市行使经济特区立法权。海南省将由海南省人大常委会以决定的方式为市场准入承诺即入制创设规则,这是因为《中华人民共和国海南自由贸易港法》第二十条授权海南省会同国务院有关部门为市场准入承诺即入制制定具体办法。而全国人大常委会并未规定横琴合作区的市场准入承诺即入制由何机关制定,故而,应由珠海市行使经济特区立法权而为之。

横琴合作区市场准入承诺即入制的实施办法至少应包括如下四个方面的内容。

第一,市场准入承诺即入制的实施条件。某个微观的领域要不要实施市场准入承诺即入制,是该实施办法要解决的第一个问题。《横琴粤澳深度合作区建设总体方案》提出了两个条件:一个是"管得住",另一个是"具有强制性标准"。所谓"管得住"是指实施市场准入承诺即入制后,行政机关对相应领域仍然可以进行有效的监管,相应领域的市场秩序不会乱。具体地说,行政机关能够通过事中、事后监督的手段对相应的市场领域进行有效的监督。因此,该实施办法还应当专门规定监督手段。所谓"具有强制性标准"是指相应领域存在有关技术、安全、质量、产品和服务的强制标准。这里的强制标准包括全国性的强制标准和地方性的强制标准。在没有强制标准的情况下，可以为横琴合作区制定区域性的强制标准，以满足此条件。

除以上两个条件外，《海南自由贸易港市场准入承诺即入制管理规定（征求意见稿）》第三条还提出了一个条件：涉及国家安全、社会稳定、生态环境安全、重大公共利益等国家实行准入管理的领域，不得实行市场准入承诺即入制。① 这个条件包括两个子条件：一是涉及国家安全、社会稳定、生态环境安全、重大公共利益的许可事项，二是由国家管理的许可事项。只有同时具备这两个子条件，才当然被排除在市场准入承诺即入制外。实际上，由国家管理的许可事项并不是局限于国家安全、社会稳定、生态环境安全、重大公共利益这四个领域。而且，这四个概念都是不确定的法律概念，存在模糊的地方。因此，本书主张将这个条件规定为：凡是由国家直接审批的许可事项，不纳入横琴合作区市场准入承诺即入制的适用范围。换言之，横琴合作区只针对地方负责审批的许可事项实施市场准入承诺即入制。

第二，市场准入承诺即入制的实施机关。由于市场准入承诺即入制乃是行政许可的实施方式，因此市场准入承诺即入制应当由原行政许可的实施机关来实施。在横琴合作区，行政许可主要由横琴合作区执行委员会及其相关部门实施。因此，"市场准入承诺即入制"的实施机关乃是横琴合作区执行委员会及其相关部门。换言之，是否在一个具体的许可事项上实施市场准入承诺即入制及其细则，由横琴合作区执行委员会及其相关部门负责。这是一般性的做法，但存在两个例外。

当行政许可事项须由横琴合作区层报广东省乃至国家审批时，除非经广东省或国家批准，否则，横琴合作区不可以在该许可事项上实行市场准入承诺即入制。当横琴合作区行使的许可权乃是珠海市或广东省下放的，该下放如构成行政授权，可由横琴合作区直接决定实施市场准入承诺即入制；该下放如构成行政委托，则不得实施市场准入承诺即入制。

---

① 《海南自由贸易港市场准入承诺即入制管理规定（征求意见稿）》第三条［承诺即入制定义］本规定所称的承诺即入，是指除涉及国家安全、社会稳定、生态环境安全、重大公共利益等国家实行准入管理的领域外……

实施机关的实施程序可以借鉴海南省两份征求意见稿的内容。它们将市场准入承诺即入制的实施过程规定如下：（1）备案机关事前须公布市场准入承诺即入事项所需要的材料、办理流程及文书格式文本等内容，并在相对人提出申请后一次性向行政相对人告知监管规则、违反承诺的后果，以及开展投资经营活动需符合的强制性标准；（2）行政相对人向备案机构提交备案申请书、承诺书及备案机关指定的材料，承诺的内容包括材料的真实性，能够满足备案受理机构告知的条件、标准和技术要求，以及愿意承担不实承诺、违反承诺的法律责任；（3）行政机关完成备案后续；（4）行政机关在备案完成后进行事中、事后监管等。

第三，承诺和备案的具体内容。市场准入承诺即入制由行政相对人的承诺行为和行政机关的备案行为共同构成。对于承诺的内容，《横琴粤澳深度合作区建设总体方案》给出的答案是：符合相关要求。由于市场准入承诺即入制所关涉的行政许可的获得条件已由上位法规定，而且行政相对人作出承诺是为获得该行政许可，因此，这里的"相关要求"是指上位法所要求的获得行政许可的条件。这是对承诺内容的狭义理解。实际上，海南省两份征求意见稿中的承诺内容不止于此，还包括：

（一）所填写的基本信息真实、准确；
（二）已经知晓备案受理机构告知的全部内容；
（三）自身能够满足备案受理机构告知的条件、标准和技术要求；
（四）愿意承担不实承诺、违反承诺的法律责任；
（五）所作承诺是申请人真实意思的表示。

由此可知，市场准备承诺即入制的承诺的主要内容是：所提交材料的真实性，生产经营符合强制性标准，知晓承诺即入事项的监管规则。这是对承诺内容的广义理解。与狭义理解相比，广义理解增加了"知晓承诺即入事项的监管规则"。"生产经营符合强制性标准"是行政许可原本就有的要求。在承诺即入制替代行政许可原来的实施方式后，监管模式从事前监管向事中、事后监管转变，所以将"知晓承诺即入事项的监管规则"列入承诺范围具有必要性。总之，市场准入承诺即入制的承诺的内容包括两项：一是具备获得行政许可所要求的条件，二是知晓承诺即入事项的监管规则。

第四，事中、事后监管制度。与市场准入承诺即入制伴随的是，行政机关对市场的事前监管力度减弱。然而，许可事项所涉及的市场领域往往离不开行政机关的监管。在事前监管减弱的情况下，有必要加强事中、事后监管。这便是《横琴粤澳深度合作区建设总体方案》提出市场准入承诺即入制的逻辑。由于每一个微观市场领域的监管制度不可能完全一致，因此这里的实施办法只对一些共通性的问题加以规定，更微观的监管规则由监管机关在法律法规规章的框架下进行创制。总体而言，有两条基本原则要遵循。第一条原则，事中事后监管要与澳门衔接。在琴澳一体化发展的背景下，横琴合作区作为一个市场具有越来越多的涉澳因素。与澳门衔接是指横琴合作区的市场监管部门与澳门的市场监管部门要加强联系，争取共享监管信息，尤其是那些涉及共同利益的信息。第二条原则，事中事后监管要与国际接轨，原因是横琴合作区要实行更高程度的对外开放。

海南省两份征求意见稿创设了监管谈话、出具警示函、责令改正、通报批评、将违法违规情况记入诚信档案并公布等监管措施，并要求强化信用管理、信用信息共享等。这些举措具有普遍性的意义，横琴合作区可以借鉴。另外，理论界呼吁构建"政府监管、行业自律、企业自治、社会监督、公众参与的'多位一体'大监管格局"[①]的主张也值得重视。

二、放宽市场准入

为探求放宽市场准入方面更为具体的问题，本书拟以横琴合作区向澳门中医药产业开放为例进行研究。从一般性的角度看，放宽市场

---

① 丁水平、林杰：《市场管理改革中事中事后监管制度创新研究——构建"多位一体"综合监管体系》，载《理论月刊》2019年第4期，第90页。

准入涉及三个问题：首先，哪些领域需要放宽市场准入；其次，市场准入放宽到何种程度；最后，通过何种方式来放宽市场准入。严格来说，前两个问题不仅是法律问题，还是经济问题。囿于知识结构，本书只从法律的角度考虑这两个问题。

第一个问题与横琴合作区的产业政策有关。横琴合作区的产业政策已由《横琴粤澳深度合作区建设总体方案》所规定，该方案具有法律效力，故而，放宽市场准入的领域必须是前述方案所规定的市场领域。据此，放宽市场准入的领域大致在科技、医疗、金融、外贸、旅游等领域。就第二个问题而言，可以参考深圳的经验。在琴澳一体化发展的背景下，甚至可以将澳门的制度规范移植到横琴合作区，这也可以算是规则衔接。

参照深圳的经验，可由国家发展改革委员会和商务部制定一份有关放宽市场准入的规范性文件，解决前两个问题。除了横琴合作区，海南自由贸易港、深圳（中国特色社会主义先行示范区）也需要出台放宽市场准入特别措施。目前，国家发展改革委员会、商务部已经制定了《关于深圳建设中国特色社会主义先行示范区放宽市场准入若干特别措施的意见》（发改体改〔2022〕135号）。该意见并不是一份具有外部效力的规范性文件，而是一份指导国家有关部门和深圳市如何放宽市场准入的内部规范性文件。

不过，该意见的落实仍然需要通过法律手段来实现，这就涉及放宽市场准入的第三个问题。放宽市场准入的前提是存在准入门槛，因此，放宽市场准入针对的是《市场准入负面清单（2020年版）》中所列举的事项。由于市场准入负面清单中所列举的事项主要源于法律、行政法规、国务院决定、地方性法规的规定，因此放宽市场准入可能需要对前述法律法规进行变通。法律规范有时候可能授权行政机关创制或具体化行政许可的条件，因此，放宽市场准入有时可能只需要调整相关的规范性文件即可，并不需要对法律规范进行变通。总之，前述第三个问题的答案是，放宽市场准入需通过立法手段或制定具有外部性的规范性文件的手段来完成。

为了观察放宽市场准入会遭遇到哪些法律问题，本书选取药品上市这个微观领域进行个案研究。《横琴粤澳深度合作区建设总体方案》提出了三个任务：（1）简化澳门外用中成药在粤港澳大湾区内地上市审批流程；（2）允许在内地已获上市许可的澳门中药在粤港澳大湾区内地生产；（3）对澳门研制符合规定的新药实施优先审评审批。

（一）任务1：简化澳门外用中成药在粤港澳大湾区内地上市审批流程

任务1要求从程序的角度降低澳门外用中成药进入粤港澳大湾区内地市场的门槛。在我国，药品上市以前须先后经历三个阶段：非临床研究，临床研究，药品注册。在境外开展了非临床研究的药物，可跳过非临床研究阶段，在完成境内临床研究和药品注册后即可在境内生产经营。根据《中华人民共和国药品管理法》第十九条和第二十四条，临床研究以获得许可为前提，药品注册乃是上市许可。换言之，澳门外用中成药在粤港澳大湾区内地上市须获得临床研究许可，并在临床研究完成后获得药品注册（上市许可）。《中华人民共和国药品管理法》授权国务院药品监督管理部门规定药品非临床研究许可和上市许可的程序。国家市场监督管理总局于2020年1月公布《药品注册管理办法》，以部门规章的形式规定了药物临床试验和药品上市许可程序。

药物临床试验的许可程序由《药品注册管理办法》第二十三条第一款规定：

> 申请人完成支持药物临床试验的药学、药理毒理学等研究后，提出药物临床试验申请的，应当按照申报资料要求提交相关研究资料。经形式审查，申报资料符合要求的，予以受理。药品审评中心应当组织药学、医学和其他技术人员对已受理的药物临床试验申请进行审评。对药物临床试验申请应当自受理之日起60日内决定是否同意开展，并通过药品审评中心网站通知申请人审批结果；逾期未通知的，视为同意，申请人可以按照提交的方案开展药物临床试验。

国家药品监督管理局针对内地药品、港澳台药品和境外药品设立了不同的临床试验审批程序。国家药品监督管理局在上述条款规定的框架下,将港澳台药品在内地进行临床试验的许可程序细化如下:第一,审查受理。行政相对人向国家局药品审评中心提交申请,该中心在 5 日内进行形式审查,并决定是否受理,或一次性告知需要补正的全部内容。第二,审批。自受理之日起 60 日内,药品审评中心组织专业人员进行审评,并决定是否同意开展临床试验。① 至于申请临床试验所必需的申报资料由国家药品监督管理局制定的《中药注册分类及申报资料要求》所规定。

药品上市许可的程序由《药品注册管理办法》第三十四条、第三十八条和第三十九条规定:

> 第三十四条 申请人在完成支持药品上市注册的药学、药理毒理学和药物临床试验等研究,确定质量标准,完成商业规模生产工艺验证,并做好接受药品注册核查检验的准备后,提出药品上市许可申请,按照申报资料要求提交相关研究资料。经对申报资料进行形式审查,符合要求的,予以受理。
>
> 第三十八条 药品审评中心应当组织药学、医学和其他技术人员,按要求对已受理的药品上市许可申请进行审评。
>
> 审评过程中基于风险启动药品注册核查、检验,相关技术机构应当在规定时限内完成核查、检验工作。
>
> 药品审评中心根据药品注册申报资料、核查结果、检验结果等,对药品的安全性、有效性和质量可控性等进行综合审评,非处方药还应当转药品评价中心进行非处方药适宜性审查。
>
> 第三十九条 综合审评结论通过的,批准药品上市,发给药品注册证书。综合审评结论不通过的,作出不予批准决定。……

国家药品监督管理局在上述条款规定的框架下,将港澳台药品在

---

① 参见《港澳台医药产品中药注册临床试验办事指南》,见国家药品监督管理局官网(https://zwfw.nmpa.gov.cn/web/taskview/11100000MB0341032Y100017204900101),访问日期:2022 年 2 月 27 日。

内地上市许可程序细化如下：第一，审查受理。行政相对人向国家局药品审评中心提出上市许可申请，该中心在 5 日内进行形式审查，并决定是否受理，或一次性告知需要补正的全部内容。第二，国家局药品审评中心应在受理后 200 日内完成审评，其中，优先审评审批在 130 日内完成，临床急需境外已上市罕见病用药优先审评审批的应在 70 日完成。第三，审评完成后，国家药品监督管理局进行审查并作出决定，时限为 20 日；优先审评审批在 10 日内完成。第四，自审批决定作出之日起 10 日内颁发、送达有关行政许可批件。[①] 至于申请上市许可所必需的申报资料由国家药品监督管理局制定的《中药注册分类及申报资料要求》所规定。

从程序的角度放宽澳门外用中成药进入粤港澳大湾区内地市场的门槛，可以从两个方面着力：一方面，压缩审查时间；另一方面，简化申报资料。这两个问题的答案应当由行政专家和药学专家给出。在现行法制框架下，国家药品监督管理局可以自行决定压缩审查时间和简化申报资料。这是实现任务 1 的第一个手段。

除了压缩审查时间和简化申报资料，还可以通过豁免临床试验的方式简化澳门外用中成药进入粤港澳大湾区内地市场的程序。《中华人民共和国中医药法》第三十条规定：

> 生产符合国家规定条件的来源于古代经典名方的中药复方制剂，在申请药品批准文号时，可以仅提供非临床安全性研究资料。具体管理办法由国务院药品监督管理部门会同中医药主管部门制定。
>
> 前款所称古代经典名方，是指至今仍广泛应用、疗效确切、具有明显特色与优势的古代中医典籍所记载的方剂。具体目录由国务院中医药主管部门会同药品监督管理部门制定。

---

① 参见《港澳台医药产品中药注册上市许可办事指南》，见国家药品监督管理局官网（https://zwfw.nmpa.gov.cn/web/taskview/11100000MB0341032Y100017204900401），访问日期：2022 年 2 月 27 日。

国家中医药管理局在 2018 年和 2022 年分别发布了两批《古代经典名方目录》，并会同国家药品监督管理局制定了《古代经典名方中药复方制剂简化注册审批管理规定》。而澳门外用中成药尚未纳入该规定的范围。因此，可以由国家中医药管理局会同国家药品监督管理局修改《古代经典名方中药复方制剂简化注册审批管理规定》，将符合特定条件的澳门外用中成药纳入豁免临床试验的范围，简化其注册审批流程。这是实现任务 1 的第二个手段。

《中华人民共和国药品管理法》将药物临床试验许可和药品上市许可的审批权授予了国务院药品监督管理部门。为了便利澳门外用中成药进入粤港澳大湾区内地市场，国务院药品监督管理部门可以通过授权或委托的方式将相应的审批权转授给广东省药品监督管理部门。如以授权的方式进行转授权，须由国家市场监督管理总局在《药品注册管理办法》（部门规章）中增加一个授权条款；如以委托的方式进行转授权，可由国家药品监督管理局以文件或协议的形式进行转授。这是实现任务 1 的第三个手段。

（二）任务 2：允许在内地已获上市许可的澳门中药在粤港澳大湾区内地生产

澳门中药在内地获得上市许可后，该药品的上市许可持有人并不能直接在粤港澳大湾区内地生产该中药。因为《中华人民共和国药品管理法》区分了上市许可和生产许可：上市许可指向药品，是指行政相对人研发出来的药品是否具有进入内地市场的资格；生产许可指向行为，是指行政相对人是否具有生产药品的资格。在《中华人民共和国药品管理法》第三十三条的框架下，澳门中药的上市许可人要在内地生产其中药，有两种方式：一是在内地获得药品生产许可，自行生产；二是委托内地的药品生产企业进行生产。

在内地获得药品生产许可证，须购买设备、雇佣技术人员、建立工厂。这种方式成本高、回报周期长。委托内地企业生产则成本低、回报周期短。因此，本书主张以委托生产的方式完成任务 2。委托生产的弊端在于存在质量监控的风险和知识产权的风险。

第一，存在质量监控的风险。《中华人民共和国药品管理法》不仅要求上市许可持有人建立药品质量保证体系，包括派专人独立负责药品质量管理以及对受托企业的质量管理体系进行定期审核，还要求他建立药品上市放行规程，对出厂的药品进行审核。上市许可持有人往往因不从事生产而缺乏生产经验，在履行产品上市放行责任时存在能力不足，难以有效监督受托企业的质量管理体系。[1] 而且，澳门中药上市许可持有人缺乏在内地组织药品生产的经验，与内地药品生产厂家之间也存在沟通协调方面的困难，这些都会加重质量监控方面存在的风险。第二，存在知识产权侵权风险。由于受托生产企业完全掌握了上市许可持有人关于委托生产药品的研发信息、工艺流程等商业秘密，当其转而进行相似的生产研究时，给持有人造成的知识产权侵权损失程度难以准确界定。[2] 而澳门中药上市许可持有人要对内地生产商进行知识产权方面的监控本来也是一件较为困难的事情。

为了确保委托方式发挥积极作用，应从制度上着手以降低质量风险和知识产权侵权风险。可以从如下几个方面完善有关质量监控的制度。

首先，国家药品监督管理部门可通过发布"质量协议指南"对上市许可持有人和受托人的行为进行指导。《中华人民共和国药品管理法》第三十二条要求国务院药品监督管理部门制定药品委托生产质量协议指南。国家药品监督管理局已经在2020年9月发布了《药品委托生产质量协议指南（2020年版）》，要求持有人和受托方订立的质量协议明确双方的各项质量责任，并规定有效的沟通机制。[3] 由于该指南实行的日期尚短，指南所提出的各项措施能否有效解决持有人所面临的质量风险仍然有待观察。但可以确定一点是，国家药品监督管理局应根据实践中新情况和变化及时调整"质量协议指南"的内容。

其次，修改《药品委托生产监督管理规定》，建立职业质量受权人（Qualified Person，QP）制度。《药品委托生产监督管理规定》制

---

[1] 参见颛孙燕《药品上市许可持有人制度下委托生产的监管策略探讨》，载《上海医药》2018年第13期。

[2] 参见邢冰冰、梁毅《药品委托生产过程的法律法规问题》，载《中国药物经济学》2020年第11期。

[3] 参见国家药品监督管理局公告2020年第107号公告。

定于 2014 年 8 月，当时尚未实行上市许可持有人制度，不存在持有人委托企业生产的情况。在上市许可与生产许可相分离的背景下，有必要修改《药品委托生产监督管理规定》，建立职业 QP 制度。所谓职业 QP 是指在上市许可持有人与受托生产企业外设立独立的第三方监控体系；QP 个人须获得职（执）业资格方可上任。① 上市许可持有人聘请 QP 为其服务，负责产品的上市放行与质量监督，以降低药品质量风险。国家药品监督管理局可以在《药品委托生产监督管理规定》第八条后补充部分内容，作为第八条的第二款。

> 第八条　委托方负责委托生产药品的质量……
> 鼓励委托方聘请具有药品质量监督职（执）业资格的第三方对受托生产方的质量进行指导和监督。

再次，药品监督管理部门为澳门中药上市许可人与内地生产商之间进行沟通提供帮助，指导双方建立有效的沟通渠道。在委托生产过程中，持有人与受托方的沟通协调对于保证产品质量十分重要，《药品委托生产监督管理规定》也要求委托方与受托方互相配合、积极沟通协调，但沟通渠道并不明确。② 可由药品监督管理部门以行政指导的方式协助双方建立沟通渠道。

最后，就防范知识产权风险而言，重点在于加强执法和严格审查专利申请。

（三）任务 3：对澳门研制符合规定的新药实施优先审评审批

就任务 3 而言，要将澳门研制的符合规定的新药列入优先审评审批的范围，须由国家药品监督管理局修改《药品上市许可优先审评审批工作程序（试行）》或制定一份新的规范性文件。《药品上市许可优先审评审批工作程序（试行）》第一条规定了可以申请适用优先

---

① 参见邢冰冰、梁毅《药品委托生产过程的法律法规问题》，载《中国药物经济学》2020 年第 11 期。
② 参见梁蓉娜、梁毅《上市许可持有人制度下非生产企业的药品委托生产质量管理探析》，载《中国药事》2019 年第 2 期。

审评审批程序的药物范围:

（一）临床急需的短缺药品、防治重大传染病和罕见病等疾病的创新药和改良型新药；

（二）符合儿童生理特征的儿童用药品新品种、剂型和规格；

（三）疾病预防、控制急需的疫苗和创新疫苗；

（四）纳入突破性治疗药物程序的药品；

（五）符合附条件批准的药品；

（六）国家药品监督管理局规定其他优先审评审批的情形。

据此，澳门研制的新药只要在《药品上市许可优先审评审批工作程序（试行）》第一条列举的范围内，就可以适用优先审评审批程序。由此来看，即便没有任务3，澳门研制符合规定的新药也能获得优先审评审批。既然如此，《横琴粤澳深度合作区建设总体方案》提出任务3就多此一举了。为了体现放宽市场准入的精神，可以扩大可以适用优先审评审批程序的澳门新药的范围。

三、专门针对澳门市场主体的准入措施

在市场准入方面，《横琴粤澳深度合作区建设总体方案》出台了专门针对澳门的政策：（1）支持澳门医疗卫生服务机构以独资、合资或者合作方式在横琴合作区设立医疗机构；（2）降低澳资金融机构在横琴合作区设立银行、保险机构的准入门槛；（3）针对特定专业人才降低准入门槛；（4）为具有澳门等境外资格的医疗专业人才在横琴合作区执业提供便利。

（一）任务1：支持澳门医疗卫生服务机构以独资、合资或者合作方式在横琴合作区设立医疗机构

就任务1而言，卫生部和商务部制定的规范性文件早已允许澳门医疗卫生服务机构进入内地市场。

根据《卫生部、商务部关于香港和澳门服务提供者在内地设立

医疗有关问题的通知》（卫医政发〔2012〕72号）对独资与合资、合作进行了区分。根据该通知，香港和澳门服务提供者在内地以合资、合作方式设置医疗机构，按内地单位或个人设置医疗机构的方式办理。结合《医疗机构管理条例》第十一条和《医疗机构管理条例实施细则》第十一条的规定，床位在100张以上的医疗机构和专科医院的设置审批权由省级卫生行政部门规定，其他医疗机构的设置由县级卫生行政部门负责审批。《广东省卫生厅关于进一步规范医疗机构设置审批管理的通知》（粤卫〔2006〕303号）将床位在100张以上的医疗机构分成两类，一类由省级卫生行政部门审批，另一类由所在地的县级以上市卫生行政部门审批。《广东省人民政府关于将一批省级行政职权事项调整由各地级以上市实施的决定》（2018年，广东省人民政府第248号令）又将省管权限内的医疗机构设置审批和执业许可委托给地级以上市卫生行政部门实施。根据以上分析，澳门医疗卫生服务机构在横琴合作区以合资或合作的形式设立医疗机构，如床位不满100张，由横琴合作区民生事务局审批；如床位超过100张，由珠海市卫生行政部门审批。

对于香港和澳门服务提供者以独资形式在内地设立医疗机构，《卫生部、商务部关于香港和澳门服务提供者在内地设立医疗有关问题的通知》要求适用《香港和澳门服务提供者在内地设立独资医院管理暂行办法》（卫医政发〔2010〕109号），即由地级市卫生行政部门、省级卫生行政部门、卫生部（现卫健委）层层审批后，再经商务部审批或备案，但设在广东省的，由广东省省级卫生行政部门负责审批。由于《广东省人民政府关于将一批省级行政职权事项调整由各地级以上市实施的决定》将省管权限内的医疗机构设置审批和执业许可委托给地级以上市卫生行政部门实施，所以，香港和澳门服务者在广东独资设立医疗机构，由地级以上市卫生行政部门负责审批。根据以上分析，澳门医疗卫生服务机构以独资的形式在横琴合作区设立医疗机构，由珠海市卫生行政部门审批。

从便利澳门医疗卫生服务机构进入横琴合作区的角度看，澳门医疗服务机构以独资形式在横琴合作区设立医疗机构的审批权，宜委托给横琴合作区民生事务局。由于委托理论原则上禁止转委托，因此须由广东省卫生行政部门将前述权力委托给横琴合作区民生事务局。澳门医疗服务机构以独资方式在珠海市其他区域设立医疗机构，仍然由珠海市卫生行政部门负责审批。

（二）任务2：降低澳门金融机构在横琴合作区设立银行、保险机构的准入门槛

就任务2而言，内地目前对银行、保险机构的准入实行内外有别的政策。尽管《中华人民共和国外商投资法》第四条对外商投资实行准入前国民待遇，但该法第四十一条将金融行业排除在外，允许国家在金融领域实行内外有别的政策。国务院通过制定《中华人民共和国外资银行管理条例》和《中华人民共和国外资保险公司管理条例》对外资准入银行市场和保险市场实施特别约束，即在《中华人民共和国商业银行法》和《中华人民共和国保险法》外增加了限制条件。由于澳门金融机构在内地设立银行或保险公司比照适用《中华人民共和国外资银行管理条例》和《中华人民共和国外资保险公司管理条例》[①]，所以，任务2所谓的降低准入门槛是指在《中华人民共和国外资银行管理条例》和《中华人民共和国外资保险公司管理条例》的基础上降低。

有一种简单的做法，由国务院规定澳门金融机构在横琴合作区设立银行、保险机构仅适用《中华人民共和国商业银行法》和《中华人民共和国保险法》，不再适用《中华人民共和国外资银行管理条例》和《中华人民共和国外资保险公司管理条例》。这种做法能在目前的法制框架下最大限度地便利澳门金融机构在内地设立银行、保险机构，但可能对金融秩序和金融安全造成消极影响。为了避免此种影响，应在《中华人民共和国外资银行管理条例》和《中华人民共和国外资保险公司管理条例》的基础上探索如何降低准入门槛。这是一种更为保守但更为负责的做法。为此，本书将对内外资设立银行、保险机构的标准，以及澳门境外资本在澳门设立银行、保险机构的标准。做这种比较是为了在降低准入门槛时尽量向澳门标准靠拢，从而

---

① 参见《中华人民共和国外资银行管理条例》第七十二条和《中华人民共和国外资保险公司管理条例》第三十九条。

有利于探索建设《粤港澳大湾区发展规划纲要》提出的"澳门—珠海跨境金融合作示范区"。

1. 分析银行市场准入门槛的降低

就设立银行而言,《中华人民共和国外资银行管理条例》对《中华人民共和国商业银行法》作了变通,主要体现在两个方面：第一,注册资本。内资设立商业银行的最低注册资本分别为人民币 10 亿元（全国性商业银行）、1 亿元（城市商业银行）以及 5000 万元（农村商业银行）。① 而外资在内地设立外商独资银行或中外合资银行,注册资本最低限额为 10 亿元。② 第二,股东资格。境外具有从事国际金融活动经验并获得该国金融监管机构同意的金融机构,才能在内地设立银行。如果境外金融机构为外资银行或中外合资银行的唯一或者控股股东,该境外金融机构必须为境外商业银行,其资本充足率须同时符合所在地与内地的要求。③

由于任务 2 是要求降低澳门金融机构在横琴合作区设立银行的门槛,因此降低准入门槛主要在注册资本方面降低。澳门地区的金融法律制度由第 32/93/M 号法令《通过澳门地区金融体系的法律制度》创设。④ 依据该法,在澳门设立银行,注册资本最低限额为 1 亿澳门元,且须将一般资金存入澳门金融管理局或其他机构。⑤ 基于此,本书主张,澳门金融机构在横琴合作区设立银行的最低注册资本限额为 1 亿澳门元。

就境外银行在内地设立分行而言,《中华人民共和国外资银行管理条例》规定了两个较为特殊的限制条件：第一,营运资金。外国银行总行应当向其在内地的分行无偿拨给 2 亿元人民币或等值的自由兑换货币,作为营运资金。⑥ 第二,资本充足率。外国银行的资本充

---

① 参见《中华人民共和国商业银行法》第十三条。
② 参见《中华人民共和国外资银行管理条例》第八条第一款。
③ 参见《中华人民共和国外资银行管理条例》第九至十一条。
④ 参见白玉琴《澳门商业银行法律制度初探》,载《现代法学》2000 年第 4 期,第 116 页。
⑤ 参见澳门第 32/93/M 号法令《通过澳门地区金融体系的法律制度》第二十一条。
⑥ 参见《中华人民共和国外资银行管理条例》第八条第三款。

足率应符合所在地的监管要求和内地的监管要求。① 在澳门地区，境外银行在澳门设立分行，须至少以 5000 万澳门元购买澳门金融管理局指定的资产。② 基于此，本书主张，澳门银行在横琴合作区设立分行的最低运营资金可调整为 5000 万澳门元。

2. 分析保险市场准入门槛的降低

就设立保险公司而言，《中华人民共和国外资保险公司管理条例》规定的注册资本最低限额与《中华人民共和国保险法》一致，都是 2 亿元人民币。③ 而在澳门，经营非人寿保险业务的保险公司，最低实收资本不低于 500 万澳门元即可；经营人寿保险业务的保险公司，最低实收资本不低于澳门币 1500 万元即可。④ 为鼓励澳门金融机构在横琴合作区设立保险公司，可将澳门保险公司在横琴合作区设立保险公司的注册资本调整为与澳门一致。《中华人民共和国外资保险公司管理条例》在股东资格方面作了较为严格的规定：在提出设立申请前 1 年年末总资产不少于 50 亿美元的境外保险公司。⑤ 而内地资本设立保险公司则不受此条件的约束。对此，本书主张，参照《中华人民共和国保险法》的规定，将在横琴合作区设立保险公司的澳门股东的资格规定为：净资产不低于 2 亿元人民币的保险公司。

由于内地和澳门都不允许境外保险公司在本地设立分支机构，只能在本地设立保险公司，因此，无须讨论境外保险公司在内地设立分支机构的情形。

要特别说明两点。第一，本节提到的降低准入门槛的做法可由银保监会以规范性文件的形式加以规定，但须报国务院批准。《横琴粤澳深度合作区建设总体方案》规定的任务 2 可以视为对国务院对银保监会的制定相应规范性文件的授权。第二，降低准入门槛的做法只在横琴合作区有效，澳门金融机构在内地其他区域设立银行或保险机

---

① 参见《中华人民共和国外资银行管理条例》第十二款。
② 参见澳门第 32/93/M 号法令《通过澳门地区金融体系的法律制度》第二十三条。
③ 参见《中华人民共和国保险法》第六十九条和《中华人民共和国外资保险公司管理条例》第七条第一款。
④ 参见澳门第 6/89/M 号法令《订立保险业务新法例》第九条。
⑤ 参见《中华人民共和国外资保险公司管理条例》第八条。

构，仍然受《中华人民共和国外资银行管理条例》和《中华人民共和国外资保险公司管理条例》的约束。

(三) 任务3：针对特定专业人才降低准入门槛

就任务3而言，横琴合作区经济发展局于2021年12月13日公布《横琴粤澳深度合作区境外专业人才执行备案试行管理办法（征求意见稿）》（以下简称《办法》），并于2022年1月1日正式生效。[①]《办法》允许40种境外人才在完成备案登记后即可在横琴合作区从事相关专业服务工作。备案条件[②]如下：

(一) 遵守中华人民共和国宪法、法律法规，具有良好的职业道德，无违法犯罪记录；

(二) 在合作区合法工作；

(三) 台港澳地区人才应具有当地永久性居民身份；其他境外人才应当取得广东省有关部门核发的有效工作许可证；

(四) 取得以下领域境外职（执）业资格，并在资格证书有效期内；或在境外相关行业主管部门合法注册，并在注册有效期内：1. 金融类：主要包括证券、期货、基金及银行等境外认可的金融专业资格。2. 建筑、设计类：主要包括建筑勘察、设计、施工、监理、造价等业务（内地法律、法规暂不允许的除外）领域的注册工程师、注册建筑师、注册测量师、注册园境师、注册结构工程师等境外认可的建筑、设计专业资格。3. 规划类：主要包括香港注册专业规划师、澳门城市规划师等境外认可的规划专业资格；

(五) 行业主管部门认为需要的其他条件，如参加国内要求的法律法规培训、专业考核等。

具体以有关行业主管部门规定的备案条件为准。

---

① 截至2022年6月，横琴合作区官网只公开了该办法的征求意见稿。
② 参见《横琴粤澳深度合作区境外专业人才执业备案试行管理办法（征求意见稿）》第二条。

《办法》附件对上述条件四规定的三类境外职（执）业资格进行了列举，共 40 项。附件中列举的 40 项可备案的境外职（执）业资格可以分成两类，第一类直接备案，第二类以通过考试作为备案条件。这 40 项境外职（执）业资格对应境内的 18 种职（执）业资格：（1）金融类，包括证券业从业资格，期货从业资格，基金从业资格；（2）建筑/设计类，包括注册土木工程师（岩土），注册电气工程师、注册环保工程师、注册消防工程师、注册电气工程师、注册土木工程师、注册公用设备工程师、注册造价工程师、注册监理工程师、注册房地产估价师、注册建筑师、注册建造师、注册园境师；（3）规划类，指城市规划从业资格。

　　在内地，这些职（执）业资格的认定属于行政许可。尽管这些行政许可的规范依据可以追溯到法律或行政法规，但它们的实施细则往往由部门规章或国家有关部门制定的规范性文件规定。因此，《办法》是对规章和规范性文件进行变通，这可能存在合法性问题。

　　《办法》附件所列举的 21 项境外职（执）业资格已经被经济特区法规或广东省有关部门的规范性文件所规定。《办法》附件所列举的大部分建筑/设计领域的境外职（执）业资格重复了《珠海经济特区横琴新区港澳建筑及相关工程咨询企业资质和专业人士执业资格认可规定》的内容，对这些境外职（执）业资格实行备案制不存在合法性问题，因为经济特区法规有权对部门规章和部门制定的规范性文件进行变通。《办法》附件列举的一些境外职（执）业资格由广东省住房和城乡建设厅、自然资源厅制定的规范性文件所规定。尽管这些规范性文件的内容往往都得到了国家主管部门的同意[①]，但它们仍然存在合法性方面的问题。《办法》附件列举的前 19 项境外职（执）业资格，分别对应内地的证券业从业资格、期货从业资格和基金从业资格。依《办法》附件，前述 19 项境外职（执）业资格的持有者，只需在内地通过一门以内地相关法律法规为考察内容的考试，就能进行备案，获得在内地执业的资格。这也是对国家统一规定的行政许可

---

① 《广东省自然资源厅关于港澳籍注册城市规划专业人士在广东省执业备案有关事项的通知》承认它经自然资源部同意。

的条件进行变通。从内地行政实践的角度看,横琴合作区经济发展局进行这种变通,不可能不征求国家有关部门的意见。可以推测,这种变通得到了国家有关部门的同意。

然而,获得同意并不能为广东省或横琴合作区的变通行为提供充分的合法性理由。以证券从业资格为例,《中华人民共和国证券法》第一百二十五条设定了行政许可,要求证券从业人员必须"具备从事证券业务所需的专业能力"。但该法并未规定许可的条件和程序。由于中国证监会是证券法规定的证券监督管理机构,因此许可规则的制定权归属于中国证监会。中国证监会制定了《证券基金经营机构董事、监事、高级管理人员及从业人员监督管理办法》(部门规章),对许可的条件和程序进行规定。横琴合作区经济发展局以其制定《办法》(规范性文件)变通部门规章设定的许可条件和程序,侵犯了法律授予中国证监会的规则制定权。尽管此种变通在内容上符合《横琴粤澳深度合作区建设总体方案》的要求,但是该方案并未将制定变通规则的权力授予横琴合作区。因此,从形式的角度看,横琴合作区经济发展局制定的《办法》存在合法性瑕疵。再以城市规划从业资格为例,《中华人民共和国城乡规划法》第二十四条要求从事城乡规划编制工作的机构必须"有规定数量的经相关行业协会注册的规划师"。但该法并未规定获得城市规划从业资格的条件与程序。条件与程序由人力资源和社会保障部与住房城乡建设部以规范性文件的形式加以规定,① 由此可以推论,城市规划从业资格许可规则的制定权归属于人力资源和社会保障部与住房城乡建设部(有关城乡规划的职责现已被划归自然资源部)。为了让澳门城市规划师资格和香港注册专业规划师资格的持有者获得在广东省执业的资格,广东省自然资源厅出台了《关于港澳籍注册城市规划专业人士在广东省执业备案有关事项的通知》,对国务院部门以规范性文件制定的规则进行了变通。此种变通在内容上具有依据,但在形式上行使了法律授予自然资源部的规则制定权。

---

① 人力资源和社会保障部、住房城乡建设部共同制定了《注册城乡规划师职业资格制度规定》《注册城乡规划师职业资格考试实施办法》。

从避免合法性瑕疵的角度看，应由国家有关部门通过制定部门规章或规范性文件的形式，或者由珠海通过制定经济特区法规的形式，制定上述《办法》。

（四）任务4：为具有澳门等境外资格的医疗专业人才在横琴合作区执业提供便利

就任务4而言，实际上，《外国医师来华短期行医暂行管理办法》《台湾地区医师在大陆短期行医管理规定》《香港、澳门特别行政区医师在内地短期行医管理规定》和《香港和澳门特别行政区医疗专业技术人员在内地短期执业管理暂行规定》已经为外国医师、港澳医师、港澳药剂师、港澳护士以及其他港澳医疗专业技术人员在内地短期执业提供了制度上的可能性。任务4要求在横琴合作区对这套制度进行变通，从而便利具有澳门等境外资格的医疗专业人才进入横琴合作区执业。

要完成任务4，首先要落实港澳药剂师、港澳护士以及其他港澳医疗专业技术人员在内地执业的许可制度。依上述规章和规范性文件，外国医师、港澳医师、港澳药剂师、港澳护士以及其他港澳医疗专业技术人员在内地执业，由所在地设区的市级以上卫生行政部门发给许可证。然而，广东省人民政府在其官网公布的各级行政机关权责清单中只列有"外籍医师来华短期行医核准"和"港澳台医师来内地短期行医核准"，并未列举港澳药剂师、港澳护士以及其他港澳医疗专业技术人员在内地执业的行政许可。

其次，对行政许可的条件进行调整，方便具有澳门等境外资格的医疗专业人才进入横琴合作区执业。目前，这些医疗专业人才在内地执业仍然受到了比较多的限制。在时间方面，外国医师来华行医许可证的有效期为一年，港澳台医师来内地行医许可证的有效期为三年。有效期届满后，须重新申请许可证。为减少行政相对人的负担，可取消许可证有效期的限制。在申请条件方面，台湾医师以及港澳医疗专业技术人员须出具无刑事犯罪记录证明。换言之，如有刑事犯罪记录，则无法获得内地执业许可。根据《医师执业注册管理办法》第六条和第十八条，在内地，受刑事处罚是注销执业许可的原因之一，但刑罚执行完毕满两年后，行政相对人可以再次申请注册。换言之，受刑事处罚并不是无法获得执业许可的条件。此外,《外国医师来华短期行医暂行管理办法》也不要求外国医师提供无犯罪记录证明。因此,在申请条件方面,应当取消无刑事犯罪记录证明这个条件,可将其在内地执业期间受内地刑事处罚规定为注销内地执业许可的条件。

最后,对行政许可的程序进行调整,便利具有澳门等境外资格的医疗专业人才进入横琴合作区执业。依据本节提到的规章和规范性文件,外国医师、港澳台医师以及港澳其他医疗专业技术人员申请内地执业许可,由设区的市级以上卫生行政部门进行审批。据此,这些具有境外资格的医疗专业技术人员进入横琴合作区须向珠海市卫生行政部门申请许可。为提供程序上的便利,可由珠海市卫生行政部门将相应的审批权委托给横琴合作区有关部门行使,或者通过经济特区法规或部门规章将相应的审批权直接授予横琴合作区有关部门。

要特别说明的是,本节是从内容的角度分析如何实现任务4。从形式的角度看,须由珠海市以经济特区法规的形式或者由国家卫生行政部门以部门规章或规范性文件的形式将上述内容转化为具有法律效力的规则。横琴合作区有关部门无权直接对部门规章或部门规范性文件创设的规则进行变通。

第四节　非高等教育制度对接所需的规则

在民生服务方面,《横琴粤澳深度合作区建设总体方案》提出"对接澳门教育、医疗、社会服务等民生公共服务和社会保障体系"。本节探讨学前教育和中小学教育制度的对接。对接是为了让在横琴合作区工作和居住的澳门居民的随迁子女享受更好的教育服务,或享受至少不低于澳门本地水平的教育服务,从而吸引更多的澳门居民迁入横琴合作区。

在理论上,有两种方式解决澳门居民随迁子女的教育问题:第一种是将澳门本地的非高等教育制度延伸到横琴合作区。在横琴合作区正在建设的"澳门新街坊"住宅项目内规划设立学校,该学校未来可以成为澳门本地非高等教育制度延伸到横琴合作区的载体。第二种是横琴合作区的内地幼儿园和中小学向澳门居民随迁子女开放，这种方式又可以细分为单独编班和混合编班两种模式。

一、澳门非高等教育制度向横琴合作区延伸

正在建设的横琴"澳门新街坊"项目将向澳门居民提供3800套住房。澳门特别行政区政府新闻局于2021年9月29日发布的新闻显示，"澳门新街坊"项目内的学校优先录取澳门居民随迁子女，学历设置与澳门等同，规划设立12个幼稚园班和18个小学班，还将规划设立中学。该学校可以成为澳门非高等教育制度在横琴合作区的延伸，即由澳方按澳门标准进行运营。

将澳门非高等教育制度直接延伸到横琴合作区，能满足澳门居民随迁子女按澳门标准接受中小学教育的需求，但存在一些法律方面的障碍需要解决。"澳门新街坊"项目内的学校主要为澳门居民子女提供学前教育和中小学教育，故而不宜由内地按公立学校的模式兴办，应按民办学校的模式设立，否则澳门非高等教育制度在横琴合作区的延伸将难以兑现。民办学校由国家机构以外的社会组织或者个人利用非国家财政性经费举办。未来，居住在"澳门新街坊"的澳门居民可在横琴注册成立具有非营利法人资格的社会组织，由该社会组织按照内地非营利性民办学校的模式申请开立"澳门新街坊"学校。

"澳门新街坊"学校可以在自主办学权的框架下参照澳门非高等学校的模式组织日常的管理活动和教育活动。但在教材选用方面和教师聘用方面，仍然存在一些法律障碍。

就教材选用而言，《民办教育促进法实施条例》第二十九条第三款禁止内地实施义务教育的民办学校使用境外教材。为确保澳门非高等教育制度延伸到横琴合作区，应允许"澳门新街坊"学校使用澳门教材。因此，国务院应对上述条例第二十九条第三款进行修改，或由珠海市通过经济特区立法权进行变通。在允许澳门教材进入横琴合作区的同时，应加以限制，限于"澳门新街坊"学校和内地学校的澳门班使用，并须报广东省教育厅备案。

就教师聘用而言,《中华人民共和国民办教育促进法》第二十九条要求民办学校聘任的教师,必须具有国家规定的任教资格。《中华人民共和国民办教育促进法实施条例》第三十三条第一款将《中华人民共和国民办教育促进法》第二十九条细化为"民办学校聘任的教师或者教学人员应当具备相应的教师资格或者其他相应的专业资格、资质"。据此,澳门本地教师只有获得内地教师资格才可以在内地任教。2019年1月,教育部办公厅、中共中央台湾工作办公室秘书局、国务院港澳事务办公室秘书行政司印发了《关于港澳台居民在内地(大陆)申请中小学教师资格有关问题的通知》(教师厅〔2019〕1号),对港澳台居民在内地参加中小学和幼儿园教师资格考试的条件作了规定,包括:第一,在内地(大陆)学习、工作和生活;第二,遵守《中华人民共和国宪法》和法律,拥护中国共产党的领导,坚持社会主义办学方向,贯彻党的教育方针;第三,符合《中华人民共和国教师法》规定的学历要求;第四,无犯罪记录证明;第五,达到国家语言文字工作委员会颁布的相应普通话水平等级标准;第六,其他条件与内地(大陆)申请人相同。

根据以上通知,"澳门新街坊"学校聘用的澳门教师必须参加内地的教师资格考试。这对澳门教师加盟"澳门新街坊"学校是一种限制,本书主张为澳门教师设置特殊的资格认定程序,降低制度成本。在澳门本地从事中小学教师工作的澳门居民,在遵守《中华人民共和国宪法》和法律,拥护中国共产党的领导,坚持社会主义办学方向,贯彻党的教育方针的条件下,经横琴合作区民生事务局认定可以在横琴合作区从事教师工作。此认定程序乃是对法律行政法规有关规定的变通,可由珠海市行使经济特区立法权为之。

除了教材选用和教师聘用,在监管方面,横琴合作区民生事务局应依《中华人民共和国民办教育促进法》及内地相关法律对"澳门新街坊"学校进行监管,不得依澳门特别行政区的法律对"澳门新街坊"学校进行行政管理。在全国人大常委会未授权的条件下,不得在内地实施澳门法律。至于"澳门新街坊"学校的办学经费,应由澳门特别行政区政府解决,因为该学校乃是澳门非高等教育制度在横琴合作区的延伸。目前,澳门决定从两个方面对"澳门新街坊"

项目内的学校提供支持：一方面，直接对学校提供资助；另一方面，为在该学校就读的澳门学生提供更加优惠的政策。① 为了确保这些支持的顺利实施，横琴合作区民生事务局应配合澳门特别行政区政府有关部门的工作。

澳门特别行政区政府为实现对"澳门新街坊"学校的支持，须制定相应的规则。由于"澳门新街坊"学校属于内地民办学校，故而，不宜将该学校视作澳门第 9/2006 号法律《非高等教育制度纲要法》规定的公立学校。澳门特别行政区政府可按澳门《非高等教育制度纲要法》规定的私立学校对其予以资助，具体的资助可以通过横琴合作区民生事务局为之。在澳门《非高等教育制度纲要法》的制度框架下，澳门特别行政区政府还通过教育发展基金支持各类中小学校开展各类具有发展性的教育计划和活动。目前，为了整合资源，精简架构，澳门正在着手修改法律，将高等教育基金、教育发展基金及学生福利资金整合为一个自治基金。② 澳门立法会于 2021 年 11 月 22 日一般性讨论及表决通过了一项法案③——《修改第 9/2006 号法律〈非高等教育制度纲要法〉及第 10/2017 号法律〈高等教育制度〉》，该法案将教育范畴内的高等教育资金、教育发展基金及学生福利基金整合为自治基金，并授权行政长官针对自治基金的组成、管理及运作制定补充性的行政法规④。行政长官在制定有关自治基金的补充性行政法规时，应针对"澳门新街坊"学校的特殊情况加以规定，以确保该学校的澳门学生获得相当于澳门本地的待遇。

---

① 参见《〈横琴粤澳深度合作区建设总体方案〉建设便利澳门居民生活就业的"新家园"——教育篇》，见澳门特别行政区新闻局官网（https://www.gcs.gov.mo/detail/zh-hant/N21IbCXF8c;jsessionid=D5D2F5D87B832324940364922213850A0.app01?0），访问日期：2022 年 1 月 27 日。

② 参见中华人民共和国澳门特别行政区立法会网页（https://www.al.gov.mo/uploads/attachment/2021-11/663496194a6848860a.pdf），访问日期：2022 年 1 月 29 日。

③ 一般性讨论及表决通过后的法案还需要向社会公布并征求意见，而后还须由立法会细则性表决通过才能公布生效。

④ 补充性行政法规是指行政长官为执行法律而制定的所必需的具体措施。参见澳门特别行政区第 13/2009 号法律《关于订定内部规范的法律制度》第四条。

二、横琴合作区内地学校向澳门居民子女开放

从长远来看,"澳门新街坊"项目无法满足澳门居民的居住需求和教育需求。相当一部分澳门居民将居住在横琴合作区的普通社区,其随迁子女难以进入"澳门新街坊"学校上学。因此,内地中小学和幼儿园应向澳门居民随迁子女开放。横琴合作区现有横琴中心幼儿园、横琴新区第一小学、首都师范大学横琴伯牙小学、横琴第一中学(包括初中和高中)、首都师范大学横琴子期实验学校(包括幼儿园、小学和初中)、艾乐国际幼儿园、华发容闳公学(包括小学、初中和高中)、珠海德威国际高中、珠海哈罗礼德学校。其中,后四所学校乃私立学校,可以自行决定是否招收澳门居民随迁子女,但这所四校办学规模有限,且费用不菲。为了向澳门居民随迁子女提供更多的优质学位,公立学校也应向澳门居民随迁子女开放。

对于澳门居民随迁子女在内地的受教育问题,《中华人民共和国教育法》《中华人民共和国义务教育法》未予规定,而是由一系列规范性文件予以规定。国务院办公厅印发的《港澳台居民居住证申领发放办法》(国办发〔2018〕81号)第十二条规定如下:

第十二条 港澳台居民居住证持有人在居住地依法享受劳动就业,参加社会保险,缴存、提取和使用住房公积金的权利。县级以上人民政府及其有关部门应当为港澳台居民居住证持有人提供下列基本公共服务:
(一)义务教育
....
(六)国家及居住地规定的其他基本公共服务。

根据该规定,在内地工作或生活的港澳居民可以通过为其未成年子女申请内地居民证来解决其未成年子女的就学问题。此外,《粤港澳大湾区发展规划纲要》还提出:

>研究赋予在珠三角九市工作生活并符合条件的港澳居民子女与内地居民同等接受义务教育和高中阶段教育的权利。

为落实《粤港澳大湾区发展规划纲要》,《广东省教育厅关于进一步规范普通中小学招生入学工作的指导意见》(粤教基〔2020〕3号)提出:

>完善并落实本地区进城务工和港澳人员随迁子女参加中考相关政策……持有香港、澳门居民居住证的港澳居民或其随迁子女来我省接受义务教育的,按照"欢迎就读、一视同仁、就近入学"原则,平等享受当地随迁子女入学相关政策和基本教育公共服务。

根据以上规范性文件,横琴合作区范围内的公办幼儿园和中小学应当向澳门居民随迁子女开放,赋予他们内地居民的同等待遇。

然而,《港澳台居民居住证申领发放办法》《粤港澳大湾区发展规划纲要》以及《广东省教育厅关于进一步规范普通中小学招生入学工作的指导意见》属于规范性文件,并不属于《中华人民共和国立法法》意义上的法律、法规或规章,所以,不能说港澳居民随迁子女在内地接受学前教育、义务教育和高中教育构成法律意义上的一项权利。不构成权利的风险在于,一旦港澳居民因随迁子女的入学问题而与内地教育行政部门发生争议,他们无法通过行政诉讼来保障其权益。2017 年,最高人民法院确立了一项规则:起诉人是否具有行政诉讼原告资格取决于他是否具有法律上的权利。[①] 由此可知,除非在内地接受学前教育、义务教育和高中教育成为澳门居民随迁子女的一项权利,否则他们无法通过行政诉讼保障其在内地接受学前教育、

---

① "以行政机关作出行政行为时所依据的行政实体法和所适用的行政实体法律规范体系,是否要求行政机关考虑、尊重和保护原告诉请保护的权利或法律上的利益(以下统称权益),作为判断是否存在公法上利害关系的重要标准。"最高人民法院,(2017)最高法行申 169 号行政裁定书。

义务教育和高中教育的利益。因此,可由经济特区立法制定相应的法规,将该利益明确为澳门居民随迁子女的权利。

澳门居民随迁子女获得在内地接受非高等教育的权利后,能进入内地幼儿园和中小学接受教育,获得内地学生的同等待遇。内地与澳门在非高等教育制度方面的基本框架是一致的,这使得澳门学生能够适应内地的教育。内地与澳门的非高等教育都由学前教育(澳门称幼儿教育)、初等教育(澳门称小学教育)、中等教育(分为初中和高中,澳门也这样分,但统称为中学教育)三个阶段组成,幼儿园、初中和高中的学习年限各三年,小学学习年限为六年。然而,内地和澳门在入学年龄、教育费用和转学方面仍然存在一些差别,有进行规则衔接的必要,目的是让澳门学生享受更好的教育服务,从而吸引澳门居民迁入横琴合作区。

(一)第一个待衔接的规则是学生年龄规则

内地和澳门对接受学前教育、小学教育和中学教育的学生实行不同的年龄规则。

内地行政法规《幼儿园管理条例》将幼儿园的招生年龄规定为"三周岁以上学龄前幼儿"。[1] 2020年9月公布的《学前教育法草案(征求意见稿)》第二条也将年龄规定为"三周岁到入小学学前"。可见,三周岁是幼儿的入园年龄。在实践中,各地方教育局通常以入园当年的8月31日作为计算年满三周岁的时间点。因此,幼儿园小班儿童的出生日期为:以入园当年为第一年,往前倒推至从第五年9月1日到第四年8月31日出生的儿童。例如,《福州市教育局关于印发福州市2021年秋季幼儿园招生工作意见的通知》将2021年秋季入园年龄规定为"年满三周岁(2017年9月1日至2018年8月31日期间出生)的适龄幼儿"。

《中华人民共和国义务教育法》将小学入学年龄规定为年满六周岁,条件不具备的地区的儿童,可以推迟到七周岁。[2]《江苏省实施〈中华人民共和国义务教育法〉办法》将"年满六周岁"解释为入学

---

[1] 参见《幼儿园管理条例》第二条。
[2] 参见《中华人民共和国义务教育法》第十一条第一款。

当年八月三十一日之前（八月三十一日）年满六周岁。① 其他地方虽未在地方性法规或规章中定义"年满六周岁"，但教育部和各地教育行政部门都是按前述标准解释"年满六周岁"。② 总之，一年级学生的出生日期为：以入学当年为第一年，往前倒推至从第七年 9 月 1 日到第六年 8 月 31 日。例如，2021 年秋季入学的儿童为 2014 年 9 月 1 日至 2015 年 8 月 31 日期间出生。

至于初中和高中的入学年龄，内地法律法规未予规定。不仅如此，各地教育行政部门制定的相关规范性文件对此也不予规定。这是因为初级中学和高级中学一般只针对本辖区内的小学毕业生和初中毕业生进行招生。③ 各地教育行政部门制定的有关中小学生学籍管理的规范性文件原则上禁止义务教育阶段的学生留级。④ 故而，无须对初中生和高中生的入学年龄进行限制。另外，高中不属于义务教育，其招生还以中考分数为依据。这可能是高中不限制年龄的另一个原因。

与内地不同，澳门《非高等教育制度纲要法》第十八条对幼儿园、小学、初中、高中各阶段学生的年龄作了较为严密的规定。报读幼儿园教育第一年的年龄限制是"至报名当年的十二月三十一日年满三周岁"，报读小学教育第一年的年龄限制是"至报名当年的十二月三十一日年满六周岁"。据此，在澳门，入园儿童的出生日期为：以入园当年为第一年，往前倒推至从第四年 1 月 1 日到第四年 12 月 31 日。入读小学儿童的出生日期为：以入学当年为第一年，往前倒推至从第六年 1 月 1 日到第六年 12 月 31 日。除限制入园入学年龄外，澳门还针对就读小学、初中和高中设置年龄上限，分别为十五周岁、十八周岁和二十一周岁，但就读小学、初中及高中的某一年级的

---

① 参见《江苏省实施〈中华人民共和国义务教育法〉办法》第八条。

② 参见《教育部：应依法执行"年满 6 周岁入学"规定》，见中国日报网（https://www.chinadaily.com.cn/dfpd/2009 - 12/08/content_ 9134538.htm），访问日期：2022 年 1 月 29 日。

③ 一些地方的高中也招收应届生以外的学生，但有严格限制。

④ 各地教育行政部门禁止留级的规范性文件包括但不限于：《邯郸市中小学生学籍管理办法实施细则》《江西省中小学生学籍管理办法》《福建省中小学生学籍管理办法》《南昌市中小学生学籍管理办法（试行）》《湖南省中小学生学籍管理办法》《云南省中小学生学籍管理办法实施细则》。

学生，在该学年内达到年龄上限，可继续其学业，直到该学年终结为止。存在特殊情况的，可以突破入学年龄和就读小学、初中和高中的年龄上限，但须经澳门教育行政当局批准。

根据以上分析，可得出两个结论。第一，内地和澳门都限制入园年龄和入学年龄，目的是确保同一批次入园儿童和入学儿童的年龄差在一周岁内。区别在于，内地以入园或入学当年的8月31日为计算年龄的时间点，而澳门以入园或入学当年的12月31日为计算年龄的时间点。第二，内地不针对小学、初中和高中设置年龄上限，而澳门针对小学、初中和高中设置年龄上限。

内地不限制小学、初中和高中的年龄上限，这对在横琴合作区上学的澳门居民随迁子女是一个利好规则，但入园年龄和入学年龄计算规则可能会成为澳门居民迁入横琴合作区的一个阻碍因素。为此，入园年龄和入学年龄规则存在衔接的必要。那么，该如何衔接？有三种方式：第一，澳门将年龄计算规则调整为与内地一致；第二，内地将年龄计算规则调整为与澳门一致；第三，内地针对澳门学生规定特殊的年龄计算规则。前两种方式社会成本太高，且两种年龄计算规则本身都是合理的、科学的。本书主张采用第三种方式。

近年来，内地一直有人呼吁放宽儿童入学年龄，将入学年龄计算时间点延长到入学当年的12月31日。对这种观点，有两种理解。

一种理解是，仍维持当前的年龄计算规则，同时允许8月31日到12月31日出生的学生家长自行决定是否提前入学。如果采纳这种理解，则入学年龄规则冲突问题迎刃而解。然而，依这种理解，同一批次入学学生的年龄差将超过一周岁，最长可达到一周岁又六个月。这不符合入学年龄规则的精神。过去还有一种观点认为，《中华人民共和国义务教育法》第十一条第一款只规定年满六周岁的儿童"必须入学接受规定年限的义务教育，并未规定未满六周岁的儿童不能入学接受义务教育"。[1] 这种观点不对。结合我国的学前教育制度，《中华人民共和国义务教育法》第十一条第一款包含了未满六周岁的儿

---

[1] 参见王祥珍《义务教育法中儿童入学年龄规定内涵之探讨》，载《当代法学论坛》2009年第1辑。

童不能入学接受义务教育。而且，入学年龄规则是为了确保同一批次入学的学生年龄相差不大，各方面的发育情况基本相同，从而实现机会平等。即便是在目前的入学制度下，年龄上的差距也带来了不平等问题。相关研究表明，出生于七八月的青少年在自我建构、学业适应和发展机会三个方面的表现整体上不如出生于头一年九十月的青少年。① 这还是新生的入学年龄相差不到一周岁的情形，如果相差年龄更大，不平等问题可能更严重。

另一种理解是所谓"延长到入学当年 12 月 31 日"具有普遍性，即凡在入学当年 12 月 31 日年满六周岁者必须入读一年级。据此，内地年龄计算规则与澳门完全一致，还能确保同一批次入园或入学学生的年龄差在一周岁以内。但这也会带来新的问题：如果只在横琴合作区的范围内将入学年龄计算的时间点调整为入学当年 12 月 31 日，这会带来区域平等问题；如果将整个内地的入学年龄计算的时间点调整为入学当年 12 月 31 日，则有小题大做之嫌。

为解决内地与澳门学生入学年龄计算规则的冲突，本书主张，横琴合作区的公办幼儿园和中小学分设澳门班和内地班，澳门班依澳门规则计算入学年龄，内地班仍按内地规则计算入学年龄。如果澳门居民随迁子女须编入内地班，按内地规则计算入学年龄。

（二）第二个待衔接的规则是教育费用规则

根据内地《中华人民共和国义务教育法》和有关规范性文件的规定，内地公办的小学和初中不收学费、杂费，但仍收取服务性费用和代收费用等。服务性费用和代收费的具体政策由各省制定。② 高中教育的经费虽以政府投入为主，但受教育者也需要分担部分经费。澳门《非高等教育制度纲要法》第二十一条规定了免费教育，免费是指"免缴学费、补充服务费和其他与报名、就读及证书方面有关的费用"，并授权行政长官制定专有法规，对免费教育的范围予以规定。行政长官制定的第 19/2006 号行政法规《订定免费教育津贴制

---

① 参见刘德寰、李雪莲《"七八月的孩子们"——小学入学年龄限制与青少年教育获得及发展》，载《社会学研究》2015 年第 6 期。

② 参见《关于进一步加强和规范教育收费管理的意见》（教财〔2020〕5 号）。

度》实行十五年免费教育,包括幼儿教育、小学教育、初中教育和高中教育;政府按学生数量向学校发放免费教育津贴。① 根据以上分析,可得出如下结论:澳门的免费教育在免费程度和免费范围方面均高于内地。

根据《关于进一步加强和规范教育收费管理的通知》的精神,对于在内地中小学校和幼儿园学习的澳门学生,执行与内地学生相同的收费政策。基于此,横琴合作区的公立幼儿园和中小学应按内地规则向澳门学生收取费用。这种处理方式有助于维护内地法制的统一,但难以保障在横琴合作区就业和生活的澳门居民的随迁子女享受不低于澳门本地水平的教育服务,不利于吸引澳门居民迁入横琴合作区。为此,有必要将两种不同的费用规则衔接起来。

在目前的费用规则下,广东省的年生均教育经费支出低于澳门。以2020年为例,广东省全省幼儿园生均教育经费总支出为14474元,小学生为17373元,初中生为25927元,高中生为31728元。② 而在澳门,第105/2020号行政长官批示《调整第19/2006号行政法规第六条第一款(一)至(三)项所规定的免费教育津贴金额》将2020年的免费教育津贴调整如下:

(一)学生人数为25至35人的幼儿教育及小学教育的班级,津贴金额分别为1063800澳门元及1159100澳门元;

(二)学生人数为25至35人的初中教育的班级,津贴金额为1396800澳门元;

(三)学生人数为25至35人的高中教育的班级,津贴金额为1584300澳门元。

按汇率0.7919以及每班35人的标准计算,免费教育津贴支出如

---

① 参见澳门第19/2006号行政法规《订定免费教育津贴制度》第六条、第七条。
② 参见《总投入5386.96亿元!广东省2020年度教育经费统计快报看过来》,见南方网(https://edu.southcn.com/node_26799a7394/daf9f82761.shtml),访问日期:2022年2月7日。

下：幼儿园生均24069元（人民币，下同），小学生均26225元，初中生均31604元，高中生均35846元。

基于生均经费和生均免费教育津贴的对比，可以发现澳门居民随迁子女在横琴合作区内接受教育能为澳门节省免费教育津贴支出。澳门政府可以将这些节省的支出用于向在横琴合作区内接受教育的澳门居民随迁子女发放津贴，以此确保在横琴合作区就读的澳门学生获得相当于在澳门就读的政府投资，从而吸引澳门居民迁入横琴合作区。

（三）第三个待衔接的规则是转学规则

为了便利澳门居民在横琴合作区与澳门之间自由流动，应当允许其随迁子女从横琴合作区转入澳门就学，或从澳门转入横琴合作区就学。

广东省教育厅制定的《关于中小学生学籍管理的实施细则（试行）》（粤教基〔2014〕24号）第五章对广东省中小学校接收转学作了规定。从实体条件看，义务教育阶段学生转学的条件由市级、县级教育行政部门制定；高中生转学，如属于省内转学，其条件由市级教育行政部门规定；如属于跨省转入高中生，须具有广东省的户籍，转出地的省级教育行政部门或市级教育行政部门出具的转学证明，并经广东省市级以上教育行政部门审核同意。据此，由于澳门学生通常不具有广东省户籍，因此澳门高中生不能转入横琴合作区。为便于澳门高中生随父母迁入横琴合作区，广东省教育厅应修改相关规则，允许不具有广东省户籍的澳门高中生转入横琴合作区。此外，由于转学的实体条件属于市级行政管理权，广东省教育厅应当将这一权力下放给横琴合作区，由横琴合作区制定接收澳门学生的实体条件。

珠海市对澳门学生转入珠海市就读义务教育规定如下：（1）监护人的个人资料如身份证、户口本（户口本不能反映父母与子女关系的，需提交结婚证和出生证），监护人房产证或租赁合同，以及各区教育部门要求的其他资料，监护人属于委托监护人的还需提供经过公证的委托监护协议；（2）转入学生学历证明的原件和复印件。① 为便利行政相对人，可将澳门居民随迁子女转入横琴合作区就读的条件

---

① 参见《便利港澳居民在珠海发展的60项措施》。

设置如下：（1）能证明转入学生与在横琴合作区工作或居住的澳门居民之间存在子女与父母关系或监护关系的资料，包括户口本、出生证或委托监护协议等；（2）证明该澳门居民在横琴居住或工作的资料；（3）转入学生学历证明或近期的学年/学期成绩。

从程序角度看，转学手续一般在学期结束前或新学期开学后10个工作日内申请办理。广东义务教育阶段转学审核程序为："家长提出—转入学校审核—转入学校主管教育行政部门审核—转出学校审核—转出学校主管教育行政部门审核。高中教育阶段转学审核程序如下：家长提出—转入学校审核—转入地县级教育行政部门审核—转入地市级以上教育行政部门审核（备案）—转出学校审核—转出地县级教育行政部门审核—转出地市级以上教育行政部门审核（备案）"。为提高办理转学手续的效率，便利行政相对人，可将针对澳门学生的转学程序简化为："家长提出—转入学校审核—横琴合作区民生事务局审核—转出学校审核—澳门特别行政区政府教育及青年发展局审核"。为确保转学程序的顺利进行，澳门特别行政区政府教育及青年发展局应当予以配合审核。依据广东省教育厅制定的《关于中小学生学籍管理的实施细则（试行）》，转学程序完成后，学生的转入学校还应当通过电子学籍系统办理转学手续，调取其学籍档案。由于澳门并未对中小学生实行学籍管理制度，因此无须调取学籍档案；但澳门的学校仍然会为就读学生制作有关学生个人资料的记录，该记录资料应移交给横琴合作区民生事务局。至于学籍档案，如果该澳门学生曾在内地就读，并办理了学籍档案，则应调取其原来的学籍档案；如果该澳门学生系首次在内地就读，由横琴合作区为转入的澳门学生办理新的学籍档案。

根据澳门第42/99/M号法令《对年龄介乎五岁至十五岁之间儿童及少年实行义务教育》第五条，义务教育阶段学生转学，由家长提出申请，且学生转往的教育机构有学位并符合学生的利益或其家长的意愿，则允许学生转学；转出学校应当将有关学生个人资料记录转交给转入学校。严格来说，这里的转学针对的是在澳门本地学校之间的转学，不涉及从澳门境外转入澳门本地。从境外转入澳门本地，属于"学位咨询及安排"事项，根据澳门特别行政区政府教育及青年发展局公布的有关信息，条件为：（1）澳门特别行政区居民身份证，或澳门有权限实体发出超过90天（不考虑延期的时间）在澳门居留或逗留的许可，连同有效的护照或身份证明文件；（2）学历证明或最近期的学年/学期成绩；（3）报读初中教育者，必须递交小学毕业证书或证明；报读高中教育者，必须附上初中毕业证书或证明。①

为便利澳门学生从横琴合作区转回澳门接受中小学教育，应当将澳门学生从横琴合作区转回澳门本地视同本地的转学。换言之，只要澳门学生从横琴合作区转回符合学生的利益，且转入学校有学位，澳门就应为其办理转学手续。转学程序可设置为："家长提出—转入学校审核—澳门特别行政区政府教育及青年发展局审核—横琴合作区民生事务局审核—转出学校审核"。审核程序完成后，横琴合作区的转出学校应当将其保存的转学学生个人资料移交给澳门转入学校。

第五节　其他建设任务所需的规则

上节以非高等教育制度为例讨论了民生服务方面的规则衔接，本节将分析药品生产、医疗器械引入以及数据流通等方面的规则调整。

一、调整药品、食品和保健品的产地规则

《横琴粤澳深度合作区建设总体方案》提出允许"对在澳门审批和注册、在合作区生产的中医药产品、食品及保健品，允许使用'澳门监造'、'澳门监制'或'澳门设计'标志。"这是对药品、食品和保健品包装内容的管理。

在内地，药品包装的内容由《中华人民共和国药品管理法》第四十九条规范。该法第四十九条第一款规定："药品包装应当按照规

---

① 参见《学位咨询及安排（教育及青年发展局）》，见中华人民共和国澳门特别行政区政府网站（https://www.gov.mo/zh-hans/services/ps-1601/ps-1601a/），访问日期：2022年1月28日。

定印有或者贴有标签并附有说明书"。根据《药品说明书和标签管理规定》（部门规章）第3条第1款，药品说明书和标签由国家食品药品监督管理局予以核准。据此，允许在特定药品上注明"澳门监造""澳门监制"或"澳门设计"，须由国家食品药品监督管理局予以核准。

然而，在药品的包装上标注"澳门监造""澳门监制"或"澳门设计"会导致消费者误会药品的产地，因此，还须研究前述标志与药品产地规则之间是否存在冲突。《中华人民共和国药品管理法》创设了药品生产许可制度，该制度由《药品管理法实施条例》和《药品生产监督管理办法》细化。综合《药品生产监督管理办法》第十四条、第十五条和第六十八条，药品生产许可证必须载明生产地址，未经许可不得变更。同时，《中华人民共和国药品管理法》第四十九条又要求药品包装上必须注明生产企业及其地址。据此，可以推导出一条法律规则：药品包装上所注明的产地必须与生产许可证上的产地保持一致。换言之，在横琴合作区生产的中医药产品的地址须注明为横琴合作区。由于"澳门监造""澳门监制"或"澳门设计"标志会使得消费者误会药品的产地在澳门，因此，为了避免前述标志破坏产地规则所要实现的目的与效果，应将"澳门监造""澳门监制"或"澳门设计"等字样与药品的生产地址标注在一块，从而向购买者给出充分地提示：药品具有涉澳因素，但产地不在澳门。这一规则应由国家药品监督管理部门以部门规章或规范性文件的方式确立。

食品（包括保健食品等特别食品，下同）的标签与说明书由《中华人民共和国食品安全法》调整。根据该法第六十七条和第六十八条，食品应当标明生产者的地址。《食品标识管理规定》（部门规章）第七条规定，食品产地应当按照行政区划标注到地级市地域。不过，产地规则并不限制在食品和保健品上使用"澳门监造""澳门监制"或"澳门设计"等标志，只限制前述标志引发产地误会。可以通过对前述标志进行规范，从而避免引起误会。例如，"澳门监造""澳门监制"或"澳门设计"应当标在生产地址附近。与药品的情况一样，应由国家食品监督管理部门以部门规章或规范性文件的形式对前述标志进行规范。

二、完善澳门药品、特殊食品和医疗器械的引入规则

《横琴粤澳深度合作区建设总体方案》提出允许横琴合作区指定医疗机构使用从澳门本地引进药品、特殊医学用途配方食品和医疗器械。

《中华人民共和国药品管理法》及其实施条例对药品进口实行许可制。澳门地区企业生产的药品须在内地"取得《医药产品注册证》后，方可进口"；"因临床急需进口少量药品的，应当持《医疗机构执业许可证》向国务院药品监督管理部门提出申请"，获批准后，方可进口，且进口的药品应当在指定医疗机构内用于特定医疗目的。① 据此，在目前的制度框架下，横琴合作区的医疗机构可以从澳门进口临床急需、已在澳门注册的药品。为提高行政效率，可由国务院药品监督管理部门将其审批权委托下放给横琴合作区民生事务局。权力下放可以通过规范性文件的形式而为之。

《中华人民共和国食品安全法》对有特殊医学用途的配方食品实行注册制。有特殊医学用途的配方食品只有在国务院食品安全监督管理部门完成了注册，才能进口。② 《横琴粤澳深度合作区建设总体方案》允许横琴合作区指定医疗机构进口临床急需、已在澳门注册的特殊医学用途配方食品，不符合《中华人民共和国食品安全法》。为此，须对《中华人民共和国食品安全法》进行变通。

国务院制定的《医疗器械监督管理条例》第六条、第十三条和第十四条依据风险程度的不同将医疗器械分成三类，对它们实行上市许可制：低风险的一类医疗器械完成备案后才能上市或进口，中风险的二类和高风险的三类医疗器械完成注册后才能上市或进口。《横琴粤澳深度合作区建设总体方案》允许横琴合作区"指定医疗机构使用……临床急需、澳门公立医院已采购使用、具有临床应用先进性

---

① 参见《药品管理法实施条例》第三十五条和第三十六条。
② 参见《中华人民共和国食品安全法》第八十条和第一百二十四条。

第五章 横琴合作区公法规则优化生成

（大型医用设备除外）的医疗器械"。为完成此任务，必须对《医疗器械监督管理条例》进行变通。

对《中华人民共和国食品安全法》和《医疗器械监督管理条例》相关规定的变通，须通过经济特区法规而为之。首先，应当实行许可制。横琴合作区医疗机构从澳门进口"特殊医学用途配方食品"和医疗器械，应先获得审批。对进口"特殊医学用途配方食品"和医疗器械进行一般性禁止，乃是《中华人民共和国食品安全法》和《医疗器械监督管理条例》的基本精神，经济特区法规的变通规定不得违反法律、行政法规的基本精神。其次，审批权应配置给横琴合作区民生事务局。由于变通规定仅在横琴合作区生效，故而审批权应配置给横琴合作区民生事务局。最后，"临床急需""具有临床应用先进性"属于十分专业的医学概念，行政机关在进行审查时，应听取医学专家的意见。国家对"大型医用设备"实施目录管理，经济特区法规不宜变通国家相应的目录。

三、完善促进国际互联网数据跨境流动规则

促进国际互联网数据跨境流运要在安全的前提下，这是《横琴粤澳深度合作区建设总体方案》提出促进国际互联网数据跨境安全有序流动的原因所在。目前，内地数据出境由《中华人民共和国个人信息保护法》第三十八条和第四十条、《中华人民共和国数据安全法》第三十条，以及《中华人民共和国网络安全法》第三十七条所调整。这些条文的基本精神是严格监督数据出境，尤其是要增强安全评估。然而，这些条文只是搭建了一个基本框架，尚须进一步细化。

2022年9月施行的《数据出境安全评估办法》第四条列举了四种需要通过所在地的省级网信部门向国家网信部门申报数据出境安全评估的情形：第一，数据处理者向境外提供重要数据；第二，关键信息基础设施运营者和处理100万人以上个人信息的数据处理者向境外提供个人信息；第三，自上年1月1日起累计向境外提供10万人个人信息或者1万人敏感个人信息的数据处理者向境外提供个人信息；第四，国家网信部门规定的其他需要申报数据出境安全评估的情形。

上述办法 2022 年 7 月审议通过，改变了"我国还没有提出明确的数据跨境流动'中国方案'"①的局面，促进我国的互联网行业和数字经济更好地参与国际竞争。

在《中华人民共和国个人信息保护法》第三十八条和第四十条、《中华人民共和国数据安全法》第三十一条及《中华人民共和国网络安全法》第三十七条确立的框架下，横琴合作区可以探索数据跨境流动安全管理试点，在数据安全与数据自由流动之间寻得平衡点。依前述法律条文，境内数据持有者向境外提供数据须遵守四条规则：（1）"关键信息基础设施运营者"向境外提供数据，其他数据持有者向境外提供有关个人信息的数据，皆须符合"因业务需要，确需向境外提供"的条件；（2）"关键信息基础设施运营者"向境外提供数据，向境外提供有关个人信息的数据达到规定数量，皆须通过国家网信部门组织的安全评估；（3）非关键信息基础设施运营者向境外提供有关个人信息的数据，但数量尚未达到国家网信部门的规定，应按照国家网信部门的规定经专业机构进行个人信息保护认证，或者按照国家网信部门制定的标准合同与境外接收方订立合同，约定双方的权利和义务；（4）数据非为"关键信息基础设施运营者"所掌握，且与个人信息无关，可以自由流动。

为在横琴合作区实现数据自由流动与数据安全的平衡，开展数据跨境传输安全管理试点，应对上述规则体系进行变通。首先，取消规则（1）在横琴合作区的适用。对数据出境是否为业务所需进行审查，有干涉数据流动过甚之嫌。从数据安全的角度出发，建议改为禁止为特定目的向境外提供有关数据或禁止向境外特定主体提供有关数据。这是负面清单的思路，此种思路有助于减少对数据自由流动的干预，也能有效保障安全。其次，国家网信部门应授权横琴合作区执行委员会制定数据出境安全评估的实施细则。法律已将制定数据出境安全评估实施细则的权力授予了国家互联网信息办公室。在国务院允许横琴合作区开展数据跨境传输安全管理试点的背景下，国家互联网信

---

① 熊鸿儒、田杰棠：《突出重围：数据跨境流动规则的"中国方案"》，载《人民论坛·学术前沿》2021 年第 Z1 期，第 58 页。

息办公室可以授权横琴合作区执行委员会制定适用于横琴合作区的数据出境安全评估实施细则。

依据国务院制定的《中华人民共和国计算机信息网络国际联网管理暂行规定》第六条和第七条，国务院可以授权横琴合作区建设固网接入国际互联网的绿色通道。"研究建设固网接入国际互联网的绿色通道"的难点在于，如何在建设绿色通道的条件下维护数据安全。更准确地说，在绿色通道中如何确保数据传输方规避数据安全监管制度。这主要是一个技术问题，不是法律问题，本书不展开讨论。

在一般数据能够便利流向澳门的基础上，科研数据更便利地流向澳门在制度和技术上就具有了可能性。澳门方面对其科研数据流向内地也存在限制。在澳门，"活动仅限于科学及技术领域的行政公益法人"属于"关键基础设施私人运营者"，受澳门第13/2019号法律《网络安全法》的约束。该法仅将"基础设施运营者的信息网络与互联网之间传输的计算机数据"纳入了网络安全活动的监测范围[1]，不限制数据的跨境传输。

---

[1] 参见澳门第13/2019号法律《网络安全法》第三条。

第六章 "横琴粤澳深度合作区条例"的制定

一方面，制定"横琴粤澳深度合作区条例"（以下简称"横琴合作区条例"）是贯彻落实中央决策部署和国家重大战略、以立法引领和保障改革的重要举措；另一方面，横琴粤澳深度合作区长远发展需要法治提供保障。《横琴粤澳深度合作区建设总体方案》的规划期为2021年至2035年，是一个较长的规划期，它的一些内容有必要转化为法律法规。总之，宜通过立法为《横琴粤澳深度合作区建设总体方案》的贯彻落实提供法律保障。

第一节 "横琴合作区条例"的制定机关

由于法律、行政法规、地方性法规和经济特区法规都可以使用条例之名，因此，全国人大及其常委会、国务院、广东省人大及其常委会、珠海市人大及其常委会都有可能成为"横琴合作区条例"的制定机关。由于横琴合作区已由广东省直接管理，为避免出现珠海市的立法拘束广东省的现象，"横琴合作区条例"不应由珠海市人大及其常委会制定。

2022年4月19日，广东省发展和改革委员会主任就横琴合作区建设表示，"目前粤澳双方也在共同争取中央相关立法部门支持尽快

第六章 "横琴粤澳深度合作区条例"的制定

制定合作区条例"。① 但目前尚无迹象表明,中央相关立法部门计划制定"横琴合作区条例"。由于我国是一个单一制国家,"一般地方、民族自治地方和特别行政区都由法律来具体授权"②,因此,在宪法规定的范围内,事不分轻重大小,全国人大及其常委会都有权进行立法。③ 尽管全国人大及其常委会有权制定"横琴合作区条例",但有权制定不等于应当制定。本书从"横琴合作区条例"的拘束对象、内容以及重要程度三个方面,证明"横琴合作区条例"不应由全国人大及其常委会或国务院制定,而应由广东省人大及其常委会制定。

一、"横琴合作区条例"无须为澳门和国务院部门创设职责

如果"横琴合作区条例"须为澳门或国务院部门创设职责,它就应当由全国人大及其常委会或国务院制定。由于横琴合作区建设需要澳门的配合,而横琴合作区建设的制度保障主要由"横琴合作区条例"提供,因此,"横琴合作区条例"应当为澳门特别行政区创设职责。这是"横琴合作区条例"应由全国人大及其常委会制定的一个重要理由。实际上,"横琴合作区条例"不应为澳门特别行政区创设职责。

首先,澳门特别行政区与广东省合作开发横琴,是澳门特别行政区高度自治权范围内的事务。可以说,凡是不由中央政府直接行使的权力,都属于澳门特别行政区的高度自治权。依《中华人民共和国澳门特别行政区基本法》第二章,只有国防、外交领域的权力直接由中央政府行使,其他权力属于澳门特别行政区的高度自治权。因此,与广东合作开发横琴是澳门特别行政区高度自治权范围内的

---

① 参见《广东省发展改革委(省大湾区办)主任郑人豪:横琴粤澳深度合作区建设在四个方面取得突破性成效》,见中央人民政府驻澳门特别行政区联络办公室官网(http://www.zlb.gov.cn/2022-04/20/c_1211638637.htm),访问日期:2022年4月30日。
② 王磊:《论我国单一制的法的内涵》,载《中外法学》1997年第6期,第52页。
③ 参见张春生《对全国人大专属立法权的理论思考》,载《行政法学研究》2000年第3期。

事务。

其次,澳门特别行政区与内地行政区的关系无须由法律专门规定。因为特别行政区本质上仍是一个地方行政区,粤澳关系属于一种特殊的地方关系。从实践角度看,全国人大及其常委会并未针对内地各行政区之间的关系进行立法,《中华人民共和国澳门特别行政基本法》也只规定了中央与澳门特别行政区的关系,并未规定澳门特别行政区与内地行政区的关系。可以推测,全国人大及其常委会认为无须对上述关系进行立法。从理论的角度看,有一种观点认为,举凡影响范围"超越一个地方的疆域,涉及两个或两个以上地方之间的权限和利益",应当由中央立法。[1] 然而,在"两个积极性原则"的框架下,只要"涉及两个或两个以上地方之间的权限和利益"无关中央权力的行使,就可以由地方协商解决,因为地方拥有中央赋予的自主权。

最后,调动澳门参与横琴合作区建设的积极性,不应通过法律而为之。要求全国人大及其常委会以"横琴合作区条例"拘束澳门,实际上是担心澳门不配合横琴合作区的建设。这种担心有道理,但不应通过法律而强制澳门参与横琴合作区建设。这种做法不仅侵犯了澳门特别行政区的高度自治权,而且不符合粤澳合作的精神。合作精神主张由双方进行协商,而不是让一个更高层级的他者为双方创设职责和义务。如果全国人大及其常委会以"横琴合作区条例"规定好各项合作事项,那么,粤澳因建设横琴合作区而发生的关系就不是合作关系,而是共同执行国家法律的关系。在中央全面管治权这个概念被提以后,中央政府对特别行政区高度自治领域内的事务可以提出要求,但贯彻落实这些要求仍然要靠特别行政区的高度自治权。[2]

"横琴合作区条例"不仅无须为澳门创设职责,也无须为国务院部门创设职责。一方面,《横琴粤澳深度合作区建设总体方案》已经

---

[1] 参见封丽霞《中央与地方立法权限的划分标准:"重要程度"还是"影响范围"》,载《法制与社会发展》2008 年第 5 期。

[2] 参见乔晓阳《中央全面管治权和澳门特别行政区高度自治权——在纪念澳门基本法颁布 25 周年学术研讨会上的讲话》,载《港澳研究》2018 年第 2 期。

第六章 "横琴粤澳深度合作区条例"的制定

由国务院通过,对国务院各部门具有拘束力;另一方面,横琴合作区建设主要由粤澳合作推进,国务院各部门只负责协调和配合。

二、"横琴合作区条例"的内容无涉法律和行政法规的专属事项

如果"横琴合作区条例"在内容上必须包含法律或行政法规的专属事项,该条例就必须由全国人大及其常委会或国务院制定。实际上,"横琴合作区条例"在内容上无须涉及法律的专属事项。

首先,"横琴合作区条例"必须包含的组织条款不属于法律的专属事项。一种严格的法治主义观念认为,地方行政组织的结构属于行政组织中的重要问题,是法律的保留事项,应由宪法或法律规定。① 由于《横琴粤澳深度合作区建设总体方案》设计的行政管理体制不同于《地方组织法》规定的地方行政管理体制,因此有专家可能认为,"横琴合作区条例"应由全国人大及其常委会制定。实际上,地方行政组织的设定一律保留给法律,是一种机械的法治观念,"已经落后于现代社会对行政组织机动性的需要"②。一方面,《中华人民共和国立法法》第八条要求将各级人民政府的产生、组织和职权保留给法律,但横琴合作区管理委员会、执行委员会及其工作机构,以及广东省人民政府横琴办,都不属于一级人民政府,它们的设立不是必须由法律规定。另一方面,《地方组织法》第九十条授权省、自治区、直辖市人大及其常委会根据《地方组织法》和本地实际情况,对执行中的问题作具体规定。横琴合作区的行政组织属于《地方组织法》在执行中遇到的具体问题,可以由广东省人大及其常委会以地方性法规的形式加以规定。目前,广东省人大常委会已通过立法性决定——《关于横琴粤澳深度合作区有关管理体制的决定》——的

---

① 参见应松年、薛刚凌《行政组织法基本原则之探讨》,载《行政法学研究》2001年第2期。
② 姜明安、沈岿:《法治原则与公共行政组织——论加强和完善我国行政组织法的意义和途径》,载《行政法学研究》1998年第4期,第19页。

方式为横琴合作区的行政管理体制提供合法性依据。

其次,尽管《横琴粤澳深度合作区建设总体方案》中的一些政策落入《中华人民共和国立法法》第八条的范围,但它们可以在现行法律的框架下获得法律效力,无须转化为法律。有一种观点可能认为,《横琴粤澳深度合作区建设总体方案》中规定的出入境政策、税收政策、海关政策和金融政策属于《中华人民共和国立法法》第八条规定的法律保留事项,因此,须由全国人大及其常委会制定"横琴合作区条例",将前述政策转化为法律规则。实际上,不必如此。本书以税收优惠政策为例加以说明。《横琴粤澳深度合作区建设总体方案》拟在横琴合作区实行税收优惠政策,涉及企业所得税、个人所得税、关税、增值税和消费税的出口退税。目前,增值税和消费税尚未实现税收法定,仍由国务院制定的行政法规所规定,因此,国务院有权调整横琴合作区的出口退税政策。虽然企业所得税、个人所得税和关税已实现税收法定,但《中华人民共和国企业所得税法》第三十六条、《中华人民共和国个人所得税法》第四条和第五条及《中华人民共和国海关法》第五十七条授权国务院在法律之外创设有关企业所得税、个人所得税和关税的优惠政策,再加上《横琴粤澳深度合作区建设总体方案》是由国务院印发,所以,该方案所规定的有关企业所得税、个人所得税以及关税的优惠政策直接具有法律效力,由国务院财政税收部门和海关总署以部门规章或规范性文件的形式加以细化即可实行,无须转化为法律。

最后,《横琴粤澳深度合作区建设总体方案》中存在个别与现行法律相悖的政策,但这些政策可以通过珠海市的经济特区立法权转化为经济特区法规,实现对法律的变通。例如,《横琴粤澳深度合作区建设总体方案》提出允许横琴合作区的指定医疗机构"使用临床急需、已在澳门注册的特殊医学用途配方食品"。该政策与《中华人民共和国食品安全法》第八十条和第一百二十四条相悖。依据这两个条文,境外的有特殊医学用途的配方食品只有在国务院食品安全监督管理部门完成注册后,才能进口到内地。然而,该政策的落实可以由珠海市通过经济特区法规变通上述两个条文。这种变通并不会造成珠海市的立法约束广东省的情况,因为这种变通规定只在横琴合作区的

"横琴粤澳深度合作区条例"的制定

范围内有效。而由珠海市制定"横琴合作区条例"会造成珠海市的立法约束广东省的现象,则是因为"横琴合作区条例"的一些条款须对广东省人民政府及其有关部门产生拘束力。

从内容的角度看,"横琴合作区条例"既无须涉及法律的专属事项,也无须涉及行政法规的专属事项。行政法规的权限范围包括:为执行法律的规定需要制定行政法规的事项,《中华人民共和国宪法》第八十九条规定的国务院行政管理职权的事项,全国人大及其常委会授权的事项。① 由于全国人大及其常委会并未针对横琴合作区立法,也未授权国务院制定"横琴合作区条例",故而,可以将"横琴合作区条例"的内容排除在"为执行法律的规定需要制定行政法规的事项"以及"全国人大及其常委会授权的事项"之外。《横琴粤澳深度合作区建设总体方案》的一些政策涉及"宪法第八十九条规定的国务院行政管理职权的事项",例如,该方案允许横琴合作区的指定医疗机构使用"临床急需、澳门公立医院已采购使用、具有临床应用先进性(大型医用设备除外)的医疗器械",这与国务院制定的《医疗器械监督管理条例》相抵触,然而,正如上文所述,诸如此类的政策可以由珠海市通过经济特区法规加以变通,而不是必须将这类政策囊括进"横琴合作区条例"。

三、"横琴合作区条例"尚未达到应由国家立法的重要程度

非国家立法权专属事项能否成为全国人大常委会的立法对象,还取决于该事项的重要程度。无论从形式标准看,还是从实质标准看,横琴合作区建设在重要性上都还没有达到应由国家立法的程度。

形式标准是指一个事项获得了中央多大程度的重视与支持。在党领导立法工作的制度框架下,一个事项能否列入全国人大常委会的立法计划,最终能否立法,离不开党的领导与支持。《横琴粤澳深度合作区建设总体方案》是中共中央、国务院印发的文件,不可谓中央

---

① 参见许安标《论行政法规的权限范围》,载《行政法学研究》2001年第2期。

不重视，但由中共中央、国务院印发的类似文件还包括《全面深化前海深港现代服务业合作区改革开放方案》。因此，深圳前海合作区建设的重要性并不亚于横琴合作区，但该方案明确要求深圳利用经济特区立法权，制定经济特区法规，满足深圳前海合作区的法律需求。在两个方案同等重要的情形下，难以说服中央立法部门为横琴合作区立法，而不为深圳前海合作区立法。《横琴粤澳深度合作区建设总体方案》和《全面深化前海深港现代服务业合作区改革开放方案》同日印发，且都服务于《粤港澳大湾区发展规划纲要》，即服务于粤港澳大湾区建设。实际上，整个粤港澳大湾区都存在粤、港、澳的合作。因此，如果须由国家制定"横琴合作区条例"，倒不如由国家制定《粤港澳大湾区合作发展条例》。由此还可以推论，国家应当为京津冀地区和长三角地区分别制定《京津冀协同发展条例》和《长三角区域一体化发展条例》，因为京津冀协同发展和长三角区域一体化发展都是中央推动的战略，其重要性在形式上不低于粤港澳大湾区建设战略。

实质标准是指该事项所涉及的利益是否关乎全局。我国是一个人民当家作主的共和国，只有那些关乎全局的利益才能、才应当获得国家立法机关的关注，并由其进行立法。例如，教育几乎涉及每一个家庭的利益，涉及社会主义的建设者和接班人，因此，全国人大及其常委会应当针对教育问题立法；环境问题关乎每一位公民的利益，关乎公民的身体健康，因此，全国人大及其常委会针对环境问题立法。横琴合作区最直接的利益主体乃是横琴与澳门。横琴常住人口5.3万，未来最多增至20万；澳门目前人口约为68万。横琴2021年地区生产总值为454亿人民币，澳门2021年地区生产总值大约为1929亿人民币。以此人口规模和经济规模，难以得出横琴合作区所涉利益关乎国家全局的结论。让国家为横琴制定"横琴合作区条例"，缺乏足够的利益牵引。有人可能会辩解，深圳经济特区起步时的人口总数和经济总量也不起眼，横琴合作区未来有可能发展成现在的深圳。对于这种观点，本书的回应是，直到今天国家都没有单独为深圳经济特区立法，而是通过授予深圳经济特区立法权来满足经济特区的规则需求。当然，本书并不否定建设横琴合作区的重要意义。从宏观层面看，横琴合作区服务于粤港澳大湾区建设,而后者关系到港澳的长期繁荣稳定,关系到国际竞争与合作,关系到"一带一路"建设。因此,不能说横琴粤澳深度合作区建设不重要,只是说它的重要性还没有达到须由中央立法部门制定"横琴合作区条例"的程度。

四、广东省人大制定"横琴合作区条例"的合法性与优势

由于全国人大及其常委会、国务院制定"横琴合作区条例"的理由不充分,因此应由广东省人大制定"横琴合作区条例"。粤澳合作建设横琴就是由广东省主动将横琴的部分行政管理权拿出来,与澳门共享,从而达到粤澳共商共建共管共享的目的。这种权力共享并未导致权力的所有权发生转移,而是行政管理领域的对外开放。这种对外开放不涉及主权问题,也不违反"一国两制"的精神,可以被归入区域合作,具有合法性。当然,在粤澳合作建设横琴的过程中,离不开中央权力的指导和行使。对于关乎中央权力的事项,"横琴合作区条例"无须进行规定。

由广东省人大制定"横琴合作区条例"还存在两个优势。第一,有利于调动地方的积极性。历史经验多次昭示,收权有利于发挥中央积极性,放权有利于发挥地方积极性。《横琴粤澳深度合作区建设总体方案》的出台是中央积极性的体现,而它的实施更多需要调动地方积极性。这里的"地方积极性"包括广东省的积极性、珠海的积极性以及横琴的积极性。由广东省人大制定"横琴合作区条例",更有利于吸纳广东省各部门、珠海以及横琴方面的意见。但如果由国家制定"横琴合作区条例",那么,层级的延伸将增加沟通成本,不利于调动地方的积极性。第二,有利于粤澳合作的展开。由于广东和澳门在法律地位上不存在隶属关系,是平等的法律主体,因此广东省人大制定的"横琴合作区条例"不能拘束澳门。凡是涉及澳门利益的内容,广东须与澳门协商,达成一致。否则,即便广东将相关内容写进了"横琴合作区条例",也难以得到实现。反之,亦是如此。这将促使粤澳双方围绕合作与共同利益进行充分的沟通协商,确保双方的

利益得到彼此最大程度的尊重。当然,双方的协商有时也难免无法达成一致。由于在粤澳合作建设中,横琴受粤港澳大湾区建设领导小组的领导,因此,粤澳协商无果的事项可在更高的权力层级进行协商。

第二节 "横琴合作区条例"的结构与主要内容

一、"横琴合作区条例"的结构

就结构而言,最简单的方式是照搬《横琴粤澳深度合作区建设总体方案》的结构,其优势是有助于将前述方案的相关内容直接转化为法规。然而,没有必要将《横琴粤澳深度合作区建设总体方案》的全部内容转化为法规条文,因为该方案本身就是有效力的文件。所以,"横琴合作区条例"在结构上可以参考上述方案,但不必照搬。此外,《横琴新区条例》和《深圳经济特区前海深港现代服务业合作区条例》(以下简称《前海合作区条例》)的结构对于"横琴合作区条例"也具有借鉴意义。本书在借鉴以上两个条例的基础上,结合横琴合作区的实际情况提出"横琴合作区条例"的结构。《横琴新区条例》由总则、管理体制、区域合作、产业促进、法制保障和附则等六章构成(见表6-1)。《前海合作区条例》由总则、治理结构、开发建设、产业发展、投资促进、社会治理、法治环境、附则等八章构成(见表6-2)。

以上两个条例在结构方面的共同点是,设置了"总则"章、"管理体制"章、"产业发展"章及"附则"章;区别是,《横琴新区条例》将"区域合作"单独规定成章,《前海合作区条例》则是在"开发建设""投资促进"和"社会治理"等各章中分别规定区域合作方面的内容。

从内容的角度看,以上两个条例不仅将《横琴总体发展规划》和《前海合作区条例》中有关管理体制的内容转化为法规条文,还将管理体制以外的内容也转化为法规条文。实际上,管理体制以外的内容不是必须转化为法规条文。管理体制以外的政策内容以指导地方政府的工作为目的，其中一些内容，须转化为规章和规范性文件，甚至是法律法规，但大部分内容无须通过立法程序转化为法规条文，因为《横琴总体发展规划》和《前海合作区条例》本身就是具有法律效力的内部规范性文件，对地方政府具有拘束力。

基于以上分析，拟将"横琴合作区条例"的结构设置为"总则""管理体制""区域合作与一体化发展""内迁澳门居民的民生保障""财权与事权的配置""附则"，共六章。

表6-1 《横琴新区条例》的结构

章标题	主要内容
总则	立法目的、适用范围、发展定位、开发主体、开发模式、发展理念、区域合作、重点产业、支持创新、法治建设等内容
管理体制	决策委员会、管理委员会以及发展咨询委员会这三个机构的地位、构成和职责，横琴新区的自主人事权、自主财权、土地管理权、规划权，横琴新区和珠海市有关行政管理部门的关系，以及开发运营公司
区域合作	横琴新区在交通一体化、人才、资金、商务、旅游、科教研发、公共服务、产业、通关、项目等方面与港澳合作
产业促进	产业准入、环境保护、工商登记、信用公示及信用评级、土地、税收、基础设施、人才政策、社会服务等方面的产业促进措施
法制保障	行政法、民法、商法等方面的法律制度创新以及涉港涉澳争议的解决
附则	授权横琴新区制定相关实施办法，条例的施行日期

表6-2 《前海合作区条例》的结构

章标题	主要内容
总则	立法目的、适用范围、发展定位,以及开发建设深港合作区的一些基本原则
治理机构	管理局的设立、人员构成、职责、内设机构等,管理局与市政府有关部门的关系,深港合作区的财政保障,开发建设公司,廉政监督机构
开发建设	规划,开发模式,土地储备与供给,建筑,支持香港参与开发建设等
产业发展	产业发展的原则,放宽香港企业的准入资格和准入条件,支持现代服务业、金融业和科技创新的政策等
投资促进	行政审批改革,与香港公共服务机构合作,税收征管优化与激励政策,向专业服务人才开放,智慧城市,电子签名跨境互认等
社会治理	发挥社会组织的作用,建立优质均衡高效的公共服务体系,创新人才引进机制,加强社会信用体系建设,探索新型警务模式
法治环境	从立法、行政复议、行政诉讼、民事诉讼、国际商事审判案例指导制度、多元纠纷解决机制等多个方面为前海合作区建设提供法治保障
附则	授权深圳市政府制定条例的具体实施办法,规定前海合作区可以参照适用本条例,条例施行日期

二、"横琴合作区条例"的主要内容

(一)总则

总则部分具有提纲挈领的功能,"一般表述立法目的和依据、定

"横琴粤澳深度合作区条例"的制定

义、适用范围、法的原则、实施主体、总体要求或基本规范等内容"[1]。因此,"横琴合作区条例"只规定各章中的共性问题。《横琴新区条例》总则章一共10个条文,规定了立法目的、适用范围、发展定位、珠海主导、开发模式、发展理念、区域合作、产业发展、支持创新、法治横琴。《前海合作区条例》总则章一共6个条文,包括立法目的、适用范围、发展定位、实施主体、区域合作、制度创新。据此,结合《横琴粤澳深度合作区建设总体方案》的相关内容,"横琴合作区条例"总则章规定如下条文:立法目的、适用范围、定位与目标、合作开发、开发原则、制度创新。

就立法目的条款而言,《横琴新区条例》第一条和《前海合作区条例》第一条都作了规定。对于"横琴合作区条例"的立法目的,本书认为:首先,条例不变通法律和行政法规,而是在法律和行政法规设定框架下进行地方立法;其次,横琴合作区建设必须在《横琴粤港深度合作区建设总体方案》的框架下展开,必须突出这一点。因此,"横琴合作区条例"第一条可规定:"为了推动粤港澳大湾区建设,实现琴澳一体化发展,促进澳门产业多元化发展,根据有关法律、行政法规和《横琴粤澳深度合作区建设总体方案》,制定本条例。"

就适用范围而言,《横琴新区条例》和《前海合作区条例》并未规定横琴新区和前海深港合作区的具体范围,而是指明由国家规定。目前,《横琴粤澳深度合作区建设总体方案》已明确横琴合作区的范围,本书认为"横琴合作区条例"可作重复规定,以起到提示的作用。因此,"横琴合作区条例"第二条可规定:"本条例适用于横琴粤澳深度合作区(以下简称'横琴合作区')。横琴合作区的范围为横琴岛'一线'和'二线'之间的海关监管区域。横琴与澳门特别行政区之间为'一线',横琴与中华人民共和国境内其他地区之间为'二线'。"要特别说明的是,珠海原来对横琴北部的保税区与横琴新区进行一体化的行政管理,这种一体化管理不适合横琴合作区。

就定位与目标而言,《横琴新区条例》第三条和《前海合作区条

---

[1] 刘平:《立法原理、程序与技术》,学林出版社2017年版,第301页。

例》第三条根据各自的情况作了规定。参考以上两个条文并结合《横琴粤澳深度合作区建设总体方案》，"横琴合作区条例"第三条可规定："横琴合作区致力于成为促进澳门经济适度多元发展的新平台，便利澳门居民生活就业的新空间，丰富'一国两制'实践的新示范，推动粤港澳大湾区建设的新高地。横琴合作区的建设目标是建立健全粤澳共商共建共管共享的管理体制，推动横琴合作区的民商事规则、公共服务和社会保障体系与澳门有序衔接和对接，完善琴澳一体化发展体制机制，促进澳门经济适度多元发展。"

就合作开发而言，《横琴新区条例》并未直接规定合作开发，反而是在其第四条规定：珠海市是横琴新区的开发主体。根据《横琴粤澳深度合作区建设总体方案》的精神，"横琴合作区条例"应将开发主体明确为广东省、珠海市和澳门特别行政区三方。因此，"横琴合作区条例"第四条可以规定："广东省人民政府、珠海市人民政府联合澳门特别行政区政府合作开发横琴，共同负担开发成本，共享开发收益。"之所以仍将珠海市规定为开发主体，有三个原因：其一，珠海市开发横琴多年，投入大量前期成本；其二，横琴合作区建设离不开珠海市的经济特区立法权；其三，事权和财权的配置也绕不开珠海市政府及其有关部门。

就开发原则而言，《横琴新区条例》未作规定，《前海合作区条例》第五条规定：横琴新区的开发坚持面向世界、优先港澳、政府主导、市场运作的模式。参照这种规定并结合横琴合作区的实际情况，"横琴合作区条例"第五条可规定："横琴合作区的开发建设应坚持'粤澳合作、以政府为主导、以市场为基础'的原则。"所谓粤澳合作是指广东在开发建设横琴的过程中要与澳门充分协商，尊重澳门的意见。"以政府为主导、以市场为基础"是"有为市场，有效市场"原则的体现，社会与经济的发展一方面离不开市场的基础性作用，另一方面也离不开政府的宏观指导与微观干预。

就制度创新而言，《前海合作区条例》作了规定，值得借鉴。从全局的角度看，横琴合作区建设具有为国家的改革创新探索新方法、新道路的功能。《横琴粤澳深度合作区建设总体方案》有意在金融领域、外商投资领域和市场准入领域支持横琴合作区走在全国前列，为

第六章 "横琴粤澳深度合作区条例"的制定

全国的改革创新探索新方案，积累经验。故而，"横琴合作区条例"第六条可以规定："横琴合作区应当依本条例建立健全横琴合作区发展需要的体制机制，在发展新产业、便利澳门居民生活就业、琴澳一体化对外开放、法治建设等重点领域和关键环节不断推进制度集成创新。"

（二）管理体制

《横琴新区条例》在"管理体制"章规定了决策委员会的地位、组成、职责，横琴新区管理委员会的地位、职权，咨询委员会的地位、组成、职责，市级行政管理权的行使，开发运营公司等内容。《前海合作区条例》在"治理结构"章规定了管理局的组成、职责职权，管理局与市政府有关部门的关系，廉政监督机构，行业协会商会等内容。参考以上两个条例的规定以及《横琴粤澳深度合作区建设总体方案》的内容，"横琴合作区条例"应在"管理体制"章规定如下 6 个条文：（1）管理委员会的设立与组成、职责；（2）执行委员会的地位与组成、职责及下设工作机构的设立原则；（3）广东省政府的派出机构的职能，及其与管理委员会和执行委员会的关系；（4）开发运营公司的设立及任务；（5）执行委员会的自主人事权；（6）规划保障。

就横琴合作区管理委员会的设立与组成而言，可将《横琴粤澳深度合作区建设总体方案》相关内容以及实践中的一些做法转化为法规条文。目前，横琴合作区管理委员会由广东省省长和澳门特别行政区行政长官担任主任，澳门委派一名常务副主任、两名副主任，广东方面委派三名副主任，其中一名为珠海市委书记。随着开发建设步入正轨，未来不是必须由省长和行政长官亲任管理委员会主任，不是必须设常务副主任，也不是必须设五名副主任。法规对于前述内容不宜限定过死，而应为未来预留调整空间，但可以要求广东省所委派的副主任必须有珠海市的代表，因为横琴合作区的建设离不开珠海的配合。就横琴合作区管理委员会的职责而言，应当明确规定管理委员会在粤港澳大湾区建设领导小组的领导下开展工作，以贯彻落实《横琴粤澳深度合作区建设总体方案》为其职责。至于横琴合作区管理委员会的具体职责可以规定如下："（1）任免横琴合作区管理委员会秘书长，秘书处成员及执行委员会的主任与副主任；（2）执行委员会的机构设置和人员编制的方案；（3）横琴合作区的经济社会发展规划、产业发展、重大改革举措；（4）横琴合作区的重大投资项目以及与港澳合作开发项目；（5）执行委员会提请的需与广东省、珠海市人民政府及其职能部门协调的重要事项；（6）横琴合作区管理委员会认定应当由其决定的其他事项。"要特别注意的是，尽管横琴合作区管理委员会是由广东省人大常委会决定设立，但因管理委员会的成员中有澳门特别行政区政府委派的官员，所以，不宜由管理委员会直接向广东省人大及其常委会报告工作。为维护人民代表大会制，可由广东省政府就横琴合作区建设情况向广东省人大及其常委会报告。

就横琴合作区执行委员会的地位与组成、职责以及工作机构而言，"横琴合作区条例"应将执行委员会明确为"横琴合作区的行政管理机关"，为行政诉讼中的被告认定提供法规依据。对于执行委员会的组成，应规定由广东省、珠海市及澳门特别行政区的官员共同构成，至于人数不宜进行限制，应为行政预留灵活的调整空间。至于执行委员会的职责，执行委员会虽是横琴合作区的行政管理机关，但它并非当然履行一级人民政府的职责，它的主要职责是在横琴合作区管理委员会的领导下推进横琴合作区建设。因此，凡是与贯彻落实《横琴粤澳深度合作区建设总体方案》有关的地方职责都应当依法授予或委托给横琴合作区执行委员会。从横向看，几乎全部的经济职能和民生管理职能都由执行委员会承担。从纵向看，执行委员会主要行使区（县）一级的行政管理权，省级和市级行政管理权以广东省和珠海市的放权为依据。执行委员会的具体职责可列举如下："（1）执行横琴合作区管理委员会的决定和命令；（2）领导下设其工作机构，任免其下设工作机构有关人员；（3）依法履行国际推介、招商引资、产业导入、土地开发、项目建设、民生管理等职能；（4）依法履行广东省人民政府及其有关部门、珠海市人民政府及其有关部门授予或委托的省级、市级行政管理权。"至于执行委员会的工作机构，因行政变化迅速而不宜在条例中限制过死，但可以规定设置的基本原则："执行委员会按照精简、统一、效能的原则设立若干工作机构，承担

第六章 "横琴粤澳深度合作区条例"的制定

相应的行政管理和公共服务职能"。

就广东省政府的派出机构而言，广东省政府横琴办在行政级别上与珠海市政府平级，但广东省政府横琴办并不是当然拥有横琴合作区的市级行政管理权。横琴合作区的市级行政管理权在珠海市政府与广东省政府横琴办之间的如何配置，是未来需要重点解决的问题。"横琴合作区条例"对此不作规定，可为实践预留灵活应变的空间。至于广东省政府横琴办与横琴合作区管理委员会、执行委员会的关系，可以简要规定："配合横琴合作区管理委员会、执行委员会推进横琴合作区建设"。

就开发运营公司而言，横琴新区时期的开发运营公司由珠海市人民政府国有资产监督管理委员会和广东省政府财政厅按照9∶1的比例投资设立，在粤澳合作开发建设横琴的背景下，应由广东省、珠海市和澳门特别行政区政府按一定比例出资组建新的开发运营公司，这也是《横琴粤澳深度合作区建设总体方案》的要求。一方面，开发运营公司属于市场主体，"横琴合作区条例"应当明确这一点；另一方面，开发运营公司由执行委员会管理，负责融资、投资、基础设施建设、公共资产经营、土地一级开发、城市特许经营等招商引资和投资建设事项。

就执行委员会的自主人事权而言，《横琴新区条例》第二十条曾赋予横琴新区自主决定科级以下公务员的职务任免和调动以及事业单位人员的招聘。在横琴合作区时期，横琴合作区执行委员会是一个新型的行政管理机关，执行委员会的下设工作机构由粤澳双方的公务员共同组成。在这种背景下，有必要探索建立新的人事薪酬制度，不能直接照搬内地原有的做法。在党管机构编制工作的原则下，广东方面应通过"三定"规定对横琴合作区执行委员会的机构编制进行总量控制。"横琴合作区条例"可规定："在依法确定的机构编制的条件下，横琴合作区执行委员会可以自主决定下设工作机构公务员的职务任免、调动，事业单位人员的招聘，建立新型的人事薪酬制度。"

就规划保障而言，《横琴新区条例》第二十三条规定横琴新区的城市总体规划由横琴新区组织编制，报珠海市政府批准后实施，并要求横琴新区周边区域的城市规划与横琴新区相协调。在横琴合作区时

217

期，仍要确保横琴合作区周边区域的城市规划与横琴合作区的规划相协调。在程序方面，横琴合作区的城市规划可由横琴合作区执行委员会审批后报广东省规划主管部门备案。

（三）区域合作与一体化发展

"横琴合作区条例"的"区域合作与一体化发展"章共设置7个条文，规定区域合作及一体化发展的方式与内容：其方式包括部门沟通协商机制，联合组建专项工作组，公务员交流，警务合作；其内容包括产业发展一体化，民生公共服务和社会保障体系的对接，基础设施互联互通。

就部门沟通协调机制而言，横琴合作区管理委员会和执行委员会本身就是一种沟通协调机制，但它们由粤澳高级官员共同组成，属于较高层级的沟通协调机制，而中低层级尚未建立固定的沟通协商机制。在琴澳一体化发展的背景下，在中低层级建立沟通协商机制具有必要性。《横琴粤澳深度合作区建设总体方案》中的一些任务需要横琴合作区的机构与澳门的机构协同完成，例如，2021年11月15日，横琴合作区商事服务局拜访了澳门特别行政区政府法务局，就便利两地的商业登记服务进行交流，并探讨建立沟通协调机制的可能性。"横琴合作区条例"可以规定："横琴合作区执行委员会各下设工作机构可以与澳门特别行政区政府的工作机构建立沟通协商机制。"

对于一些需要粤澳合力完成的任务，广东省有关部门、横琴有关部门可以和澳门有关部门联合组建临时性的专项工作组。2015年，粤澳双方组建了"粤澳劳动及社会保障相关事务合作专责小组"。2021年11月，该小组召开会议，就职业技能鉴定、就业创业、劳动监察及社会保障等议题进行交流。澳门劳工事务局、澳门社会保障基金、澳门经济及科技发展局、广东省人力资源和社会保障厅分别派代表参加会议。在该小组的努力下，粤澳签署了《粤澳共同研究实施"一试多证"技能人才培养评价模式合作协议书》《澳门职业技能人才评价合作之"澳门职业技能认可基准（MORS）"一试多证专项合作协议书》。横琴合作区建设可以借鉴这种模式，围绕一些特定的工作任务成立联合专项工作组。"横琴合作区条例"可以规定："广东省有关部门、横琴合作区有关部门可以和澳门有关部门联合组建临时性的专项工作组，合作完成特定的工作任务。"

公务员交流条款规定横琴合作区与澳门特别行政区政府部门互派公务员挂职锻炼，目的是密切双方的联系，增强双方的交流与合作，从而增进琴澳一体化发展。

警务合作条款规定，广东省政府横琴办应当在粤澳警务交流合作机制框架下加强与澳门警务部门的交流与合作，共同打击横琴合作区内的跨境犯罪行为。

产业发展一体化是将《横琴粤澳深度合作区建设总体方案》的部分内容转化为法规条文，具体包括："支持澳门大学横琴校区的建设，促进科技研发和高端制造业的发展，打造粤港澳大湾区国际科技创新中心的重要支点。吸引澳门特色产业，尤其是澳门中医药产业、毛坯钻石加工业落户横琴合作区，从而推动澳门特色产业的发展壮大。与澳门一体化发展旅游产业和金融产业，支持横琴合作区与澳门一体化建设成为世界旅游休闲中心，支持横琴合作区与澳门一体化建设成为中国—葡语国家金融服务平台。"民生公共服务和社会保障体系的对接也是将《横琴粤澳深度合作区建设总体方案》的部分内容转化为法规条文："鼓励澳门居民进入横琴合作区就业创业和生活居住，建设横琴·澳门青年创业谷和'澳门新街坊'，对接澳门教育、医疗、社会服务等民生公共服务和社会保障体系。"基础设施互联互通条款的内容也来自《横琴粤澳深度合作区建设总体方案》："支持横琴合作区加强与澳门基础设施对接，推进与澳门基础设施协调发展，并注重横琴合作区与周边区域的通道建设。"

（四）内迁澳门居民的民生保障

横琴合作区预计到2025年吸引澳门居民3万～5万人到横琴居住或就业，这些澳门居民的民生保障是一个必须解决好的问题。"横琴合作区条例"的"内迁澳门居民的民生保障"章共设置5个条文，分别从居住、就业创业、通行、社会保险、教育五个方面为内迁横琴的澳门居民提供保障。

居住保障条款规定："加快推进'澳门新街坊'建设，优先向澳门居民出售'澳门新街坊'项目内的住房。支持'澳门新街坊'参照澳门本岛实行物业管理。"

就业创业保障条款规定："支持澳门居民在横琴合作区就业，对在横琴合作区创业的澳门居民提供资助措施。"

通行保障条款规定："支持澳门'单牌车'自由出入横琴合作区，简化入出横琴合作区的通行审批流程。支持横琴合作区的公共交通系统与澳门对接。"

社会保险条款规定："鼓励内迁横琴的澳门居民参加内地的医疗保险、养老保险、生育保险、失业保险，或支持横琴合作区的社会保障制度与澳门对接，确保内迁横琴的澳门居民享受与澳门相同程度的社会保障服务。"

教育保障条款规定："横琴合作区应保障内迁澳门居民随迁子女的受教育权，为其提供接受学前教育和中小学教育的机会。支持横琴合作区中小学设置澳门班，与澳门的教育制度对接。"

（五）财权与事权的配置

"横琴合作区条例"的"财产与事权的配置"章共3个条文，规定横琴合作区的财政保障，事权与财权的配置以及权力下放。

财政保障条款规定："横琴合作区的预算在珠海市预算中单列反映；广东省人民政府设在横琴的派出机构的财政支出由广东省保障；横琴合作区执行委员会及其工作机构的财政支出由广东省与珠海市、澳门特别行政区政府协商后，共同保障。"横琴合作区的财政支出分成两块：广东省政府横琴办的财政支出由广东省政府保障；执行委员会及其工作机构的财政支出由广东省政府、珠海市政府和澳门特别行政区政府共同予以保障。这是粤澳共建横琴合作区的重要体现。

事权与财权配置条款规定："横琴合作区与珠海市应尽快理顺事权的配置，在事权配置的基础上划清横琴合作区与珠海市的支出责任。"

权力下放条款规定："支持广东省人民政府及其相关部门、珠海市人民政府及其相关部门根据贯彻落实《横琴粤澳深度合作区建设总体方案》的需要将有关省级、市级行政管理权通过授权或委托的方式下放给横琴合作区。放权方须对相关权力的行使进行监督。"

（六）附则

"横琴合作区条例"的"附则"共4个条文。

立法需求条款规定:"在开发建设过程中,需要广东省制定地方性法规,或需要珠海市制定经济特区法规,横琴合作区执行委员会可以呈请广东省人民政府、珠海市人民政府向广东省人民代表大会及其常务委员会、珠海市人民代表大会及其常务委员会提出立法建议。"

部门支持条款规定:"广东省有关行政管理部门对横琴合作区报请的重大项目的相关审批事项,应当优先办理。广东省人民政府各工作部门、珠海市人民政府及其工作部门应当协助和支持横琴合作区依法高效开展工作。"

制定实施办法条款规定:"横琴合作区执行委员会可以根据本条例制定相关具体实施办法。"

实施日期条款规定"横琴合作区条例"的生效日期。

附录一

横琴粤澳深度合作区条例（专家建议稿）

第一章　总　则

第一条　立法目的＊

为了推动粤港澳大湾区建设，实现琴澳一体化发展，促进澳门产业多元化发展，根据有关法律、行政法规和《横琴粤澳深度合作区建设总体方案》，制定本条例。

第二条　适用范围

本条例适用于横琴粤澳深度合作区（以下简称"横琴合作区"）。

横琴合作区的范围为横琴岛"一线"和"二线"之间的海关监管区域。横琴与澳门特别行政区之间为"一线"，横琴与中华人民共和国境内其他地区之间为"二线"。

第三条　定位与目标

横琴合作区致力于成为促进澳门经济适度多元发展的新平台，便利澳门居民生活就业的新空间，丰富"一国两制"实践的新示范，

＊ 条文主旨为本书作者所加，下同。

推动粤港澳大湾区建设的新高地。

横琴合作区的建设目标是建立健全粤澳共商共建共管共享的管理体制，推动横琴合作区的民商事规则、公共服务和社会保障体系与澳门有序衔接和对接，完善琴澳一体化发展体制机制，促进澳门经济适度多元发展。

第四条　合作开发

广东省人民政府、珠海市人民政府联合澳门特别行政区政府合作开发横琴，共同负担开发成本，共享开发收益。

第五条　开发原则

横琴合作区的开发建设应坚持"粤澳合作、以政府为主导、以市场为基础"的原则。

第六条　制度创新

横琴合作区应当依本条例建立健全横琴合作区发展需要的体制机制，在发展新产业、便利澳门居民生活就业、琴澳一体化对外开放、法治建设等重点领域和关键环节不断推进制度集成创新。

第二章　管理体制

第七条　管理委员会的设立与组成

广东省联合澳门特别行政区组建横琴合作区管理委员会。

横琴合作区管理委员会由两名主任和若干副主任组成。广东省和澳门特别行政区各委派一名主任，并各委派副主任若干。广东省所委派的副主任中应有珠海市的代表。

第八条　管理委员会的职责

横琴合作区管理委员会在粤港澳大湾区建设领导小组的领导下统筹推进横琴合作区建设，贯彻落实《横琴粤澳深度合作区建设总体方案》。

横琴合作区管理委员会审议决定下列事项：

（一）任免横琴合作区管理委员会秘书长，秘书处成员及执行委员会的主任与副主任；

（二）执行委员会的机构设置和人员编制的方案；

（三）横琴合作区的经济社会发展规划、产业发展、重大改革举措；

（四）横琴合作区的重大投资项目以及与港澳合作开发项目；

（五）执行委员会提请的需与广东省、珠海市人民政府及其职能部门协调的重要事项；

（六）横琴合作区管理委员会认定应当由其决定的其他事项。

第九条 执行委员会的地位与组成

横琴合作区执行委员会是横琴合作区的行政管理机关，在横琴合作区管理委员会的领导下依法管理横琴合作区的经济和民生事务。

横琴合作区执行委员会由一名主任和若干副主任构成，由横琴合作区管理委员会任命。执行委员会的领导班子由广东省、珠海市以及澳门特别行政区的官员共同构成。

执行委员会应当每年向横琴合作区管理委员会报告工作，并将工作报告向社会公布。

第十条 执行委员会的职责

横琴合作区执行委员会履行以下职责：

（一）执行横琴合作区管理委员会的决定和命令；

（二）领导下设其工作机构，任免其下设工作机构有关人员；

（三）依法履行国际推介、招商引资、产业导入、土地开发、项目建设、民生管理等职能；

（四）依法履行广东省人民政府及其有关部门、珠海市人民政府及其有关部门授予或委托的省级、市级行政管理权。

第十一条 执行委员会的下设工作机构

执行委员会按照精简、统一、效能的原则设立若干工作机构，承担相应的行政管理和公共服务职能。

执行委员会可以请求广东省、珠海市有关部门以及澳门特别行政区政府有关部门向其下设工作机构派遣工作人员，为执行委员会的下设工作机构服务。

第十二条　广东省政府设立派出机构

广东省人民政府在横琴合作区设立派出机构，履行国家安全、刑事司法和社会治安等属地管理职能，并配合横琴合作区管理委员会、执行委员会推进横琴合作区建设。

第十三条　开发运营公司

横琴合作区的投资建设、资源配置及使用采用市场化运作。

广东省人民政府、珠海市人民政府以及澳门特别行政区政府共同出资设立开发运营公司，作为投资建设管理机构。开发运营公司由横琴合作区执行委员会管理，经执行委员会授权，负责融资、投资、基础设施建设、公共资产经营、土地一级开发、城市特许经营等招商引资和投资建设事项。

横琴合作区执行委员会对开发运营公司履行出资人责任，对公司负责人进行业绩考核，对公司资产经营情况进行审计。

第十四条　自主人事权

在依法确定的机构编制的条件下，横琴合作区执行委员会可以自主决定下设工作机构公务员的职务任免、调动，事业单位人员的招聘，建立新型的人事薪酬制度。

第十五条　规划保障

横琴合作区的城市总体规划由横琴合作区执行委员会组织编制，但须依法报有关部门批准。横琴合作区周边区域的城市规划应当与横琴合作区的总体规划相协调。

根据城市总体规划编制的控制性详细规划和专项规划由横琴合作区执行委员会工作机构组织编制，报执行委员会审批，并依法报广东省规划主管部门备案。

第三章 区域合作与一体化发展

第十六条　**部门沟通协商机制**

横琴合作区执行委员会各下设工作机构可以与澳门特别行政区政府的工作机构建立沟通协商机制。

第十七条　**联合组建专项工作组**

广东省有关部门、横琴合作区有关部门可以和澳门有关部门联合组建临时性的专项工作组,合作完成特定的工作任务。

第十八条　**公务员交流**

为增进琴澳一体化发展,横琴合作区执行委员会可以派其工作人员前往澳门有关部门挂职锻炼,也可以接受澳门公务员到横琴合作区挂职锻炼。

第十九条　**警务合作**

广东省人民政府横琴合作区工作办公室(以下简称"横琴办")负责横琴合作区内的治安工作。横琴办应当在粤澳警务交流合作机制框架下加强与澳门警务部门的交流与合作,共同打击横琴合作区内的跨境犯罪行为。

第二十条　**产业发展一体化**

支持澳门大学横琴校区的建设,促进科技研发和高端制造业的发展,打造粤港澳大湾区国际科技创新中心的重要支点。

吸引澳门特色产业,尤其是澳门中医药产业、毛坯钻石加工业落户横琴合作区,从而推动澳门特色产业的发展壮大。

与澳门一体化发展旅游产业和金融产业,支持横琴合作区与澳门一体化建设成为世界旅游休闲中心,支持横琴合作区与澳门一体化建设成为中国—葡语国家金融服务平台。

第二十一条 民生公共服务和社会保障体系

鼓励澳门居民进入横琴合作区就业创业和生活居住，建设横琴·澳门青年创业谷和"澳门新街坊"，对接澳门教育、医疗、社会服务等民生公共服务和社会保障体系。

第二十二条 基础设施互联互通

支持横琴合作区加强与澳门基础设施对接，推进与澳门基础设施协调发展，并注重横琴合作区与周边区域的通道建设。

第四章 内迁澳门居民的民生保障

第二十三条 居住保障

加快推进"澳门新街坊"建设，优先向澳门居民出售"澳门新街坊"项目内的住房。支持"澳门新街坊"参照澳门本岛实行物业管理。

第二十四条 就业创业保障

支持澳门居民在横琴合作区就业，对在横琴合作区创业的澳门居民提供资助措施。

第二十五条 通行保障

支持澳门"单牌车"自由出入横琴合作区，简化入出横琴合作区的通行审批流程。支持横琴合作区的公共交通系统与澳门对接。

第二十六条 社会保障

鼓励内迁横琴的澳门居民参加内地的医疗保险、养老保险、生育保险、失业保险，或支持横琴合作区的社会保障制度与澳门对接，确保内迁横琴的澳门居民享受与澳门相同程度的社会保障服务。

第二十七条 教育保障

横琴合作区应保障内迁澳门居民随迁子女的受教育权,为其提供接受学前教育和中小学教育的机会。支持横琴合作区中小学设置澳门班,与澳门的教育制度对接。

第五章 财权与事权的配置

第二十八条 财政保障

横琴合作区的预算在珠海市的预算中单列反映。广东省人民政府设在横琴的派出机构的财政支出由广东省保障;横琴合作区执行委员会及其工作机构的财政支出由广东省与珠海市、澳门特别行政区协商后,共同保障。

第二十九条 理顺事权与财权的配置

横琴合作区与珠海市应尽快理顺事权的配置,在事权配置的基础上划清横琴合作区与珠海市的支出责任。

第三十条 权力下放

广东省人民政府及其有关部门、珠海市人民政府及其有关部门可以将省级、市级行政管理权依法授权或者委托给横琴合作区执行委员会及其工作机构。

省级、市级行政管理权的授予或委托,由横琴合作区执行委员会商广东省政府有关部门、珠海市政府有关部门后联合提出放权清单,报省政府、市政府批准。

放权清单的编制应当密切围绕贯彻落实《横琴粤澳深度合作区建设总体方案》展开,并兼顾"放管服"改革的需要。

广东省人民政府有关部门及珠海市人民政府有关部门对横琴合作区执行委员会及其工作机构行使相关权力进行监督。

第六章 附 则

第三十一条 立法需求

在开发建设过程中,需要广东省制定地方性法规,或需要珠海市制定经济特区法规,横琴合作区执行委员会可以呈请广东省人民政府、珠海市人民政府向广东省人民代表大会及其常务委员会、珠海市人民代表大会及其常务委员会提出立法建议。

第三十二条 部门支持

广东省有关行政管理部门对横琴合作区报请的重大项目的相关审批事项,应当优先办理。

广东省人民政府各工作部门、珠海市人民政府及其工作部门应当协助和支持横琴合作区依法高效开展工作。

第三十三条 制定实施办法

横琴合作区执行委员会可以根据本条例制定相关具体实施办法。

第三十四条 实施日期

本条例自202×年×月×日起施行。

附录二

已下放的权力清单

一、广东省已下放的权力清单

(一) 2012 年下放实施的省级管理事项

序号	实施机关	下放事项名称	备注
1	省发展改革委	省管权限的外商投资项目核准	横琴新区区域内鼓励类、允许类的3000万～1亿美元基础设施、采掘业外商投资项目,以及总投资(包括增资)1亿～3亿美元的鼓励类、允许类省管权限的外商投资项目
2		省管权限的地方政府投资项目审批	横琴新区区属政府投资项目(除党政机关办公楼建设项目等规定须报国家发改委或者省政府审批外)
3	省财政厅	中外合作经营外国合作者先行回收投资审批	—

续表

序号	实施机关	下放事项名称	备注
4	省国土资源厅	省管权限的地方政府投资项目用地预审	由省发展改革委审批的横琴新区区属政府投资项目（除党政机关办公楼建设项目等规定须报国家发改委或者省政府审批外）
5	省住房城乡建设厅	大中型建设工程初步设计审查	—
6		建设项目选址意见书核发	由国务院及其他有关部门批准或核准的建设项目以及跨地级市以上市行政区域的建设项目除外
7		注册在横琴新区的外商投资建筑工程公司施工专业承包序列二级资质、部分不分等级资质的审批权	—
8	省外经贸厅	省管权限的外商投资项目合同、章程审批	横琴新区区域内3000万～1亿美元基础设施、采掘业外商投资项目，以及总投资（包括增资）1亿～3亿美元的鼓励类、允许类外商投资项目合同、章程审批
9	省水利厅	原由省实施审批、但不安排省级投资补助且不需省统筹协调和综合平衡的大型水利工程初步设计文件审批	—

续表

序号	实施机关	下放事项名称	备注
10	省广播电影电视局	设立外商投资电影院审批	—
11		设立电影制片单位、对外开展影视活动交流审核	由横琴新区直接报国家广电总局审批
12	省新闻出版局	出版物印刷企业及外商投资印刷企业的设立变更审批	出版物印刷企业设立、变更由横琴新区自行批准后，应在1个月内报省新闻出版局备案；外商投资印刷企业设立、变更由横琴新区自行批准后，应在10日内报省新闻出版局备案
13		申请设立新华书店、外文书店，从事出版物批发业务及其变更事项审批	横琴新区自行批准后，应在1个月内报省新闻出版局备案
14	省工商局	外商投资企业等级管理	国家工商总局授予横琴新区工商管理机关外商投资企业登记管理权后，省工商局将住所在横琴新区的属省工商局登记管辖的外商投资企业的登记管辖权限下放横琴新区工商管理机关
15		企业冠省名登记申请的受理、初审	—
16	省监察厅	标准内、编制内小汽车定编管理权限	—

（二）2012年委托实施的省级管理事项

序号	实施机关	委托事项名称	备注
1	省住房城乡建设厅	注册在横琴新区的外商投资建筑工程公司施工总承包序列二级资质、专业承包序列一级资质的审批权	—
2		注册在横琴新区的外商投资工程服务公司监理乙级资质的审批权	—
3		注册在横琴新区的外商投资工程服务公司工程设计乙级资质的审批权	—
4		注册在横琴新区的外商投资建筑施工企业安全生产许可证审批权	横琴新区的安全生产控制指标单列下发
5	省外国专家局	外国专家来华工作许可	—

（三）2017年下放实施的省级管理事项

序号	原实施机关	下放事项名称
1	省经济和信息化委	工业和信息化领域技术改造投资项目招标核准

（四）2017年委托实施的省级管理事项

序号	原实施机关	委托事项名称
1	省商务厅	限制类商品进出口经营资质初审
2		申请直销企业服务网点方案确认
3	省文化厅	设立经营性互联网文化单位审批（仅限本片区）
4		馆藏文物修复、复制、拓印单位资格认定（仅限本片区）
5		艺术品进出口经营活动审批（仅限本片区）

二、珠海市已下放的权力清单

(一) 2013 年和 2015 年直接下放至横琴的市级行政管理权

序号	原实施机关	事项名称	备注
1	市人力资源和社会保障局	"设立民办执业培训机构"审批事项	2013 年下放，自第 2 项开始为 2015 年下放
2	市委编办	总额内编制内部调配管理	—
3	市人力资源和社会保障局	就业登记	—
4		失业登记	—
5		事业单位人员聘用认定	—
6		用人单位开展在岗职工职业技能提升培训备案	—
7		人力资源服务机构年检	—
8		未成年人医疗保险参停保	—
9		城乡居民基本医疗保险参停保	—
10		企业退休人员社会化管理服务	—
11	市人力资源和社会保障局	技术工人招调	其他人员招调除外
12		市级人力资源服务机构设立审批	—
13		市级人力资源服务机构变更审批	—
14		企业人才调动	—
15		用人单位登记备案	—
16		工伤登记	—
17	市国土资源局	国有建设用地供地（招拍挂土地）的审批	仅限工业用地部分

续表

序号	原实施机关	事项名称	备注
18	市国土资源局	国有建设用地供地（划拨用地）的审批	—
19		土地权属争议处理决定	—
20		收回国有建设用地使用权	仅限工业用地部分
21		农村留用地批准使用和处置审批权	不含农村留用地开发房地产审批
22		调整用地的建设用地批准书换发	仅限工业用地部分
23		国有出让土地使用权转让核准	—
24		建设用地批准书换发（更名、改正有误事项）	—
25	市环境保护局	竣工环保验收（不跨区）	—
26		发放机动车环保检验合格标志	—
27	市住房和城乡规划建设局	建筑工程施工许可	—
28		建设工程夜间施工许可	—
29		房地产开发企业资质核准	—
30		商品房预售许可	—
31		出具有无（土地）房屋预售证的证明	—
32		区辖区范围内的一类工业用地、新型产业用地、总部经济用地、一类物流仓储用地之间的用地性质及相关规划技术指标的调整，以及上述调整涉及控规修改和上述用地的用地规划条件论证的审批权限。市城乡规划委员会控制性详细规划与城市设计委员会对上述调整涉及控规修改和上述用地的用地规划条件论证的审议权限	

续表

序号	原实施机关	事项名称	备注
33	市住房和城乡规划建设局	区范围内其他用地调整为公共管理与公共服务设施用地、道路与交通设施用地、公用设施用地和绿地与广场用地及其相关规划技术指标的调整,以及上述调整涉及控规修改和上述用地的用地规划条件论证的审批权限。市城乡规划委员会控制性详细规划与城市设计委员会对上述调整涉及控规修改和上述用地的用地规划条件论证的审议权限	—
34		更新单元规划(城市更新项目涉及的规划设计条件变更、控制性详细规划修改、规划设计条件论证)	—
35	市海洋农业和水务局	取水许可审批(子项·取水许可新证申领)	—
36		取水许可审批(子项·取水许可延期换证)	—
37		建设项目水资源论证报告书审批	—
38	市市政和林业局	城市公园、公共绿地(街旁绿地)、干道绿化带、防护绿地、生产绿地和铁路沿线两侧、江河两岸、水库周围等城市绿地的工程设计方案审查	市财政投资项目除外
39		园林绿化工程竣工验收	
40		风景林地、生产绿地、防护绿地、道路绿地和铁路沿线两侧、江河两岸、水库周围等城市绿地建设项目,以及居住区绿地、单位附属绿地、其他建设项目配套绿化工程的施工图审查备案	
41		改变绿化规划、绿化用地使用性质审批	—

续表

序号	原实施机关	事项名称	备注
42	市市政和林业局	《城市排水许可证》核发	—
43		依附于城市道路建设各种管线、杆线等设施审批	—
44		城市桥梁上架设各类市政管线审批	—
45		核准开办经营性停车场	—
46		临时使用林地审批	—
47		林木采伐许可证核发	—
48		林木种子生产、经营许可证的核发	—
49		省级生态公益林林木采伐初审	—
50		征用、占用林地许可证的初审（转报）	—
51		调整生态公益林小班面积审核	—
52		对公共绿地内开设商业、服务经营设施的审核	市级部门直接管养的公共绿地除外
53		林权争议处理	—
54		从事城市生活垃圾经营性清扫、收集、运输、处理服务行政许可	—
55		城市垃圾运输车辆准运证的审验核发	—
56		非国有不可移动文物转让、抵押或者改变用途的备案	—
57		区级文物保护单位保护范围内进行其他建设工程审核	—
58		为制作出版物、音像制品拍摄馆藏三级文物审批	—
59		在市级文物保护单位建设控制地带内的建设工程设计方案审批	—

237

续表

序号	原实施机关	事项名称	备注
60	市市政和林业局	非国有文物收藏单位和其他单位借用市级国有文物收藏单位馆藏文物审批	—
61		区级文物保护单位改变用途审核	—
62		经营高危险性体育项目审批	—
63	市工商行政管理局	广告经营许可证登记（子项·《广告经营许可证》的核发）	—
64		广告经营许可证登记（子项·《广告经营许可证》的变更）	—
65		广告经营许可证登记（子项·《广告经营许可证》的注销）	—
66		户外广告登记（子项·户外广告变更登记）	—
67		户外广告登记（子项·户外广告注销登记）	—
68		户外广告登记（子项·户外广告申请登记）	—
69		对商标代理机构违法行为记入信用档案	—
70		特殊标志使用合同存查	—
71		广告经营者广告收费标准备案	—
72		广告经营资格检查	—
73		申请补发《户外广告登记证》	—
74		对侵犯商标专用权的赔偿数额的争议进行调解	—
75		企业登记（子项·内资公司设立登记）	仅限于内资有限责任公司
76		企业登记（子项·内资公司变更登记）	
77		企业登记（子项·内资公司注销登记）	

续表

序号	原实施机关	事项名称	备注
78	市工商行政管理局	企业登记（子项·公司分立）	—
79		企业登记（子项·公司合并）	
80		企业备案（子项·内资公司备案）	
81		发布传销警示	
82		公布不正当竞争行为	
83		动产抵押登记	
84		动产抵押变更登记	
85		动产抵押注销登记	
86	市安全生产监督管理局	一般生产安全事故调查	—

（二）2016年直接下放至横琴的市级行政管理权

序号	原实施机关	事项名称	备注
1	市教育局	非学历教育培训机构年检	—
2	市民族宗教事务局	宗教活动场所管理组织成员的备案	—
3		宗教教职人员担任或者离任宗教活动场所主要教职的备案	—
4		宗教活动场所财务管理制度备案	—
5		宗教活动场所常住教职人员人数的备案	—
6		宗教教职人员的备案	—
7		本省宗教教职人员超出确定的教务区域跨县（市、区）、地级以上市举行或者主持宗教活动的备案	—

续表

序号	原实施机关	事项名称	备注
8	市民族宗教事务局	宗教团体、寺观教堂跨县（县级市、区）、地级以上市举行超过宗教活动场所容纳规模的大型宗教活动，或者在宗教活动场所外举行大型宗教活动的备案	—
9		宗教团体、市属宗教活动场所举办宗教培训班的备案	—
10		属于宗教财产的房产和管理使用的土地权属变更登记备案	—
11		市属宗教活动场所年度预算备案	—
12	市民政局	涉外养老机构设立许可	—
13	市国土资源局	建设项目压覆矿产资源查询（初审）	—
14		矿山地质环境保护与恢复治理方案审查	当有新立矿业权才会产生该业务
15	市环境保护局	省、市管权限拟退役关闭固体废物集中处置设施场所核准	—
16		关闭、闲置或者拆除生活垃圾处置的设施、场所核准	—
17		施工噪声排放许可证核发	
18		在城市市区建筑施工使用蒸汽桩机、锤击桩机审批	跨区项目除外
19		停止污染物集中处置设施运转核准	—
20		入海排污口位置审批	—
21		严控废物处理许可证核发	—
22	市交通运输局	港区内港航设施使用岸线审批	—
23		港口岸线使用延期	—

续表

序号	原实施机关	事项名称	备注
24	市交通运输局	港口岸线使用人变更	—
25		港口岸线使用证的注销	—
26		港区内港航设施使用深水岸线初审	—
27		港口深水岸线使用延期	—
28		港口深水岸线使用人变更	—
29		港口深水岸线使用证注销	—
30		从事港口经营许可	—
31		从事船舶污染物接收经营许可	—
32		港口经营人变更经营范围许可	—
33		外商投资经营港口业务的备案初审	—
34		港口采掘、爆破施工作业审批	—
35		港口内进行危险货物的装卸、过驳作业审批	—
36		新建、改建、扩建从事港口危险货物作业的建设项目安全条件审查	—
37		港口工程项目初步设计审批	—
38		港口工程施工图设计审查、审批	—
39		港口工程项目竣工验收	—
40		港口建设项目选址的审核	—
41		港口经营许可（含港口危险货物作业）延续的核准	—
42		港口经营许可及其证件的注销登记	—
43		交通行业信用信息的查询（含港口）	—
44		港口危险货物作业附证配发	—
45		港口、码头、航道、防波堤项目安全登记	—
46		货物港务费征收	—

续表

序号	原实施机关	事项名称	备注
47	市交通运输局	港口设施保安费征收	—
48		对从事港口建设、维护、经营、管理及其相关活动的监督检查	—
49		港口行业的安全监督检查	—
50		港口建设项目开工的备案	—
51		港口建设项目安全施工措施的备案	—
52		港口危险货物经营企业安全评价报告以及整改方案的落实情况的备案	—
53		港口重大危险源的备案	—
54		港口生产安全事故应急预案的备案	—
55		港口经营人变更法人代表和办公地址的备案	—
56		港口危险货物作业附证年度核验	—
57		港口设施保安符合证书年度核验	—
58		港口经营的信息统计	—
59		省级、部级港口工程初步设计受理转报	—
60		省级、部级港口工程项目初步竣工验收	—
61		港口公共航道疏浚维护管理	—
62	市海洋农业和水务局	进口兽药通关单开具	—
63		兽药经营许可（非国家强制免疫计划所需兽用生物制品经营）	—
64		动物和动物产品无害化处理场所动物防疫条件合格证核发	—
65		动物隔离场所动物防疫条件合格证核发	—
66		种畜禽生产经营许可证核发（父母代种禽场、种畜扩繁场、原种、祖代种禽场和原种畜场）	—

续表

序号	原实施机关	事项名称	备注
67	市海洋农业和水务局	野生动物保护管理职责	—
68		野生植物保护管理职责	—
69		古树名木保护管理职责	—
70	市文化体育旅游局	社会艺术水平考级活动备案	—
71	市安全生产监督管理局	金属冶炼建设项目安全设施设计审查	—
72	市公路局	国、省、县道不跨区项目的新、改建（含线路上一并新、改建的桥梁、隧道）	—

（三）2017年直接下放至横琴的市级行政管理权

序号	原实施机关	事项名称
1	市住规建局	大中型建设工程初步设计审查
2		农村宅基地审批事权
3		乡村建设规划许可证核发
4		房屋建筑和市政基础设施工程施工图设计文件审查备案
5		建设工程项目施工图变更
6		进入房屋市政工程现场的假冒伪劣或者涉嫌假冒伪劣的建筑材料、商品混凝土、混凝土预制构件、建筑构配件和设备的查封、扣押
7		工程造价咨询企业监督检查
8		建设工程勘察设计企业监督检查
9		施工图纸设计文件审查机构的监督检查

续表

序号	原实施机关	事项名称
10	市国土资源局	建设项目用地预审（企业投资的备案类建设项目）
11		建设项目用地预审（审批类建设项目，不含直接审批可行性研究报告的审批类建设项目）
12		建设项目用地预审（直接审批可行性研究报告的审批类建设项目）
13		建设项目用地预审（竞争性配置类建设项目）
14		建设用地改变土地用途审批
15		出让后国有建设用地使用权分割转让批准
16		辖区内经营性用地出让业务审批权
17	市市政和林业局	临时占用林地审批（市政府投资、立项、委托建设项目除外）
18	市商务局	加工贸易加工企业生产能力审定
19		外商投资企业设立（含合同、章程）审批
20		属市级审批权限的外商投资企业设立（含合同、章程）及企业变更和终止审批
21	市公安消防局	除国务院公安部门规定的大型人员密集场所和其他特殊建设工程以外的建设工程消防设计备案
22		除国务院公安部门规定的大型人员密集场所和其他特殊建设工程以外的建设工程消防竣工验收备案
23	市气象局	防雷装置设计审核
24		防雷装置竣工验收

参 考 文 献

一、著作类

[1] 巴曙松. 粤港澳大湾区协同创新机制研究：基于自由贸易组合港模式［M］. 厦门：厦门大学出版社，2019.

[2] 博登海默. 法理学：法律哲学与法律方法［M］. 邓正来，译. 北京：中国政法大学出版社，1999.

[3] 董立坤. 中央管治权与香港特区高度自主权的关系［M］. 北京：法律出版社，2014.

[4] 杜新丽，宣增益. 国际私法［M］. 北京：中国政法大学出版社，2017.

[5] 富勒. 法律的道德性［M］. 郑戈，译. 北京：商务印书馆，2005.

[6] 广东省珠海市地名志编纂委员会. 广东省珠海市地名志［M］. 广州：广东科技出版社，1989.

[7] 国务院发展研究中心信息中心编写组. 中国经济关键词：2009［M］. 北京：中国发展出版社，2010.

[8] 姜明安. 行政法与行政诉讼法［M］. 北京：北京大学出版社，2019.

[9] 康晓强. 社会建构的逻辑中国社会组织发展论纲［M］. 北京：中国政法大学出版社，2017.

[10] 李煜兴. 区域行政规划研究［M］. 北京：法律出版社，2009.

[11] 李祚, 孙航. 组织行为学 [M]. 沈阳: 辽宁大学出版社, 2006.

[12] 理查德. 行政法: 第1卷 [M]. 苏苗罕, 译. 5版. 北京: 中国人民大学出版社, 2016.

[13] 刘平. 立法原理、程序与技术 [M]. 上海: 学林出版社, 2017.

[14] 米尔恩. 人的权利与人的多样性: 人权哲学 [M]. 夏勇, 张志铭, 译. 北京: 中国大百科全书出版社, 1995.

[15] 慕亚平, 代中现, 慕子怡, 等. CEPA协议及其实施中的法律问题研究 [M]. 北京: 法律出版社, 2009.

[16] 齐延安. 当代中国律师管理概论 [M]. 济南: 山东大学出版社, 2014.

[17] 乔晓阳, 张春生. 选举法和地方组织法释义与解答 [M]. 北京: 法律出版社, 1997.

[18] 谭元亨, 朱文彬, 卢荫和. 横琴中心沟围垦史 [M]. 广州: 中山大学出版社, 2018.

[19] 王名扬. 法国行政法 [M]. 北京: 中国政法大学出版社, 2000.

[20] 吴春华. 当代中国行政管理 [M]. 天津: 天津教育出版社, 2010.

[21] 吴庚, 盛子龙. 行政法之理论与实用 [M]. 台北: 三民书局, 2018.

[22] 谢平. 中国地方政府债券发行管理制度研究 [M]. 北京: 中国经济出版社, 2018.

[23] 杨黎光. 横琴: 对一个新三十年改革样本的五年观察与分析 [M]. 广州: 广东人民出版社, 2016.

[24] 叶必丰. 行政协议: 区域政府间合作机制研究 [M]. 北京: 法律出版社, 2010.

[25] 曾平标. 初心: 粤港澳合作中的横琴故事 [M]. 广州: 花城出版社, 2020.

[26] 张紧跟. 当代中国地方政府间横向关系协调研究 [M]. 北京:

中国社会科学出版社，2006.
[27] 中共中央文献研究室. 习近平关于全面依法治国论述摘编[M]. 北京：中央文献出版社，2015.
[28] 珠海市统计局. 珠海统计年鉴：2000[M]. 北京：中国统计出版社，2000.
[29] 珠海市政协文史资料委员会. 珠海文史资料精选[M]. 广州：广东人民出版社，2017.
[30] WALTER G. Administrative Law：Cases and Comments[M]. Chicago：The Foundation Press，1940.

二、期刊类

[1] 白玉琴. 澳门商业银行法律制度初探[J]. 现代法学，2000（4）.
[2] 步超. 原理与实践：行政组织法定原则的再认识[J]. 法治现代化研究，2019（3）.
[3] 陈俊. 一国两制下法域法律冲突之协调[J]. 国际经济合作，2007（6）.
[4] 程琥. 论我国专门法院制度的反思与重构[J]. 中国应用法学，2019（3）.
[5] 董皞，张强. 推进粤港澳大湾区建设的法律制度供给[J]. 法学评论，2021（5）.
[6] 封丽霞. 中央与地方立法权限的划分标准："重要程度"还是"影响范围"？[J]. 法制与社会发展，2008（5）.
[7] 高红，张志勤. 备案制与我国基层社会组织发展创新[J]. 中共青岛市委党校青岛行政学院学报，2012（5）.
[8] 龚柏华. "法无禁止即可为"的法理与上海自贸区"负面清单"模式[J]. 东方法学，2013（6）.
[9] 谷志军，陈科霖. 协同治理与廉政治理现代化：基于深圳前海廉政监督局的研究[J]. 党政研究，2016（3）.
[10] 郭小碚，张伯旭. 对开发区管理体制的思考和建议：国家级经济技术开发区调研报告[J]. 宏观经济研究，2007（10）.

[11] 韩大元. 论宪法解释程序中的合宪性推定原则［J］. 政法论坛, 2003（2）.

[12] 韩小凤, 赵燕. 公共服务供给侧改革中政府与社会组织关系的再优化［J］. 福建论坛（人文社会科学版）, 2020（10）.

[13] 胡建淼. 有关中国行政法理上的行政授权问题［J］. 中国法学, 1994（2）.

[14] 胡丽燕. 开发区托管行政区：因果透视与改革思路：基于法律地位与性质分析的视角［J］. 经济地理, 2016（11）.

[15] 胡伟. 新旧企业所得税税收优惠政策比较［J］. 涉外税务, 2007（7）.

[16] 黄金荣. 大湾区建设背景下经济特区立法变通权的行使［J］. 法律适用, 2019（21）.

[17] 黄柳建. 再议村民委员会作为一种社会组织［J］. 法治研究, 2020（3）.

[18] 姜明安, 沈岿. 法治原则与公共行政组织：论加强和完善我国行政组织法的意义和途径［J］. 行政法学研究, 1998（4）.

[19] 金碚. 关于"高质量发展"的经济学研究［J］. 中国工业经济, 2018（4）.

[20] 靳环宇. 香港社会组织的特征及对内地的启示［J］. 中国社会组织, 2013（8）.

[21] 李俊生, 乔宝云, 刘乐峥. 明晰政府间事权划分 构建现代化政府治理体系［J］. 中央财经大学学报, 2014（3）.

[22] 李倩, 李晓新. 国家结构形式中的司法权配置问题研究［J］. 政治与法律, 2012（10）.

[23] 李玉虎. 经济发展与我国区域税收优惠政策比较分析［J］. 现代经济探讨, 2012（8）.

[24] 李志武. 国务院部门"三定"规定性质探究［J］. 湖南行政学院学报, 2021（2）.

[25] 梁蓉娜, 梁毅. 上市许可持有人制度下非生产企业的药品委托生产质量管理探析［J］. 中国药事, 2019（2）.

[26] 廖益新. 中国统一企业所得税制改革评析［J］. 中国法学,

2007（4）.

［27］刘德寰，李雪莲."七八月的孩子们"：小学入学年龄限制与青少年教育获得及发展［J］．社会学研究，2015（6）.

［28］刘华．大陆与澳门个人所得税法的比较研究［J］．政治与法律，1996（3）.

［29］刘瑞一．政治生态建设注入新内涵：访中国法学会行政法学研究会名誉会长应松年教授［J］．人民论坛，2014（31）.

［30］刘圣中．决策与执行的分合界限：行政三分制分析［J］．中国行政管理，2003（6）.

［31］刘松山．开发区法院是违宪违法设立的审判机关［J］．法学，2005（5）.

［32］刘亚平，颜昌武．区域公共事务的治理逻辑：以清水江治理为例［J］．中山大学学报（社会科学版），2006（4）.

［33］刘云刚，侯璐璐，许志桦．粤港澳大湾区跨境区域协调：现状、问题与展望［J］．城市观察，2018（1）.

［34］柳建启．粤港澳大湾区立法协调机制研究［J］．长春教育学院学报，2019（7）.

［35］龙章安．关于在海南岛实行外国人免签入境的构想［J］．公安研究，2005（12）.

［36］卢超．行政许可告知承诺制．程序再造与规制创新［J］．中国法学，2021（6）.

［37］马玉丽，李坤轩．社会组织参与社会治理的经验与启示：以美国、台湾地区、香港地区为例［J］．临沂大学学报，2020（4）.

［38］莫于川．如何理解改革要"于法有据"？［J］．民主和法制，2014（18）.

［39］宁红玲．粤港澳大湾区法制协调及其实现路径：以外商投资法制为视角［J］．华南理工大学学报（社会科学版），2021（1）.

［40］钱昊平．立法协作：东北三省的尝试［J］．人大建设，2006（10）.

［41］钱振明．城镇化发展过程中的开发区管理体制改革：问题与对策［J］．中国行政管理，2016（6）.

［42］乔晓阳．中央全面管治权和澳门特别行政区高度自治权：在纪

念澳门基本法颁布25周年学术研讨会上的讲话［J］．港澳研究，2018（2）．

［43］青锋．行政处罚权的相对集中：现实的范围及追问［J］．行政法学研究，2009（2）．

［44］石启飞．公安机关设立存在的问题及完善［J］．辽宁警察学院学报，2016（3）．

［45］孙笑侠，钟瑞庆．"先发"地区的先行法治化：以浙江省法治发展实践为例［J］．学习与探索，2010（1）．

［46］汪彬彬．长三角区域立法协同研究［J］．人大研究，2021（3）．

［47］王春业．论地方联合制定行政规章［J］．中国行政管理，2011（4）．

［48］王春业．粤港澳大湾区法治建设论纲［J］．法治现代化研究，2020（4）．

［49］王利明．负面清单管理模式与私法自治［J］．中国法学，2014（5）．

［50］王齐祥，尹合伶，尚红敏．应慎言"以产业优惠代替区域优惠"［J］．学术界，2012（3）．

［51］王祥珍．义务教育法中儿童入学年龄规定内涵之探讨［J］．当代法学论坛，2009（1）．

［52］王兴广，韩传峰，田萃，等．社会组织参与区域合作治理进化博弈模型［J］．中国人口·资源与环境，2017（8）．

［53］王杨．"元网络"策略：社区社会组织培育效果的理论解释［J］．中国行政管理，2022（1）．

［54］文雅靖．如何协调粤港澳大湾区法律制度体系［J］．开放导报，2019（2）．

［55］项园．深港区域合作"共生"发展模式探讨［J］．特区经济，2013（9）．

［56］谢宇．中央推进粤港澳大湾区建设的法治路径："中央权力行使指南"的提出［J］．法学杂志，2020（4）．

［57］邢冰冰，梁毅．药品委托生产过程的法律法规问题［J］．中国药物经济学，2020（11）．

[58] 熊鸿儒, 田杰棠. 突出重围: 数据跨境流动规则的"中国方案"[J]. 人民论坛·学术前沿, 2021 (Z1).

[59] 许亚敏. 澳门社会组织、社工在社会治理和服务中的作用及启示 [J]. 中国民政, 2018 (3).

[60] 姚自昌. 省人大派出机构的法律思考 [J]. 甘肃理论学刊, 1992 (1).

[61] 叶必丰. 区域合作的现有法律依据研究 [J]. 现代法学, 2016 (2).

[62] 叶必丰. 区域经济一体化的法律治理 [J]. 中国社会科学, 2012 (8).

[63] 易军. 原则/例外关系的民法阐释 [J]. 中国社会科学, 2019 (9).

[64] 尹振东. 垂直管理与属地管理: 行政管理体制的选择 [J]. 经济研究, 2011 (4).

[65] 应松年, 薛刚凌. 行政组织法基本原则之探讨 [J]. 行政法学研究, 2001 (2).

[66] 应松年, 薛纲凌. 行政组织法与依法行政 [J]. 行政法学研究, 1998 (1).

[67] 余宗亮. 困境与出路: 开发区管委会法律性质之辩 [J]. 中南大学学报(社会科学版), 2013 (1).

[68] 曾德云. 长江禁捕: 长三角协同立法的典范之作 [J]. 上海人大月刊, 2021 (4).

[69] 张春生. 对全国人大专属立法权的理论思考 [J]. 行政法学研究, 2000 (3).

[70] 张红. 论行政备案的边界 [J]. 国家行政学院学报, 2016 (3).

[71] 张康之. 论主体多元化条件下的社会治理 [J]. 中国人民大学学报, 2014 (2).

[72] 张亮, 刘松涛. 粤港澳大湾区区际刑事司法协助制度的构建 [J]. 苏州大学学报(法学版), 2022 (1).

[73] 赵琼, 徐建牛. 再组织化: 社会治理与国家治理的联结与互动: 基于对浙江省社区社会组织调研的思考 [J]. 学术研究, 2022 (3).

[74] 郑春燕. 行政任务变迁下的行政组织法改革 [J]. 行政法学研究, 2008 (2).

[75] 中共中央党校课题组. 分层治理 实现两种制度对接融合: 关于建设横琴新区新型社会管理体制的调研报告 [J]. 中共珠海市委党校珠海市行政学院学报, 2010 (2).

[76] 钟立国. CEPA 框架下粤港澳大湾区建设法律制度的协调与完善 [J]. 广东财经大学学报, 2020 (5).

[77] 周小付, 包思颖, 邵景德. 非一级政府经济开发区的"准一级财政"现象研究 [J]. 财政科学, 2020 (9).

[78] 朱孔武. 粤港澳大湾区跨域治理的法治实践 [J]. 地方立法研究, 2018 (4).

[79] 朱最新, 曹延亮. 行政备案的法理界说 [J]. 法学杂志, 2010 (4).

[80] 朱最新. 法律多元与府际合作治理双重视角下的自治规范研究: 兼论自治规范与国家法的关系 [J]. 法治社会, 2017 (1).

[81] 邹亦. 困境与出路: 开发区人民法院设立的合法性检视 [J]. 四川师范大学学报 (社会科学版), 2020 (2).

[82] JESSOP B. Regional economic blocs, cross-border cooperation, and local economic strategies in post socialism: Politics, policies, and prospects [J]. American Behavioral Scientist, 1995, 38 (5).

三、其他类

[1] 北京市西城区人民法院, (2021) 京 0102 行初 359 号行政判决书 [Z].

[2] 陈丽平. 车光铁委员: 开发区人大工作应统筹考虑 [N]. 法制日报, 2015-08-27 (3).

[3] 广东省法学会港澳基本法研究会. 2021 年年会暨第四届粤港澳大湾区青年发展法律论坛论文集 [G]. [出版者不详], 2021.

[4] 广西壮族自治区高级人民法院, (2020) 桂行终 1003 号行政判决书 [Z].

［5］金人庆. 关于《中华人民共和国企业所得税法（草案）》的说明［EB/OL］.（2007-03-08）［2022-04-30］. http://www.gov.cn/2007lh/content_545816.htm.

［6］荆洪文. 粤港澳大湾区法治一体化路径研究［D］. 长春：吉林大学，2019.

［7］梁冰，魏俊哲. 董必武法学思想与当代中国司法改革：以开发区法院设立、运行与改革为视角［M］//陈冀平，王其江. 董必武法学思想研究文集：第15辑. 北京：人民法院出版社，2016：154-165.

［8］马斌. 政府间关系：权力配置与地方治理：以浙江省、市、县政府间关系为研究案例［D］. 杭州：浙江大学，2008.

［9］苏艺. 我国各级政府派出机关的宪法学研究［D］. 上海：华东政法大学，2017.

［10］孙玮. 城市传播地理媒介、时空重组与社会生活［M］//孙玮. 中国传播学评论：第7辑. 上海：复旦大学出版社，2017：3-12.

［11］徐元锋. 东北三省首推政府立法协作［N］. 人民日报，2006-07-18（10）.

［12］尹楠. 我国普通法院设置研究［D］. 北京：中共中央党校，2017.

［13］中山大学粤港澳发展研究院. 2021年全球湾区发展国际学术会议论文集［G］.［出版者不详］，2021.

［14］钟夏，琴瑞轩. 创新打造"非接触式"办税标杆［N］. 珠海特区报，2021-12-17（B01）.

［15］珠海市人民政府办公室关于印发《珠海市横琴经济开发区管理委员会（横琴镇）职能配置内设机构和人员编制方案》的通知［EB/OL］.（2009-01-19）［2022-04-30］. http://www.zhuhai.gov.cn/zw/fggw/zfgb/2009n/200905/sfbwj/content/post_2552653.html.

［16］珠海市人民政府办公室关于印发《珠海市横琴新区管理委员会主要职责内设机构和人员编制规定》的通知［EB/OL］.（2009-

12-11)［2022-04-30］. https：//www. lawxp. com/statute/s615646. html.

［17］珠海市人民政府关于撤销横琴经济开发区管理委员会的通知［EB/OL］.（2009-08-06）［2022-04-30］. https：//code. fabao365. com/law_ 446772. html.

［18］最高人民法院.（2017）最高法行申 169 号行政裁定书［Z］.

［19］最高人民法院.（2018）最高法行申 10970 号行政裁定书［Z］.